数字经济学

主　编：叶瑞克
副主编：宓泽锋　刘珊珊
　　　　朱振宁　田志华

浙江大学出版社
ZHEJIANG UNIVERSITY PRESS
·杭州·

图书在版编目（CIP）数据

数字经济学 / 叶瑞克主编. -- 杭州 : 浙江大学出版社, 2025. 1. -- ISBN 978-7-308-25865-4

Ⅰ. F062.5

中国国家版本馆CIP数据核字第202507M4R5号

数字经济学
SHUZI JINGJIXUE
叶瑞克　主编

责任编辑	金佩雯
文字编辑	王怡菊
责任校对	叶思源
封面设计	戴　祺
出版发行	浙江大学出版社
	（杭州市天目山路148号　邮政编码310007）
	（网址：http://www.zjupress.com）
排　　版	杭州林智广告有限公司
印　　刷	浙江新华数码印务有限公司
开　　本	710mm×1000mm　1/16
印　　张	19.25
字　　数	325千
版 印 次	2025年1月第1版　2025年1月第1次印刷
书　　号	ISBN 978-7-308-25865-4
定　　价	78.00元

版权所有　侵权必究　　印装差错　负责调换

浙江大学出版社市场运营中心联系方式：0571-88925591；http://zjdxcbs.tmall.com

前 言

古希腊自然哲学家、数学家毕达哥拉斯认为，万物皆数，数是万物的本原。日新月异的数字技术、数字经济和数字治理似乎一次又一次地在验证着这位先哲的智慧思辨与天才洞见。在这个瞬息万变的数字经济时代，对经管类专业人才或非经管类学生而言，在人才培养或基本素养养成过程中，了解数字经济的发展历程，理解并能应用数字经济的基本概念、基础知识和相关理论，掌握数字经济发展的技术支撑、产业发展及其评价方法，了解数字贸易与数字金融的发展，深刻理解数字经济发展过程中出现的一系列问题及其治理理论与治理策略，都很有必要。

2020年4月，浙江工业大学经济学院副院长孙林教授告知我，学院决定从2020级起开设"数字经济概论"（后改名为"数字经济学"）课程，让我承担起这门课程的建设工作。我顿感责任在肩，任务艰巨。教材怎么选？课程内容怎么设置？教学计划怎么安排？课程团队怎么组建？诸多问题浮现在我的脑海里。于是，我邀请了当时初入教职的宓泽锋博士、田志华博士和朱振宁博士三位青年才俊加入课程团队，共同"创课"；2021年4月，刘珊珊博士加入课程团队，至此我们有了"半边天"的加持；2023年10月，于晓琳博士、郑金辉博士联袂加入；2024年12月，张万力博士鼎力加盟，课程团队进一步壮大。2022年上半年，课程团队共同完成的"数字经济学"微课荣获学校第二届课程思政微课大赛特等奖、浙江省第二届高校教师教学创新大赛课程思政微课专项赛一等奖。

2020年6月，课程团队在为下学期的课程确定教材时，发现图书市场上数字经济相关论著多是通俗读物或者党政干部的培训读本，尚无适合本科生培养的教材。面对"技术—经济—社会"范式的迅速转换，我们迫切需要一部系统全面梳理归纳数字经济实践与理论的数字经济学教材供广大学生与兴趣者学习。于是，课程团队决定针对浙江工业大学经济学院国际贸易、金融这两个国家级一流专业的培养需求，撰写讲义，并计划在时机成熟时整编出版。

此后，课程团队陆续成功申报了学院教材建设项目（2020年），浙江省虚拟仿真实验教学项目（2020年），校研究生教材建设项目（2021年），教育部产学合作协同育人项目（基于OBE理念的数字经济学课程师资团队建设，2022年），浙江省普通本科高校"十四五"首批新工科、新医科、新农科、新文科重点教材建设项目（2022年），校教学改革项目（数字经济学课程探究式教学模式改革与实践，2022年），校一流专业核心课程（2023年），校企联合培养课程（浙江华洋缝制有限公司、浙江工业大学华洋研究院，2023年）、浙江省高等教育"十四五"研究生教学改革项目（数智时代应用经济学研究生校企联合课程建设模式探索——以"数字经济学"课程为例，2024年）等教材或教学建设项目。在上述项目的支持下，课程团队"粮草"充足，《数字经济学》得以顺利出版。

综上，《数字经济学》的出版，是我们对"数字经济学"教学内容的系统梳理，也是对前期教学工作的系统总结和进一步推进提升。从讲义初创到教材编撰，再到成文付梓，每个环节都融入了课程团队全体同仁的智慧与汗水。本书也是"浙江省哲学社会科学重点研究基地"浙江工业大学现代化产业体系研究院的重要研究成果之一。

《数字经济学》分为绪论、内涵和外延、理论分析、技术支撑、产业发展、数字贸易、数字金融、评价、治理理论等共十一章。首先，本书在对数字经济发展的时代背景和意义进行讨论的基础上，阐述了数字经济的基本概念与内涵，进而结合相关理论对数字经济进行了深入的理论分析；其次，在技术、产业分析的基础上，探究了数字产业化和产业数字化的最新进展，并对数字贸易和数字金融两个领域展开专题探讨；最后，对数字经济发展进程中存在的问题及其治理展开了讨论。《数字经济学》符合经济社会快速发展对人才培养的新要求，有助于学生提升应用一般的经济管理理论与方法分析实际问题的能力，更好地理解数字经济发展及其治理实践的内在逻辑，进而成为了解新一代信息技术并具备数据思维和数字经济思维的经济管理类专业人才。本书可作为经济管理类专业课程教材、非经管类学生的基本素养养成类课程教材，也可以作为研究生培养相关课程的参考教材。

将其付梓出版之时，再次感谢参与编撰工作的所有同仁。感谢浙江工业大学孙林教授一直以来对课程建设的关心和帮助；感谢浙江工业大学应用经济学博士研究生胡安，硕士研究生章志诚、傅竞萱、孙颖、沈琳琳、吴佩窈对相关章节的编撰与校对；感谢负责本书出版的编辑们。本书参考和引用了一些专家学者的文献资料与研究成果，在此深表谢意；对失察疏漏未标注者深表歉意。本书若有亮点，是课程团队的集体智慧使然；若有不足，本人作为课程负责人和书稿统筹人，理应承担全责。最后，书虽已出版，但遗憾不少，想必疏漏也在所难免，欢迎读者来信指正（联系邮箱：rik_law@zjut.edu.cn）。

让我们拥抱数字经济，以互联网思维共创优质教材。

叶瑞克
2024年12月于杭州

目 录
CONTENTS

第一章 绪 论   1
   第一节 数字经济的发展历程   1
   第二节 数字经济的定义和范围   7
   第三节 数字经济学的相关概念辨析   18
   案例分析与思考 敢为天下先：为数字经济立法
       ——《浙江省数字经济促进条例》   25
   参考文献   29

第二章 数字经济的内涵和外延   31
   第一节 数字经济的内涵   31
   第二节 数字经济的特征   36
   第三节 数字经济的十大关系   40
   第四节 数字经济重塑世界经济社会形态   47
   案例分析与思考 乌镇：从江南水乡到数字经济新高地的蝶变   54
   参考文献   57

第三章 数字经济的理论分析   60
   第一节 三大定律   60
   第二节 成本效应   63
   第三节 价格歧视   65

第四节　网络效应　　　　　　　　　　　　　　　　　70

　　第五节　平台经济　　　　　　　　　　　　　　　　　74

　　第六节　理论探讨　　　　　　　　　　　　　　　　　84

　　案例分析与思考　用法治遏制大数据"杀熟"　　　　　91

　　参考文献　　　　　　　　　　　　　　　　　　　　　94

第四章　数字经济的技术支撑　　　　　　　　　　　　　97

　　第一节　宽　带　　　　　　　　　　　　　　　　　　97

　　第二节　大数据　　　　　　　　　　　　　　　　　　100

　　第三节　云计算　　　　　　　　　　　　　　　　　　104

　　第四节　物联网　　　　　　　　　　　　　　　　　　109

　　第五节　区块链　　　　　　　　　　　　　　　　　　112

　　第六节　人工智能　　　　　　　　　　　　　　　　　117

　　案例分析与思考　云计算技术亮剑："飞天"操作系统一飞冲天　　122

　　参考文献　　　　　　　　　　　　　　　　　　　　　125

第五章　数字经济产业　　　　　　　　　　　　　　　　127

　　第一节　智能制造　　　　　　　　　　　　　　　　　127

　　第二节　数字农业　　　　　　　　　　　　　　　　　132

　　第三节　数字文化　　　　　　　　　　　　　　　　　135

　　第四节　智慧教育　　　　　　　　　　　　　　　　　139

　　第五节　智慧医疗　　　　　　　　　　　　　　　　　142

　　第六节　智慧物流　　　　　　　　　　　　　　　　　145

　　案例分析与思考　菜鸟网络：物流联盟的喜与忧　　　149

　　参考文献　　　　　　　　　　　　　　　　　　　　　152

第六章　数字贸易　　　　　　　　　　　　　　　　　　154

　　第一节　数字贸易的兴起　　　　　　　　　　　　　　154

目 录

　　第二节　数字贸易对传统贸易理论的影响　　161

　　第三节　数字贸易发展现状、问题与对策　　165

　　案例分析与思考　"数字丝路"
　　　　　　　　　——全球数字经济治理的"中国方案"　　171

　　参考文献　　176

第七章　数字金融　　178

　　第一节　数字金融的兴起　　178

　　第二节　数字技术推动传统金融机构商业模式转型　　183

　　第三节　"数字化＋普惠金融"为实体经济赋能　　189

　　第四节　我国数字金融的新发展　　194

　　案例分析与思考　数字农贷为乡村振兴注入科技力量　　201

　　参考文献　　203

第八章　数字经济评价　　205

　　第一节　国内外数字经济指标体系概览　　205

　　第二节　数字经济评价指标体系构建　　212

　　第三节　我国数字经济发展现状评价　　216

　　第四节　我国各省份数字经济现状评价　　218

　　第五节　数字经济发展的国际比较　　222

　　案例分析与思考　广东：数字经济的全方面发展引领全国　　226

　　参考文献　　229

第九章　数字经济治理理论　　230

　　第一节　数字经济治理时代背景　　230

　　第二节　数字经济治理理论基础　　237

　　第三节　数字经济治理内涵特征　　241

　　第四节　数字经济治理要素　　244

3

第五节　数字经济治理原则　　248
　　第六节　数字经济治理保障机制　　251
　　案例分析与思考　数字经济的协同治理　　255
　　参考文献　　257

第十章　数字经济治理实践　　259
　　第一节　国际组织数字经济治理实践　　259
　　第二节　世界各国数字经济治理实践　　267
　　第三节　中国数字经济治理实践　　278
　　案例分析与思考　数字技术创新助力政府智慧治理
　　　　　　　　　　——杭州"一码一图一指数"　　284
　　参考文献　　287

第十一章　数字经济治理展望　　289
　　第一节　数字经济治理的趋势　　289
　　第二节　中国数字经济治理的启示　　291
　　案例分析与思考　坚持平台经济反垄断治理　　295
　　参考文献　　298

第一章

绪 论

数字经济是继农业经济、工业经济之后的主要经济形态，它以数据资源为关键要素，以现代信息网络为主要载体，以信息通信技术融合应用、全要素数字化转型为重要推动力，有助于促进资源的快速优化配置，使公平与效率更加统一，从而实现经济高质量发展的新经济形态。当下，数字技术正在全球范围内掀起新一轮的生产方式和理论思想革命浪潮，将引领经济社会发展迈向数字经济的"技术—经济"新范式。

第一节 数字经济的发展历程

数字经济是经济形态变迁的新阶段，是人类通过对数字化知识与信息的认识、分析和应用，引导并实现资源的有效优化配置与再生、实现社会全方位进步的经济形态。数字产业化和产业数字化是数字经济的核心，代表了数字经济发展的方向。数字经济与相关领域融合发展具有极大的潜力，将进一步促进经济发展和经济结构转型。因此，如何推进数字产业化、产业数字化，引导数字经济和实体经济深度融合，推动经济高质量发展，已经成为新时期的重要课题。目前，传统的经济理论在一定程度上已经不能合理地阐释数字经济发展过程中出现的新现象，也不能回答数字经济发展进程中遇到的新问题，而要解释这些新现象和新问题内在的联系及其背后隐藏的规律，就必须透过大量相关现象与问题概括出数字经济的发展规律，解释数字经济的范畴与本质，并最终构建起数字经济理论体系框架。

相较于经济学的其他学科门类，数字经济学的独特之处在于数字技术对人们经济活动的深刻影响，反映了经济学与时俱进的特点。因此，数字经济学所研究的内容就是数字技术能否以及如何改变经济活动。对于数字经济学这门新兴学科的体系构建，首先要厘清的是数字经济中最为核心的经济规律，然后从经济学的视角对数字技术本身的特征进行归纳，在此基础之上通过经济学学科架构讨论数字经济中的各类现象与诸多问题。

一、背景

数字经济的兴起有赖于数字技术的飞速发展。20世纪90年代，互联网的广泛接入与信息技术的关键性突破催生了海量数据，这些数据超出了传统分散终端的处理能力，大数据、云计算等数字技术应运而生并蓬勃发展。近年来，我国政府逐步采取措施，将数字经济作为引领经济增长、推动产业结构升级的新动能，着力推动"数字中国"建设。例如，2015年，国务院政府工作报告首次提出"互联网+"行动计划，新兴产业和新型业态迎来发展机遇；2016年10月，习近平总书记在主持十八届中央政治局第三十六次集体学习时发表重要讲话，强调"要加大投入，加强信息基础设施建设，推动互联网和实体经济深度融合，加快传统产业数字化、智能化，做大做强数字经济，拓展经济发展新空间"（人民日报，2017）。2017年，"数字经济"写入党的十九大报告，其内涵在2021年通过的"十四五"规划中进一步得到确认与提升。我国数字技术研发投入逐年上升，在量子计算原型机、类脑计算芯片、碳基集成电路等基础前沿领域取得原创性突破，在人工智能（AI）、区块链、物联网等新兴领域形成一批自主底层软硬件平台和开源社区，关键产品技术创新能力大幅提升，初步形成规模化应用效应。

一百年前，石油是重要的大宗商品。开采、提炼和交易石油的过程伴随着勘探、化工、运输和金融等产业的培育与发展。如今，数据成为新兴的"大宗商品"，是科技创新与经济发展的先导力量，被视作数字时代的石油。2023年4月发布的《数字中国发展报告（2022年）》显示，截至2022年底，我国累计建成开通5G（5th generation mobile communication technology，第五代移动通信技术）基站231.2万个，5G用户达5.61亿户，全球占比均超过60%。全国110个城市达到千兆城市建设标准，千兆光网具备覆盖超过5亿户家庭能力。移动物联网终端用户达18.45亿户，我国成为全球主要经济体中首个实现"物超人"的国家。IPv6（Internet protocol version 6，第6版互联网协议）规模部署应用深入推进，活跃用户超7亿户，移动网络IPv6流量占比近50%。工业互联网已覆盖工业大类的85%以上，标识解析体系全面建成，重点平台连接设备超过8000万台（套）。车联网由单条道路测试拓展到区域示范，已完成智能化道路改造超过5000公里。数据资源规模快速增长，2022年我国数据产量达8.1ZB，同比增长22.7%，全球占比达10.5%，位居世界第二。截至2022年底，我国数据存储量达724.5EB，同比增长21.1%，全球占比达14.4%。全国一体化政务数据共享枢纽发布各类数据资源1.5万类，累计支撑共享调用超过5000亿次。我国已有208个地方政府上线政府数据开放平台。

2022年，我国数字经济规模达50.2万亿元，总量稳居世界第二，同比名义增长10.3%，占国内生产总值（gross domestic product, GDP）比重提升至41.5%。数字产业规模稳步增长，电子信息制造业实现营业收入15.4万亿元，同比增长5.5%；软件业务收入10.81万亿元，同比增长11.2%；工业互联网核心产业规模超1.2万亿元，同比增长15.5%。数字技术和实体经济融合深入推进。农业数字化加快向全产业链延伸，农业生产信息化率超过25%。全国工业企业关键工序数控化率、数字化研发设计工具普及率分别增长至58.6%和77.0%。全国网上零售额达13.79万亿元，其中实物商品网上零售额占社会消费品零售总额的比重达27.2%，创历史新高。联合国贸易与发展会议（UNCTAD）指出：根据定义的不同，数字经济的规模估计在世界GDP的4.5%至15.5%。在2020年全球经济遭遇严重冲击的背景下，数字经济被寄予厚望，成为经济复苏新引擎和重塑经济体系的关键力量，世界上主要大国与地区已就通过发展数字经济重塑全球竞争力达成共识。

二、发展历程

（一）数字经济的起步：1946—1960年，信息网络为主的数字化阶段

1946年2月，在美国宾夕法尼亚大学诞生了世界上第一台电子数字积分计算机，由此揭开了人类迈向数字时代的序幕。这一时期主要的商业模式是芯片等硬件的生产和制造、操作系统及其他软件的开发，代表公司为微软、英特尔、IBM等。在数字经济起步阶段，语言、文字、音视频等诸多信息内容都被转化为电子计算机能够识别、存储、加工及传输的二进制代码。随后，随着计

算、通信、网络等通用技术在全球范围的发展，数字化进程逐步拓展延伸到企业管理、生活娱乐、消费购物等生产生活的方方面面。此时，人类绝大多数的经济活动的相关信息内容都可被数字化记录。

（二）数字经济的浮现：1960—1990年，IT与ICT为主的网络化阶段

20世纪60年代末，IT（information technology，信息技术）的兴起与应用、阿帕网的诞生标志着数字经济进入网络化的萌芽阶段，即通过网络通信技术实现了人与人、人与物、物与物之间的实时连接。20世纪60—70年代，以IT相关的软件开发和硬件制造为主体的ICT产业（如半导体产业）也在迅猛发展，ICT产业为数字经济提供了新的物理载体，互联网开始兴起并逐渐在各行业得到初步应用，这大大降低了经济系统的运行成本，提升了原有经济系统的运行效率。此时，AMD、英特尔等一批高新的科技公司也相继在硅谷落户。

（三）数字经济的兴起：1990—2000年，数字经济概念的提出

"数字经济"一词首次出现在美国学者唐·泰普斯科特(Don Tapscott)于1996年所著的《数字经济：网络智能时代的前景与风险》（*The Digital Economy: Promise and Peril in the Age of Networked Intelligence*）一书中。书中论述了互联网兴起后的各种新生产关系及其对经济社会的影响（Tapscott，1996），但未对"数字经济"这一概念进行精确的界定。在后来的许多论文和报告中都陆续出现了"数字经济"这一概念，尽管这些"数字经济"具体所指不同，但大致上都涉及互联网技术，以及在互联网技术的基础上出现的电子商务与电子业务、举行的商品与服务交易。因此，有些学者认为，这一时期的"数字经济"基本就是"互联网经济"。

20世纪90年代，美国的经济实现了连续118个月的快速增长，并创下了连续增长时间最长的历史纪录。在这一阶段的持续高速增长过程中，美国经济也呈现着资本主义发展史上难得一见的新特征：高经济增长率、低失业率、低通货膨胀率并存。这一轮经济增长应归功于计算机和互联网技术的大规模商业化运用所展现出的强大生命力，数字化不但改变了信息传输与人机交互方式，也改变了商品流通、交易与支付方式。

20世纪90年代以后，互联网的全球普及为数字经济发展构筑了至关重要的基础设施。在互联网正式开启商业化进程的美国，如火如荼的ICT产业成为驱动其经济增长的关键要素。1997年,曼纽尔·卡斯特(Manuel Castells)的《信息时代三部曲:经济、社会与文化》(*The Information Age Trilogy: Economy, Society and Culture*)和尼古拉斯·尼戈洛庞蒂(Nicholas Negroponte)的《数字化生存》(*Being Digital*)等重要著作的出版,让数字经济的现象和趋势成为学术界和产业界进一步关注的焦点。这些著作中认为数字经济时代的信息存储于虚拟化的比特而非实体化的原子之中,并将数字化比喻为原子向比特的转变,这会导致原有工业经济时代的运输、出版等发生颠覆性的变化(王志刚,2014)。

1986年,电子工业部向国务院提交了《关于建立和发展我国软件产业的报告》,这是我国第一个软件产业发展规划方面的指导性报告,我国在数字经济领域开启了奋起直追的模式。后来,1997年日本通产省开始使用"数字经济"的提法,1998年美国商务部发布了《浮现中的数字经济》报告,对电子商务这一当时最为凸显的数字经济形式进行了具体描述,指出数字技术发展已成为各国制定经济战略时考虑的核心问题,并且勾勒出未来25年的数字经济结构蓝图。

(四)数字经济1.0:2000—2015年,数据驱动的数据化阶段

进入21世纪,随着大数据、云计算、物联网、人工智能、3D打印等数字技术的不断迭代更新,那些富含知识和信息的数据资源成为经济社会发展的核心资源,这标志着整个经济社会进入数据驱动的1.0时代。随着数字化概念与数字技术的广泛传播,主要国际组织与各国政府希望以数字经济为抓手促进产业创新、拉动经济增长,也开始将政策重心转向数字经济,纷纷加大对数字经济的研究。

2000年,美国商务部发布《新兴的数字经济》等报告,提出数字经济是20世纪90年代中后期美国经济繁荣增长的重要因素,并第一次从政府角度提出数字经济时代已经来临,开始通过统计数字经济的相关测量指标,大量收集相关数据,将数字经济纳入政府统计范畴。从此数字经济概念开始被广泛使用,发展数字经济的理念日趋流行与成熟,世界各主要国家政府也纷纷把发展数字经济提上议事日程,以求通过发展数字经济来促进经济的增长与社会的转型(马化腾,2017)。

在美国数字经济发展的带动和影响下，国际组织、国际研究机构和世界各国也在纷纷出台与数字经济相关的战略和政策框架，同美国1994年推出的"信息高速公路"影响世界各国的信息化战略制定与信息化进程一样，其发布的数字经济报告，对发展数字经济的相关论述和政策实践也在深刻地影响着各国数字经济战略的制定与数字经济的发展进程。例如，世界经济论坛近年来连续发布多份《全球信息技术报告》，并在2002年的首次发布中就提到数字经济，后面多年的研究报告基本都是对数字经济发展的阐述。经济合作与发展组织连续多年发布与数字经济相关的研究报告和工作论文，并在多项研究的标题中直接使用数字经济一词。特别是在2008年国际金融危机后，为推动全球经济缓慢复苏，世界贸易组织、联合国贸易和发展会议、亚太经合组织、国际货币基金组织等国际组织以及世界各国便开始纷纷制定数字经济发展战略，期望通过发展数字经济为全球经济增长提供动力支撑。欧盟最先于2010年公布了数字经济议程，美国于2015年公布数字经济议程，后来英国、法国、德国、俄罗斯、日本、韩国、新加坡等国也都陆续发布了数字化战略，旨在通过发展数字经济推动传统经济的数字化转型，为经济增长提供新的动力。

我国的数字经济建设也在这一时期得到快速发展。从早期的网易、新浪和搜狐三大门户网站到阿里巴巴、京东等电子商务网络的搭建，以及后来的百度、腾讯等搜索引擎和社交媒体的创建，我国的数字经济建设迎来了一波发展小浪潮，数字经济也随之繁荣发展并产生裂变（闫德利，2017）。近年来，在国外数字经济以及工业4.0等战略的影响下，我国出台了"中国制造2025"与"互联网+"两大战略，以推动我国经济结构的转型升级与高质量发展。

（五）数字经济2.0：2015年至今，人工智能为核心的智能化阶段

2015年，"互联网+"概念首次在政府工作报告中现身，提出落实"互联网+"行动计划，增强经济发展新动力。这开启了我国数字经济发展新篇章，之后"数字经济"这一提法进入政府工作报告，并被各类官方文件与重大会议所采用，数字经济发展的战略及相关政策的制定也提上了我国各级政府的议事日程。2016第三届世界互联网大会和G20杭州峰会等重大国际会议、中共中央政治局就实施网络强国战略进行的第三十六次集体学习、党的十九大报告、第三届"一带一路"国际高峰论坛主旨演讲、《金砖国家领导人厦门宣言》等

中也出现了"数字经济"的字眼。可见，我国已开始更多地从经济层面关注和研究数字经济问题，并希望通过培育数字技术新动能来大力发展数字经济。2016年，全球市值最高的五家公司首次全部为数字平台公司：苹果、谷歌、Facebook、微软和亚马逊，且其市值远超传统工业巨头，在数字技术、数字标准与数据商业化快速发展的背景下，数字技术对农业、制造业、服务业等传统行业的数字化改造也在不断加速进行，随着智慧农业、智能制造、智慧物流、互联网金融等领域的快速发展，全球数字经济发展进入2.0阶段。

2015年以来，随着谷歌、百度、科大讯飞、阿里巴巴、苹果、NVIDA等代表性公司在语音与图像识别、自动驾驶、数字医疗等人工智能领域的重大突破，我国的人工智能研究也在多个领域实现率先突破，我国数字经济进入以智能化为核心的数字经济2.0阶段。但王振（2017）认为目前我国数字经济商业模式还主要集中在单一的弱人工智能应用上，未来智能化技术还有较大的发展空间，这也必将对我国数字经济发展和生产生活方式变革产生巨大的推动效应。2021年底，全球上网人口达到49亿，大约占全球人口的63%。数据显示，全球上网人口比2019年（41亿）增长了19.5%，新增加了8亿网民，互联网普及率提升了将近10个百分点。其中，2020年全球网民增长率再创新高，达到10.2%，为十年来的最高速度。智能手机已成为全球互联网用户的首选设备，全球三分之二的人已拥有手机，且超过半数为智能型设备，因此人们可以随时随地轻松地获取丰富的互联网体验。除了互联网的迅速发展，物联网及其相关设备也在快速增长，但与此同时，数字经济发展过程中的问题也日渐突出，如数据纷争的解决、数据安全的治理、数字鸿沟的跨越、数字素养的提升等问题也日渐进入公众的视野。

第二节 数字经济的定义和范围

一、定义

（一）数字经济

1996年，"数字经济之父"唐·泰普斯科特在《数据经济：网络智能时代的前景与风险》一书中描述了计算机和互联网革命对商业行为的影响，首次把数字经济的概念学术化，将其定义为新经济或知识经济。然而由于主导技术群的巨大差异，唐·泰普斯科特所提出的"数字经济"与当前的数字经济存在明显的不同。从1998年到2000年，美国商务部连续发布了三项关于数字经济的研究报告（国内译本为《浮现中的数字经济》《浮现中的数字经济Ⅱ》《数字经济2000》），推动了数字经济概念的普及。但此时新科技革命尚未爆发，有关数字经济的讨论仍然停留在信息技术产业、互联网和电子商务快速发展的现象描述上，尚未涉及技术赋能、数据作为生产要素、经济结构优化等方面的内容。

2016年，G20杭州峰会通过的《二十国集团数字经济发展与合作倡议》提出："数字经济是指以使用数字化的知识和信息作为关键生产要素、以现代信息网络作为重要载体、以信息通信技术的有效使用作为效率提升和经济结构优化的重要推动力的一系列经济活动。"此定义是数字经济特征概括式描述的代表，目前被学界广泛认可。除此之外，一些国外官方机构和学者也对数字经济作了不同的诠释，如经济合作与发展组织（Organization for Economic Co-operation and Development，OECD）在其发布的税基侵蚀和利润转移（base erosion and profit shifting，BEPS）行动报告中指出"数字经济与整个经济相关，是数字技术带来的变革过程的结果"；欧洲议会把数字经济定义为"通过无数个且不断增长的节点连接起来的多层级或多层次的复杂结构"；澳大利亚在官方报告中提出数字经济是由互联网、移动和传感器网络等平台支持的经济和社会活动的全球网络；李海舰等（2020）认为数字经济是以数字为基础的一系列经济活动的总和，是以互联网为代表的"新技术群"在促进数据成为生产要素的同时直接带来的经济结果，本质是以字节取代实体，实现"去物质化"，重塑要素资源结构。Tkachenko等（2019）认为数字经济是一种以数字技术为基础的经济，提供了信息技术在各个行业和领域实施管理和数字化活动的空间；Khitskov等（2017）认为数字经济就是数字电信实现的经济。

2021年，国家统计局发布《数字经济及其核心产业统计分类（2021）》，将数字经济定义为以数据资源作为关键生产要素、以现代信息网络作为重要载体、以信息通信技术的有效使用作为效率提升和经济结构优化的重要推动力的一系列经济活动。本书所论述的数字经济采用了此定义。

（二）数字经济学

顾名思义，数字经济学是研究数字经济的运行和发展规律的科学，是现代经济学的重要组成部分。数字经济学研究数字经济的运行规律及影响。数字经济学的核心是数字化，即将传统经济活动转化为数字化的经济活动，包括数字化的生产、交易、营销和服务等。数字经济学的发展，不仅改变了传统经济的生产方式和商业模式，也带来了新的商业机会和经济增长点。数字经济学的应用范围非常广泛，包括电子商务、移动支付、云计算、大数据、人工智能等领域。数字经济学的实质是复杂经济学。复杂经济学认为经济是一个复杂系统，即不均衡的、不确定的、非线性的、始终处于变化当中的系统。这不仅是因为经济总是面临着外部冲击或外界影响，还因为非均衡本身就产生于经济的内部。原因有两点：一是根本的不确定性，或称"奈特氏不确定性"，指无法被衡量、不能被计算概率的风险；二是技术变革，在数字经济背景下，经济依赖于技术，经济结构是不断变化的，经济不一定处于均衡状态，决策者面临根本的不确定性。一方面，经济创造了技术；另一方面，技术集合创造了经济，经济不仅是技术的"容器"，还是技术的表达。

现代经济学经过数百年的发展，已经形成了一套十分完整成熟的理论体系，其中一系列基本的理论、观点和方法基本可以被应用于研究经济学的各个领域各个方面，经济社会发展过程中出现的新技术范式通常能用已有的理论体系解释。学界曾认为，数字经济学不足以造成经济学基本范式、基本框架的改变，现有经济学是反映普遍规律的经济学，而数字经济学应该是这种反映普遍规律的经济学在新技术条件下的一个特殊应用或分支。但按照这种经验判断，非常容易犯下与"旧学为体、新学为用"的"洋务运动"相同的错误，误判时代发展的重心。在数字经济迅猛发展的浪潮下，我们有必要面向国家战略和产业发展的人才新需求，立足"新文科"建设的重要部署，针对数字经济发展涌现出的新产业、新模式和新业态，系统、完整地建立相应的经济学知识体系。撰写这样一本专门讲述数字经济学的教科书，在笔者看来，其重要性和必要性如下。

首先，数字经济和数字经济学相对传统经济形态和理论具有很强的创新性和革命性。经济理论创新的源泉来自于新的经济现象，很多数字经济运行和发展的规律已经不能用传统的经济学知识体系来解释，现代经济学正在因为数字经济的发展而改变，例如，数字经济的发展催生了数据这一全新的生产要素；数据相对土地、资本等传统生产要素而言具有一系列新的特征，如非竞争性、负外部性等；如何认识数据要素、如何将数据整合进现代经济理论是当前十分前沿的研究课题。又如，数字经济催生了新的产业组织模式，以平台经济为代表的产业组织形式正在各行各业日益活跃。再如，数字经济的发展改变了市场主体搜寻匹配的方式，进而影响了市场均衡的形成，重塑了市场匹配的过程和机制，也大大促进了市场设计理论的发展。另外，人工智能作为一种新的通用目的技术正在加速发展，很可能会给现有经济学理论带来一系列新的挑战。随着数字化进入经济系统的方方面面，相关研究也不断渗透到经济学的各个领域，在一些领域甚至形成了颠覆性的变革，这些新的理论知识同时又逐步形成了彼此相互联系的一个有机整体。如果说数字经济是人类社会继工业经济时代后一种新的经济形态，其带来经济学理论的重大创新也同样具有历史必然性（刘雄涛，2024）。

其次，这是我国数字经济发展的需要和必然成果。18世纪、19世纪我国未能及时赶上工业革命的变革浪潮，但20世纪尤其是改革开放以来我们一直在学习追赶先发的工业国家，而到了当前数字经济时代，我国正逢其时，已经发展成为当前世界上数字经济规模大、质量高、发展极为活跃的经济体之一。在全球最重要的数字经济企业中，我国企业占有的地位仅次于美国，在一些重要领域，我国企业甚至处于主导地位。我国数字经济的蓬勃发展也催生了一大批基于本土经验的研究成果，近年来，国内外知名学术期刊上发表了大量的基于中国经验的优秀数字经济研究成果。我们要深入了解现代数字经济的运行规律和未来走向，把握我国本土经济发展态势，必然要对这些最新的经济学相关理论成果进行深入学习了解。

最后，这也是我国数字经济人才培养的迫切需要。近年来，我国不少大学已经开始在本科和研究生层次逐步设立数字经济的相关课程、学科方向乃至专业学位。数字经济已然成为一个专门的学科领域。因为数字经济从理论到实践的发展时间都还相对短暂，许多理论正在不断演进之中，诸多理论成果有大量学术出版物所支撑，但尚未形成系统的理论体系，故撰写一本全面介绍数字经济的高水平教科书十分必要。

二、范围

作为先进生产力的代表，数字经济强调数据信息的生成与传送是一种渗透于各类产业与生产活动中、对于生产率有决定性作用的技术手段。可以认为，基于数字产品或服务的商业模式所依托的数字技术导致的产出即为数字经济。鉴于数字经济的计算优势和数字化将成为经济活动基础算力的积极预期，未来大部分的经济活动将会被纳入数字经济的广义范畴。明确数字经济产业范围，有助于理解数字经济的概念范畴，同时也为数字经济规模测算提供了前提条件。同时，数字经济产业分类的演化过程，也在一定程度上反映了数字经济概念的不断深化及其范畴的不断拓展。

早期对数字经济产业的定义主要围绕电子商务这一内容展开。以美国经济分析局（BEA）在1999年提出的数字经济核算框架为例，其统计的范围主要包括三方面内容：支持基础设施、电子业务流程和电子商务交易。其中，支持基础设施包括用于电子商务的硬件、软件、电信网络、支持服务和人力资本，如计算机、路由器、卫星、有线与光通信、系统和应用软件、网站开发服务、程序员人力资源等；电子业务流程包括在线采购和销售、生产管理、物流以及内部通信和支持服务；而电子商务交易部分统计的是通过以计算机为媒介的网络出售的商品和服务的价值。

随着数字经济概念范畴的拓展，数字经济产业分类不再局限于电子商务或某一种数字经济门类，而是基于广义数字经济内涵的产业分类，这体现了数字经济的发展及其内涵的变迁。2021年，美国经济分析局更新的用于数字经济估算的卫星账户（表1-1）主要包括基础设施、电子商务、收费数字服务三部分，其用途是估算数字经济的总价值，因此是以数字产品、数字服务为分类对象，表中所列举的各子类中的服务和产品绝大部分已经被纳入美国数字经济价值的估算当中，该账户已经成为当前数字经济价值计算的重要标准。

表1-1 美国经济分析局数字经济卫星账户

大类	子类	子类说明
基础设施	硬件	计算机系统的元器件：显示器、硬盘驱动器和半导体等；通信产品、试听设备
	软件	个人计算机和商业服务器等设备使用的程序和操作软件（商业软件和企业内部开发供自己使用的软件）
	设施	为数字经济生产提供的建筑物以及数字产品，比如数据中心、半导体制造厂、安装光缆、交换机、中继器等
电子商务	企业对企业电子商务	使用互联网或其他电子方式在企业之间购买商品和服务。交易发生在制造商、批发商和其他行业的企业间和企业内部，交易发生的目的是生产用于最终消费的商品和服务
	企业对个人电子商务	使用互联网或其他电子方式向消费者或零售商（电子）销售商品和服务
收费数字服务	云服务	计算服务：包括远程和分布式托管、存储、计算和安全服务
	电信服务	与电话、有线和卫星电视以及无线广播有关的服务，不包括互联网
	互联网和数据服务	与提供互联网访问以及网络托管、网络搜索、网络检索和流媒体内容和信息相关的服务
	数字中介服务	通过数字平台为交易提供信息，并成功匹配两个独立方以换取明确费用的服务。这些平台的收益通常包括中间产品的生产者或消费者支付的费用
	其他收费数字服务	所有其他购买的数字服务（不包括云服务、电信服务、互联网服务和数据服务，以及数字中介服务）

2021年国家统计局发布了《数字经济及其核心产业统计分类（2021）》（表1-2），确定了数字经济的基本范围，基于"数字产业化"和"产业数字化"两个方面，将其分为数字产品制造业、数字产品服务业、数字技术应用业、数字要素驱动业、数字化效率提升业五大类。其中，前四大类为数字产业化部分，是数字经济的基础部分，即围绕数据归集、传输、存储、处理、应用、展现等数据链各环节，为产业数字化发展提供数字技术、产品、服务、基础设施和解决方案，主要包括电子信息制造业、软件和信息服务业、信息通信业，以及物联网、大数据、云计算、人工智能、区块链等新一代信息技术产

业；第五大类为产业数字化部分，它是指应用数字技术和数据资源为传统产业带来的产出增加和效率提升，是数字技术与实体经济的融合，催生了新产业、新业态、新模式，主要包括以智能网联汽车、智能无人机、智能机器人等为代表的制造业融合新业态，和以移动支付、电子商务、共享经济、平台经济、流量经济为代表的服务业融合新业态。

表1-2　中国国家统计局数字经济核心产业统计分类

大类代码	大类名称	中类名称
01	数字产品制造业	计算机制造、通信及雷达设备制造、数字媒体设备制造、智能设备制造、电子元器件及设备制造、其他数字产品制造
02	数字产品服务业	数字产品批发、数字产品零售、数字产品租赁、数字产品维修、其他数字产品服务
03	数字技术应用业	软件开发、电信及广播电视和卫星传输服务、互联网相关服务、信息技术服务、其他数字技术应用
04	数字要素驱动业	互联网平台、互联网批发零售、互联网金融、数字内容与媒体、信息基础设施建设、数据资源与产权交易
05	数字化效率提升业	智慧农业、智能制造、智能交通、智慧物流、数字金融、数字商贸、数字社会、数字政府、其他数字化效率提升

通过比较美国和我国的数字经济产品业产业统计范围，我们可以总结出数字经济主要囊括了与数字相关的底层基础、上层产品与服务以及传统产业数字化的部分。将数字经济落实到相关产品和产业中，可以将抽象的数字经济概念实体化，为进一步理解数字经济的理论与实践奠定基础。

三、学科研究主线、对象和方法

随着以数字化浪潮为核心的第四次工业革命的兴起，人类社会开始步入数字经济时代。数字经济在经济形态和发展模式方面与传统的农业经济、工业经济有着显著的差异，以数据为核心生产要素、以数字技术为驱动力的数字经济给人类生产、生活和生态带来了全面且深刻的影响。党的十九大报告提出了建设"数字中国"和"智慧社会"的宏伟蓝图。我国"十四五"规划和2035年远景目标纲要指出，充分发挥海量数据和丰富应用场景优势，促进数字技术与实体经济深度融合，赋能传统产业转型升级，催生新产业新业态新模式，壮大

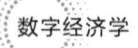

经济发展新引擎。在数字经济时代背景下，探讨数字经济学学科建设问题既重要又紧迫。

（一）数字经济学的研究主线

数字经济学经历了由学科交叉到交叉学科的演进过程，是一门试图解释在数字要素参与条件中数字产品和服务的生产、交换、分配、消费运行全过程的经济学，也是一门以人工智能、大数据、软件科学、云计算、统计学、计算机科学、法学、管理学、理论经济学和应用经济学等多学科交叉为基础，研究稀缺资源和共享资源共存条件下的最有效分配，以及通过改变成本带来整体经济运行效率提升的新经济学。构建数字经济学的逻辑起点是分析数字经济发展中出现的新问题，研究数据生产要素的分配及优化配置，分析数字技术的创新应用与数字技术对经济形态的影响。数字经济中，数据和数字技术成了最关键的生产要素，从传统经济学的研究角度很难准确理解和把握数字经济的发展并构建数字经济理论体系。正如世界经济学研究的出发点是生产要素的国际流动与优化配置，数字经济学的研究主线显然是数字经济学的核心要素——数据和数字技术（戚聿东等，2021）。数字经济快速发展中出现了两个突出现象（佟家栋等，2022）：一是经济系统中数字化转型普遍存在，数据要素通过不断扩大再生产实现规模爆发式增长，数据应用的广度和深度不断提升；二是数字技术创新频率不断加快，数字经济展现出极强的活力和潜力。相较于传统经济体系，数字经济学系统内部具有复杂性、动态性、多样性和异质性等特征，仅从资源的稀缺性和社会福利等视角来研究数字经济，不能有效识别其经济特性。因此，将数据和数字技术作为数字经济学的研究主线有以下优势：一方面，数字经济实践中数据和数字技术被大规模应用，将数据和数字技术作为数字经济学的研究主线具有外在合理性；另一方面，数据和数字技术带来的范式变革对传统经济理论形成了挑战，经济理论数字化转型迫在眉睫，这为数字经济学发展提供了内在合理性。

1. 研究数据要素作为基础资源的催化作用

数据要素与传统要素融为一体，隐藏于物质资本生产、分配、交换、消费的全过程。由于数字技术水平限制和相关经济学理论基础欠缺，一直以来，数据在经济社会发展中的作用和地位未得到充分的重视。传统经济学理论以研究物质资料为主，数字化转型下数据成为全新的生产要素。数字经济的发展进一步丰富了要素资源体系，数据正在成为推动经济增长和社会财富积累的主要动力。2017年5月第一期《经济学人》的封面文章《世界上最宝贵的资源》指出，数据将取代石油成为后工业时代最为重要的大宗商品。数据要素的相关研究应围绕数据要素的流通、估值、市场配置机制、产权界定和治理等问题展开。具体而言，应包括：分析数据要素的大规模流通对要素禀赋结构、传统生产要素的优化配置以及经济增长和产业结构升级的潜在影响；既要关注数据要素给个人带来的私人价值，又要关注数据要素外部性带来的社会价值，构建客观公正的数据要素价值评估标准，探索建立数据要素价值的评估体系和市场交易定价规则；坚持数据要素自由流动、开放共享、高效利用的发展理念，研究数字要素优化配置和价值开发的具体路径；明晰数据要素的产权界定方法与依据，研究制定数字产权保护方面的法律法规；探讨数据要素的治理模式与监管手段，制定数据治理的战略框架与行动方案。

2. 研究数字技术对数字经济发展的赋能作用

随着人工智能、大数据、区块链和工业互联网等数字技术产业化应用步伐的加快，数字技术正在对企业进行全方位改造，推动企业生产效率的提升与管理模式的创新。比如，生产环节的数字化转型使企业产品和服务获得竞争新优势，销售环节的平台化趋势解决了信息不对称、降低了企业营销成本。数字技术开启了公众高品质的数字生活模式，"三网互联"的普及潜移默化地影响了公众的个人偏好和消费习惯等生活特征，个性化、定制化产品和服务逐渐成为消费者追求的对象，网上购物、共享服务等多元化消费模式成为消费主旋律。从企业的角度出发，企业如何把握数字技术发展机遇与挑战、提高产品和服务的市场竞争力是数字经济学研究的重点。从社会的角度出发，数字技术如何改变人民生活方式、提高幸福感，是数字经济学研究的落脚点。

（二）数字经济学的研究对象

"数字经济"这一术语最早出现在20世纪90年代。1995年，经济合作与发展组织详细阐述了数字经济的可能发展趋势，认为在互联网革命的驱使下，人类的发展将由原子加工过程转变为信息加工处理过程。2002年，美国学者金范秀（Beomsoo Kim）将数字经济定义为一种特殊的经济形态，指出数字经济的活动本质为"商品和服务以信息化形式进行交易"。数字经济时代，数据成为继劳动、土地、资本和技术之后的第五个生产要素，同时也是数字经济的重要组成部分。总体来看，数字经济是继农业经济、工业经济之后的更高级的经济阶段，是以数字化的信息和知识为关键生产要素，以现代信息网络为主要载体，以信息通信技术融合应用、全要素数字化转型为重要推动力，促进包容、创新、高效和可持续发展的新经济形态。数字经济在生产要素、生产关系和生产力方面都发生了全面的变革，而云计算、大数据、人工智能已经成为数字经济的重要生产力，数据对生产力的提升，呈现出了指数效应。

作为经济学的一门新兴分支学科，数字经济学与其他学科区分开来的标志，应该就在于其也像其他的独立学科一样，拥有自身独特的研究领域与研究对象。如果说将数字经济学具体细分为微观数字经济学和宏观数字经济学，那么具体要研究的对象与领域主要就是数字经济条件下资源的优化配置和充分利用问题。

数字经济学所涉及的产业不仅包括作为基础部分的ICT（information and communication technology，信息与通信技术）产业，更多的是数字经济条件下可以进行数字化转型的传统产业，从而使其实现低成本、高效率的增值，同时促进经济结构整体优化升级与社会运行效率的稳步提升。这意味着，传统产业与数字化融合的部分，才是数字经济学研究的主要内容。从长远来看，在数字经济时代，所有的市场主体都应具备较高的数字素养与意识，并且能够积极地使用数字化技术，否则将不能适应数字经济发展而终被淘汰。

（三）数字经济学的研究方法

数字经济学的研究方法与其研究对象、特定问题、任务目标直接关联，是数字经济学学科的重要支撑之一，对数字经济学发展起着关键作用。数字经济下的经济环境与制度基础无时无刻不在发生着变化，这就要求我们不能固守传统经济学学科的研究方法，而应及时对研究方法进行更新，对其边界进行延伸与拓展。

1. 数字经济学的研究方法应具有多学科交叉融合的特征

数字经济的共享性、包容性、开放性等特征决定了数字经济学学科的交叉性特征，数字经济学的诞生正是学科体系综合化、融合化的具体表现。数字经济学与多学科交叉融合将成为未来发展趋势，技术创新、产业升级、数据保护、发展规制等已成为数字经济学的研究重点，其中所涉及的产业组织理论、经济增长理论、博弈论、均衡理论等理论研究涵盖了现代主流经济学科和前沿研究领域。这些经济领域的研究已经跨越传统经济学科的界限，这决定了数字经济学的研究方法必将涉及多学科领域。因此，数字经济学研究方法同样需要技术经济学、产业经济学、政治经济学、社会学、管理学等学科的研究方法作为指导，吸收其他学科研究方法的精华，将多学科融合研究作为数字经济研究方法的重点方向。

2. 数字经济学的研究方法应注重定量分析与定性分析相结合

传统经济学定性分析方法运用得较多，研究的重心主要集中在经济现象的本质方面，多为结合生产、生活过程中积累的经验进行主观判断，并对经济活动规律和影响机制进行归纳总结，进而演绎出经济学发展的一般规律。定量分析是指运用现代化科学的分析方法对大数据进行收集、整理、分析，对研究对象的基本假设进行验证和解释，它降低了主观价值判断中的主观性，使得分析结果具有更高的客观性。数字经济发展过程中数据资源得到极大丰富，这为定量分析过程中建模分析、图表、运筹规划、经济计量学、数理统计、经济模拟仿真等研究方法提供了数据支撑。数字经济学理论研究中数学与计量的应用将会越来越广泛，定量分析和实证分析在数字经济学发展中将发挥更大的作用。数字经济学中定量分析的加强并不意味着定量分析方法可以完全取代定性分析方法。定性分析对经济现象本质的价值判断为定量分析提供了认知的基础，定量分析的精确研究深化了定性分析的理论认知，两者是互补的关系。在数字经济学的研究过程中，在注重使用定量分析方法的同时，还应该推动定量分析与定性分析相互融合，这样才能更好地揭示数字经济运行的基本规律与内在联系。

3. 数字经济学的研究方法应加快大数据分析、机器学习、云计算等新方法的应用

传统经济中，个体数据处于离散状态，个体数据与总体数据缺乏有效的联系，总体数据是个体数据的简单加总。数字经济时代，数据量呈爆炸式增长，个体数据与总体数据互联互通、交叉聚合，数据价值呈指数型增长。大数据具有总量巨大、流通灵活、种类丰富、价值巨大、时效性高五方面的特征。

传统经济学实证研究中的计量分析方法和结构化统计方法无法适应具有海量样本、实时、非结构化等特征的大数据分析要求。此外，研究对象的数据由样本变成了总体，基于假设检验的研究方法是不充分、不完备、无法满足需要的。大数据时代完成了数据由量变向质变的转换，这就要求经济学研究方法作出相应的调整。数字技术的进步带来了研究方法的颠覆式创新，大数据分析、云计算、机器学习等新的研究工具和方法应运而生，提高了数据处理能力和价值挖掘能力。尤其是在应对数字经济时代复杂、多变的经济环境时，大数据分析、云计算、机器学习等新的研究工具和方法具有无可比拟的优势。这些新的研究方法可以深入分析各种主体之间的复杂关系与内在联系，为经济决策、战略调整提供精准可靠的理论依据。因此，数字经济学研究分析中大数据分析、机器学习、云计算等新方法不可或缺。

第三节　数字经济学的相关概念辨析

从20世纪70年代初开始，经济学界对未来经济就有多种不同的提法，包括1980年阿尔文·托夫勒在（Alvin Toffler）《第三次浪潮》（*The Third Wave*）中提出的"后工业经济"，1982年约翰·奈斯比特（John Naisbitt）在《大趋势——改变我们生活的十个新方向》（*Megatrends: Ten New Directions Transforming Our Lives*）中提出的"信息经济"，1986年汤姆·福莱斯特（Tom Forester）在《高技术社会：漫话信息技术革命》（*High-Tech Society: The Story of the Information Technology Revolution*）中提出的"高技术经济"，1990年联合国提出的"知识经济"，1996年美国《商业周刊》（*Businessweek*）提出的"新经济"。从20世纪90年代开始，随着互联网浪潮的兴起，信息经济、知识经济、网络经济、新经济、数字经济等关于全球经济的不同概念描述开始混用。目前，各种与数字经济相关的概念充斥在网络与新闻报道中，我们有必要对相关概念进行简要的梳理与辨析。

一、网络经济学

20世纪80年代出现的早期的网络经济学，属于通信经济学范畴，包括对电信、电力、交通（公路、铁路和航空）等基础设施行业的经济学研究。之所以被称为"网络经济学"是因为这些行业共同具有"网络"式而非"垂直"（vertical，亦称纵向相关）的经济结构特征，主要研究的是网络经济条件下稀缺资源的优化配置及接入或互联政策的制定问题。其中，对接入的定价问题研究，即对接入的某种资产的使用确定成本的合理分配和费用的准确计算，从而在建立起有效定价机制的同时最大幅度地减少交易成本，以实现资源的优化配置，这成为最核心的问题之一。例如，电厂生产的电必须要通过电网的传输才能作为商品卖给消费者，在电信业中，互联问题十分普遍。此外，另一个重要的问题就是，由于网络行业本身的技术特征和网络效应的经济特征的存在，网络行业存在规模经济和自然垄断的倾向，因此如何引入激励机制和竞争机制反垄断也成为经济学家研究的重要问题。

除了上述网络经济学的研究，西方经济学界同样对侧重点不同的相关经济问题进行了研究，以美国麻省理工学院的尼古拉斯·艾克诺米兹（Nicholas Economids）教授于1996年10月发表的《网络经济学》（"The economics of networks"）为代表，西方经济学界对网络产业中广泛存在的网络效应问题进行了深入的探讨和分析。他认为一个网络所提供的服务是由许多互补的成分组成的，文章将对网络经济学的讨论焦点集中在由互补性引发的网络效应问题上，分析了网络效应的来源、网络效应对网络服务定价和市场结构的影响，进一步探讨了这些因素对定价、网络服务质量以及在不同的所有权结构下的网络链接价值的影响。同时，他还指出由于这些问题都是互补性作用的结果。陈蓉等（2001）曾表示实际上对那些呈现出强互补关系的"垂直"产业，这些经济规律同样也是适用的。周朝民（2008）曾表示，网络经济是基于网络技术发展而形成的一种经济潮流和经济形态，包括它对现有的多种经济理论、产业结构和国际经济等的种种影响，是信息社会的经济最集中、最概括的体现。勒维斯（2000）把20世纪90年代以来信息技术的革命，特别是因特网的出现及其商业化应用界定为非摩擦经济。他提出了非摩擦经济与传统经济学的实质性区别：传统经济消费决定着生产，以实物为基础；而非摩擦经济生产决定着消费，以观念为基础。他认为非摩擦经济是非凯恩斯主义的。他总结了摩尔定律、达维多定律和新兰切斯特策略等许多规律、定律。谢伊（2002）提到网络经济产品区别于传统经济产品的四个重要特征：互补性、兼容性和标准，消费外部性，转移成本与锁定，生产的显著规模经济性。他以博弈论为分析工具，在硬件产业、软件产业、航空、电信、银行服务、法律服务和信息市场等具体领域对信息定价和网络产品定价问题进行了探讨，揭示了行业间的策略性行为如何受网络活动影响的本质特征。

国内学者也对网络经济学做了初步探索。纪玉山（1998）指出网络经济是一种知识经济，网络经济不会改变和取代理论经济学揭示的经济本质的规律，但会在经济现象形态上拓展应用经济学研究的新领域。周朝民（2003）认为网络经济学较之传统经济学，特别是西方经济学，有其独特的理论基础，例如传统经济学中的供给需求模型在网络经济学中就不再有效，供求均衡点在网络经济中不再是有效的决策点，也就是说传统的经济理论模型在网络经济时代将会失效。他认为传统经济学模型之所以有效，在于它符合了当时的社会发展背景，而网络时代的社会发展已大大超出了传统经济学所赖以立足的社会背景，网络风险正成为网络经济除需求供给外的又一大重要因素。濮小金等（2006）介绍了网络经济的概念、特征、基本理论和网络市场，网络产品生产、营销、网络垄断和竞争，网络经济条件下的金融体系和网络经济中的企业行为、政府行为，网络经济对社会的影响，以及网络安全问题，等等。

二、互联网经济学

进入20世纪90年代之后，计算机网络（后来演化成为互联网）的发展使得有关计算机网络的经济学问题成为"网络经济学"的一部分，最初是关于电子计算机的局域网、广域网的成本核算、收费标准的一些经济学讨论，后来逐渐增加到对互联网服务价格、税收和服务提供者竞争等的分析。这些在决定互联网资源的有效配置、提高互联网网络投资的获利能力、制定适当的政府政策方面的研究主题都被经济学家纳入了"网络经济学"的讨论范畴。在互联网以惊人的速度发展、拓展到世界的各个角落的同时，经济学家们逐渐认为必须将关于互联网的讨论放在"网络经济学"的学科背景中，将其与电力、航空、电信技术、广播电视、铁路等稍显传统的生产部门放在一起研究已经不合时宜了。

1995年3月，美国麻省理工学院在美国国家科学基金的支持下举办了互联网经济学研讨会。会后由美国学者李·麦克耐特（Lee McKnight）和约瑟夫·贝利（Joseph Baley）将会上的发言稿编纂成《互联网经济学》（*Internet Economics*）一书，并在书中首次比较明确地阐述了互联网经济学的定义：一门研究互联网服务市场的经济学，研究的主要目的就是实现对互联网中"云"的部分的经济解释，其重要内容就是研究在"云"的数据传输过程中的经济学问题，以实现资源的最优配置，提高市场运作效率。

经济学界认为互联网经济学实际上是"网络经济学"的一个分支，甚至更有人把它作为通信经济学的分支加以考虑。从互联网经济学的主要研究范围来看，确实如此。但是由于互联网和其他的通信网络有共同之处，也存在其自身的特点，因此它在某些方面的研究超出了原来的通信经济学的范畴，从而使得"网络经济学"向前发展了一大步。总的来说，互联网经济学仍然主要是从互联网服务价格和服务提供者的竞争方面出发，研究与有限资源的配置、互联网投资获利和适当的政府政策有关的问题。

三、电子商务经济学

从20世纪90年代开始，伴随着电子商务在美国的兴起与飞速发展，越来越多的经济学者认为应该将电子商务的部分从互联网经济学中区分开来，以美国得克萨斯州大学的经济学家崔（Soon-Yong Choi）等所著的《电子商务经济学》（*The Economics of Electronic Commerce*）为代表，他们将电子商务定义为买卖双方通过数字化过程交易数字产品的一个市场，并认为包括采购、研发、设计、生产、加工、组装、派送、营销和售后服务等所有传统的商业活动和流程环节都可借助互联网平台，通过电子商务市场可以实现从生产到顾客服务的整个商业流程的电子化与数字化改造，而企业活动与相关流程的电子化与数字化又会明显地影响企业战略管理、内部组织结构、运作流程、管理方式及整个企业的文化建设。相应地，企业与上游供应商、下游消费者的关系也终会发生变革（王健伟等，2004）。值得注意的是，电子商务的根本在于它通过通信网络和传输系统使得交易更为便捷，在于它组织市场和开展交易的方式，即通过可视化的市场代理商、数字产品和电子过程进行交易。这样一种经济过程和承载它运作的技术平台没有必然和永远的联系。

四、知识经济学

"知识经济学"在国外已经有相当长的研究历史,较早可以追溯到美国当代著名经济学家肯尼思·博尔丁(Kenneth Ewart Boulding)于1966年发表的《知识经济学和经济学知识》("The economics of knowledge and the knowledge of economics")一文,其中对知识经济学的渊源、要义、范畴等进行了富有洞见的论述;较晚也可以从经济合作与发展组织于1996年发布的报告《以知识为基础的经济》(The Knowledge-Based Economy)算起。

知识经济,通俗地说就是"以知识为基础的经济"。从内涵来看,知识经济是指经济增长直接依赖于知识及信息的生产、传播和使用,它以高技术产业为第一产业支柱,以智力资源为首要依托,是可持续发展的经济。博尔丁认为,知识经济学研究的是"作为过去产物也是未来决定因素的知识在社会系统中的作用"(Boulding,1966),后来不断有学者在其著作中对知识经济学做出新的界定和诠释。如Foray(2004)认为狭义的知识经济学研究科研、教育、知识对增长的影响、学习和能力,广义的知识经济学还包括信息经济学在内。Andersson等(2009)所讨论的知识经济学主要包括知识的生产、扩散和使用,以及其对宏观经济增长的影响。Leppälä(2012)则将知识经济学定义为"对知识的生产、流通和使用中的激励和制度的研究"。经济合作与发展组织对知识经济的定义则是"基于知识和信息的生产、分配和使用的经济"。亚太经合组织更加强调知识在生产、分配和使用中对所有行业增长、创造财富和就业的作用。为强调"知识经济"与"知识经济学"之间的关联,人们又常将知识经济学定义为研究知识生产、交换、分配和消费的科学。

事实上,由于知识的特殊性,知识经济学中出现了许多异于传统概念的新概念。从历史发展来讲,它是区别于以前以传统工业为产业支柱、以稀缺自然资源为主要依托的经济的新型经济,它是相对依靠土地和种植养殖业的农业经济以及大量消耗能源和原材料的工业经济而产生的新的经济概念和经济形态。它的最大特点在于,它的繁荣不是直接取决于资源、资本、硬件技术的数量、规模和增量,而是直接依赖于知识、技术,特别是高技术,以及有效信息的积累和利用。

五、共享经济学

"共享经济"的概念首次由马科斯·费尔逊（Marcus Felson）在20世纪70年代研究个人汽车共享和租赁时提出，而"共享经济"在经济社会中具体的表现模式则随着互联网信息技术的迅猛发展才得以出现。此种新经济模式以互联网平台为依托，以消费者之间的分享、交换、借贷、租赁等共享经济行为为基本特征，成为当今创新经济发展的新潮流。共享经济这一新型经济运行模式的快速发展给人们日常生活带来了显著的改变，也是信息社会发展的重要趋势之一（金碚等，2018）。

亚历克斯·斯特凡尼（Alex Stephany）是欧洲最大的共享企业Justpark（一款停车软件同名）的创始人，在他看来，共享源于科技、社会、文化和经济的逐渐趋同化，共享注重物品使用者和物品拥有者的相互循环匹配，即商业研究中的"买卖双方需求吻合"，互联网则为实现该目标提供一种强大的平台支撑（Schoiz，2017）。"共享经济"的概念来源于《社区结构和协作消费》（"Community stucture and collaborative consumption: A routine activity approach"）一文，该文曾发表于《美国行为科学家》（*American Behavioral Scientist*）杂志。在维基百科中，"共享经济"则被定义为一种可持续的经济体系，它主要围绕人力资产和实物资产共享而建立起来，具体包括不同人及不同组织之间的共享。这些体系千差万别，但都基于一个共同特点：利用信息技术为不同需求方提供信息，并促使物品及劳务的循环共享以及过剩的产能得到充分、合理的再利用。现代科学技术如大数据、云计算、物联网和互联网技术，让物品拥有者能够暂时出让使用权而获取收入，这重点体现了共享经济的"放松束缚"价值，因此也让社会团体重新分配过剩产能成为可能。

在分析人类经济活动行为时，经济学理论有两个最为基本的假设，即资源的稀缺性和理性经济人。资源的稀缺性是一个相对概念，即相对于人类无止境的欲望来说，满足欲望的资源是有限的。理性经济人是指一切社会经济活动都是以满足人类自身的最大化效用为目标。正是在资源的有限约束和追求自身利益最大化的驱动下，产生了人类的社会经济活动，产生了供给和需求的交易行为，并且在社会技术进步的基础上，人们不断产生新的需求、新的交易欲望、新的交易行为，进而使得交易的范围、内容不断扩展，交易方式不断演进。在互联网信息技术不断发展的背景下产生的共享经济模式，其本质仍然是供给和需求双方通过市场交易促成双方效益的实现。从供给端来看，作为供给方的个人或企业拥有充足的某类生产资料或消费资料，这些资料出现闲置，并且他们有强烈的意愿将产品的使用权暂时转移，所以，供给端外延扩张潜力显著，形成了巨大的市场供给容量。从需求端来讲，需求方对供给方提供的产品或者资源存在一定的消费需求，他们的需求可以通过租赁、借贷等方式来实现，并不要求直接拥有资源或者产品的所有权，仅享有物品的使用权即可，与传统的市场交易行为相比，共享经济的市场交易方式产生巨大的性价比优势，从而在需求方产生巨大的市场需求容量。

案例分析与思考

敢为天下先：为数字经济立法
——《浙江省数字经济促进条例》

思政元素

浙江精神：求真务实、诚信和谐、开放图强；干在实处、走在前列、勇立潮头。

浙江精神作为中华民族精神的重要组成部分，是浙江人民在千百年来的奋斗发展中孕育出来的宝贵财富，世代传衍，历久弥新，始终激励着浙江人民励精图治，开拓创业，显示出强大的生命力和创造力。浙江精神是浙江发展的动力，也是浙江地域文化个性和特色的表达。浙江精神是浙江的"根"和"魂"，是推动浙江发展进步的"精神支柱"，蕴含着浙江人民追求美好生活、建设美好家园的初心愿望。2006年，时任浙江省委书记习近平同志发表《与时俱进的浙江精神》署名文章，将与时俱进的浙江精神概括为"求真务实、诚信和谐、开放图强"12个字。2016年，习近平总书记在G20杭州峰会结束之际，对浙江工作提出了"秉持浙江精神，干在实处、走在前列、勇立潮头"的新要求（浙江日报，2024）。

案例描述

《浙江省数字经济促进条例》于2020年底经浙江省人大常委会表决通过，自2021年3月1日起施行。数字经济是浙江省经济社会发展的一大亮点。2020年，浙江省数字经济核心产业规模以上企业6241家，数字经济核心产业增加值总量突破7000亿元大关，达到7020亿元。2018年底，浙江省经济和信息化厅成立立法工作领导小组和工作专班，牵头起草《浙江省数字经济促进条例（草案）》；2019年完成草案送审稿并报送浙江省政府；2020年6月，经浙江省政府常务会议讨论通过后，提请浙江省人大常委会审议；浙江省人大常委会分别于2020年7月、11月、12月三次审议。

《条例》紧密结合浙江实际,把近年来浙江省深入推进数字经济"一号工程"行之有效的好做法、好经验、好制度提升入法,并结合国内外数字经济发展新变革、新趋势、新现象进行了多项前瞻性制度设计,从法律制度层面搭建了浙江省数字经济"一号工程"的法律框架。《条例》共分九章62条,首次在法律制度层面对数字经济作出明确界定,对"数字基础设施""数据资源"两大支撑,"数字产业化""产业数字化""治理数字化"三大重点,以及激励保障措施、法律责任等作了相关规定。

第一,明确了数字经济的定义。《条例》在《G20数字经济发展与合作倡议》和党中央、国务院关于数字经济发展战略部署相关表述的基础上,结合浙江的实践探索,并根据立法规范要求,经过反复论证,首次在法律制度层面对数字经济作出明确界定。

第二,规定了数字基础设施规划和建设的有关要求。针对当前数字基础设施建设缺乏规划引领、低水平重复建设、共建共享程度不高等突出问题,《条例》主要规定了以下内容。一是要求按照技术先进、共建共享、避免重复等原则组织编制数字基础设施发展规划、建设专项规划,并对发展规划、建设专项规划的编制程序和重点内容予以明确。二是要求国土空间详细规划对数字基础设施建设专项规划确定的设施位置、空间布局等作出安排。三是明确规定新建、扩建建筑物应当按照标准配套建设移动通信基础设施,与主体建筑物同步设计、同步施工、同步验收,并对配套建设的程序机制作出具体规定;同时,针对通信基础设施在一些老旧小区落地难的问题,规定老旧小区改造应当配套建设通信基础设施。

第三,规定了促进数据资源开放共享的相关举措。为了解决实践中公共数据共享开放程度不够、数据质量不高等问题,《条例》主要规定了以下内容。一是明确行政机关和其他国家机关的数据,以及法律、法规规定纳入公共数据管理的其他数据属于公共数据,应当按照公共数据管理要求进行共享和开放。二是建立公共数据的核实和更正制度,规定采集单位对所采集公共数据的准确性负责,并应当根据公共数据主管部门的要求及时核实、更正数据。三是引导企业、社会组织等单位和个人开放自有数据资源。

第四,规定了推动浙江省数字产业化发展的具体措施。针对省内数字产业发展中存在的规模体量不够大、创新质量不够高、创新平台引领作用不够强等问题，《条例》主要规定了以下内容。一是规定省政府应当统筹全省数字产业发展，并明确我省重点支持和发展的数字产业，要求各地结合实际确定发展重点。二是规定省政府及其有关部门应当加强科技创新平台和大型科技基础设施建设，推动大型科学仪器开放共享。三是规定省政府及其有关部门应当培育形成大中小微企业协同共生的数字经济产业生态，支持企业创建数字经济领域创新创业平台，鼓励第三方机构为数字产业发展提供相关服务。

　　第五，规定了促进浙江省产业数字化转型的具体措施。针对省内传统企业数字化转型速度不够快、质量不够高、基础支撑薄弱以及中小企业不愿、不敢、不会转型等问题，《条例》对政府及有关部门促进产业数字化转型的职责和措施规定了以下内容。一是通过服务指导、试点示范、政策支持等方式支持工业互联网普及应用，推动企业发展智能型制造。二是通过培育转型试点等方式推动数字技术与生活性服务业、生产性服务业深度融合，通过建设数字文化创意产业试验区等方式发展文创产业。三是通过示范带动、技术指导、政策支持等方式推广农业物联网应用，加强农业生产、农产品加工、农产品流通领域数字基础设施建设。四是引导和支持发展电子商务新业态新模式，推进数字生活新服务。五是完善各类园区数字基础设施，为园区企业数字化转型和数字产业集聚发展提供支撑。

　　第六，规定了提升浙江省治理数字化水平的具体措施。为了深入贯彻习近平总书记考察浙江时对数字化治理的重要指示精神，落实国家数字经济创新发展试验区实施方案赋予浙江省的试验任务，《条例》主要规定了以下内容。一是规定政府及有关部门应当按照整体智治要求推进政务服务、政府办公全流程网上办理、掌上办理，并规定行政执法掌上办理等政府数字化转型的具体手段。二是要求加强"城市大脑"和智慧城市建设，促进现代信息技术在乡村治理中的应用。三是规定加强数字教育、智慧医疗健康、智慧养老体系建设的基本路径和目标。四是要求加强综治工作平台等基层治理"四平台"建设运营，并明确未来社区示范建设的基本要求。五是关注老年人数字鸿沟问题，要求按照优化传统服务与创新数字服务并行的原则保障老年人等群体基本服务需求，改善服务体验。

第七，规定了激励和保障数字经济发展的综合性措施。《条例》将浙江省实践中行之有效的扶持政策和激励措施予以固化提升，规定应当通过设立产业投资基金、财政资金支持、首台套产品采购、科技创新券等方式加大数字经济发展支持力度。明确在土地供应、电力接引、能耗指标、频谱资源等方面优先保障数字经济发展，支持举办数字经济领域相关展览、赛事、论坛等帮助企业开拓市场。规定政府应当加强产业链协同创新统筹协调，引导支持高校、企业等协同攻关数字经济领域关键共性技术，通过开设数字经济专业、课程以及共建实习实训基地等方式培养数字经济人才。

思政点评

浙江数字经济的发展已经经历了一个量与规模的扩张阶段，有必要谋划进入下一个质与硬科技支撑的深耕阶段，或可称之为"数字经济的高质量发展"。正是在这种背景下，作为我国第一部以促进数字经济发展为主题的省级地方性法规，《浙江省数字经济促进条例》标志着浙江的数字经济发展进入"深水区"。深入实施数字经济建设，不仅需要明确产业数字化、数字产业化的路径和方法，更需要基于数字经济发展特征的治理数字化和科学监管。《浙江省数字经济促进条例》的出台又一次体现了浙江人敢闯敢创、敢为天下先、钱江弄潮儿的无畏气概和争喝"头口水"的超前意识。浙江大学毛丹教授曾将浙江文化精神概括为"兴业有道鼓民力，重财厚文争朝夕。"因为浙江人一直来比较善于利用自己的非政治中心地缘传统，目标偏好重财厚文，风格上又讲究兴业不倦。《浙江省数字经济促进条例》的出台也体现了浙江人求真务实、开放图强的创业兴业的开拓精神。

分析思考

◇《浙江省数字经济促进条例》是全国第一部以促进数字经济发展为主题的地方性法规，试分析该法规的出台对于浙江省的数字经济实践有何意义。

◇目前，上海、深圳、福建、山东、广东等地已经正式颁布相关数据及其安全保护条例，请举例分析不同地区的相关法规与《浙江省数字经济促进条例》的侧重点有何不同。

◇请结合实际，分别分析该法规对政府、企业及个人的影响。

知识强化与课后习题

本章介绍了不断演进发展的数字经济和数字经济学，辨析了数字经济、数字经济学相关概念，对数字经济概念的范畴、数字经济分析的体系框架、发展数字经济的意义等"新问题"进行了初步探讨。结合本章学习内容，请回答以下问题。

1. 数字经济与传统经济的区别和联系有哪些？
2. 如何看待现实生活中的数字经济新现象？
3. 现代经济学是在工业化基础上发展起来的，从大规模标准化实践中提炼出同质性假定，假定所有产品都是同一品种，而数字经济是从单一品种推广到多品种时的普遍形式。结合一般均衡理论，简单谈谈对这种理论发展的看法。

参考文献

陈蓉, 郭晓武, 2001. 网络经济学发展概述[J]. 经济学家(5): 114-118.

纪玉山, 1998. 网络经济学引论[M]. 长春: 吉林教育出版社.

金碚, 郝丹, 2018. "共享经济"的经济学分析[N]. 光明日报, 2018-01-30(11).

勒维斯, 2000. 非摩擦经济: 网络时代的经济模式[M]. 南京: 江苏人民出版社.

李海舰, 李燕, 2020. 对经济新形态的认识：微观经济的视角[J]. 中国工业经济(12): 159-177.

刘雄涛, 2024. 数字经济学[M]. 北京: 清华大学出版社.

马化腾, 2017. 数字经济: 中国创新增长新动能[M]. 北京: 中信出版社.

濮小金, 司志刚, 2006. 网络经济学[M]. 北京: 机械工业出版社.

戚聿东, 褚席, 2021. 数字经济学学科体系的构建[J]. 改革(2): 41-53.

人民日报, 2017. 朝着建设网络强国目标不懈努力——习近平总书记引领推动网络强国战略综述[N/OL]. (2017-12-02)[2024-10-01]. http://politics.people.com.cn/big5/n1/2017/1202/c1001-29681231.html.

佟家栋, 张千, 2022. 数字经济学: 从学科交叉到交叉学科的过程[J].新文科理论与实践,

2(2): 21-29, 123-124.

王健伟, 张乃侠, 2004. 网络经济学[M]. 北京: 高等教育出版社.

王振, 2017. 数字经济蓝皮书: 全球数字经济竞争力发展报告（2017）[M]. 北京: 社会科学文献出版社.

王志刚, 2014. 曼纽尔·卡斯特的结构主义马克思主义城市理论[J]. 马克思主义与现实, 6: 90-96.

谢伊, 2002. 网络产业经济学[M]. 上海: 上海财经大学出版社.

闫德利, 2017. 数字经济的由来[J]. 中国信息化(11): 86-87.

浙江日报, 2024. 习近平同志和与时俱进的浙江精神[N]. (2024-10-28)[2024-12-01]. https://zjrb.zjol.com.cn/html/2024-10/28/content_3778901.htm?div=-1.

周朝民, 2003. 网络经济学[M]. 上海: 上海人民出版社.

周朝民, 2008. 网络经济与管理[M]. 上海: 上海人民出版社.

Andersson Å E, Beckmann M J, 2009. Economics of Knowledge[M]. Cheltenham: Edward Elgar.

Boulding K E, 1966. The economics of knowledge and the knowledge of economics[J]. American Economic Review, 56 (2): 1-13.

Foray D, 2004. The Economics of Knowledge[M]. Cambridge, MA: MIT Press.

Khitskov E A, Veretekhina S V, Medvedeva A V, et al., 2017. Digital transformation of society: Problems entering in the digital economy[J]. Eurasian Journal of Analytical Chemistry, 12(5): 855-873.

LeppäLä S, 2012. Economic analysis of knowledge: The history of thought and the central themes [J]. Journal of Economic Surveys, 29.

Schoiz M, 2017. Creating a circular economy for phosphorus fertilizers[J]. Fertilizer Focus, (9/10): 36-38, 40-41.

Tapscott D, 1996. The Digital Economy: Promise and Peril in the Age of Networked Intelligence[M]. Montreal: McGraw-Hill.

Tkachenko V, Kwilinski A, Klymchuk M, et al., 2019 The economic-mathematical development of buildings construction model optimization on the basis of digital economy[J]. Management Systems in Production Engineering, 27(2): 119-123.

第二章

数字经济的内涵和外延

第一节 数字经济的内涵

各领域的研究人员从各自的角度对数字经济的内涵进行了深入研究，丰富了数字经济内涵的研究成果。其中，数字经济内涵的四大维度和"四化"框架具有一定的代表意义，符合人们当前的认知。

一、四大维度

数字经济推动了人类经济形态由工业经济向"信息经济—知识经济—智慧经济"转化，极大地降低了社会交易成本，提高了资源优化配置效率及产品、企业、产业的附加值，推动了社会生产力的快速发展，同时为落后国家实现超越性发展提供了技术基础。对于数字经济的内涵，可以从要素、载体、技术、系统这四大维度进行认识和理解。

（一）要素

数字化的数据资源已成为驱动数字经济发展的关键要素。在第十版的《牛津英语词典》中，数据被定义为"被用于形成决策或者发现新知的事实或信息"。根据国际标准化组织的定义，数据是对事实、概念或指令的一种特殊表达方式，以数据形式表现的信息能够更好地被用于交流、解释或处理。在《现代汉语词典》（第七版）中，数据一词的解释是："进行各种统计、计算、科学研究或技术设计等所依据的数值。"从经济活动的角度，加拿大统计局将数据定义为"已经转化成数字形式的对于现实世界的观察"。数字形式的数据能够被储存、传输以及加工处理，数据的持有者也能够从中提取新的知识

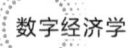

和信息。

在数字经济时代，衡量经济产出的生产函数将数据化的知识和信息纳入其中，使其成为核心生产要素，知识和信息的集聚和流通削弱了传统要素的有限供给对经济增长的制约（王俊豪等，2021）。同时，数字经济推动了技术、劳动等其他生产要素的数字化发展，为现代化经济体系注入了新动力。

2017年，习近平总书记在中共中央政治局就实施国家大数据战略进行第二次集体学习时强调"要构建以数据为关键要素的数字经济"（新华社，2017）。党的十九届四中全会首次提出将"数据"作为生产要素参与分配。2020年3月30日，《中共中央国务院关于构建更加完善的要素市场化配置体制机制的意见》发布，要求"加快培育数据要素市场"。这意味着已将数据作为与土地、劳动力、资本、技术并列的生产要素。数据要素涉及数据生产、采集、存储、加工、分析、服务等多个环节，是数字经济发展的助推器，对价值创造和生产力发展有广泛影响，将推动人类社会迈向一个网络化连接、数据化描绘、融合化发展的数字经济新时代。

（二）载体

现代信息网络、数字化基础设施和数字平台成为数字经济发展的载体。在数字经济条件下，平台开始日益成为一种重要的经济组织形式。从最为一般的定义上讲，所有为人们提供交易、撮合服务的场所、机构或个人都可以被称为平台。作为一种组织形式，平台的历史甚至可以追溯到几千年前。人们熟悉的集市、超市等，其实都是平台。不过，在传统经济条件下，平台所扮演的角色并不太重要。受制于地理范围、交易成本等因素，传统平台的规模一般不会太大。但在数字经济条件下，情况就发生了改变。在数字技术的支撑之下，平台突破了地域的限制，人们在平台上进行交易的成本也大幅度降低，这使得平台在经济中的作用变得越来越重要。现代信息网络为数据的存储和传输提供了必要的条件。数字化的基础设施加强了人、机、物的互联与融合，并提供了数据源和交互基础。数字平台包括交易平台、创新平台等，支持参与方进行信息交换，并为开发者的创新提供生态环境。在此基础上，数字化的数据资源通过存储和分析转化为"数字智能"，进而通过数字平台实现"数据货币化"，并在此基础上循环往复，形成"数据价值链"，由此推动数字经济不断发展（赵璐等，2021）。

（三）技术

数字技术的创新和融合为数字经济提供了重要推动力。技术维度所指代的范围是不断拓展的。最早，它仅仅包括互联网等少数数字技术，随后，物联网、移动互联网、云计算、大数据、人工智能、区块链等新的技术也被涵盖进来，数字技术从单点创新不断向交叉创新转变，形成多技术群相互支撑、齐头并进的链式创新，不断从实验室走向大规模应用，为数字产业的蓬勃发展和应用提供了有效支撑。虽然这些技术在形态上有很大不同，但以下特征是它们共有的。

第一，它们的演进速度非常迅速，多服从"摩尔定律"或类似的规律。在较短的时期内，会出现价格的急剧下降和质量的高速上升。

第二，它们大多具有明显的规模效应。一般来说，这些技术的初始研发和部署都需要有较大的固定资本投入，而随后的边际成本则很小，因此其平均成本会随着使用规模的扩展而不断降低，规模经济表现得十分明显。

第三，它们大多具有明显的网络效应。几乎任何一种数字技术，当只有少数人使用它时，人们对它的评价都不会太高，而当用户数量上升时，人们对其的评价会迅速上升。

第四，也是最重要的，很多数字技术都是所谓的"通用目的技术"。"通用目的技术"是相对"专用目的技术"而言的。通俗来讲，它指的是，能够同时使用到多个部门的技术。像互联网、大数据、云计算、人工智能、区块链等技术，都具有很明显的通用属性。理解了这一点将会帮助我们分析很多与数字经济相关的问题。

（四）系统

数字经济为整个经济环境和经济活动带来了系统性的变化或结果。数字产业是以数字技术为主要工具进行利润和价值创造的经济活动，重点在于数字技术自身的价值实现。而数字经济相比于数字产业，其概念范畴和影响范围更加广阔，更强调经济的驱动方式，以及数字技术对经济各领域的赋能作用。因此，数字经济是一个经济系统，在这个系统中，数字技术被广泛使用并由此带来了整个经济环境和经济活动的根本变化。数字经济也是一个信息和商务活动数字化的全新的社会政治和经济系统，企业、消费者和政府之间通过网络进行的交易迅速增长。数字经济系统是现代化经济体系的数字化表现形式，以平台经济为核心场景和主要依托，支撑数字产业化、产业数字化，促进工业、农业、服务业与信息业深度融合，贯通生产、分配、流通、消费环节，推动要素和服务优化，建设实体经济与科技创新、现代金融、人力资源协同发展的现代产业体系，实现经济高质量发展、竞争力提升、现代化先行。

二、"四化"框架

结合数字经济的发展特点，中国信息通信研究院的《中国数字经济发展白皮书（2017年）》从生产力角度提出了数字经济的"两化"框架，即数字产业化和产业数字化。随着数字经济的发展，数字经济已经超越了信息通信产业部门的范畴。数字技术作为一种通用技术，被广泛应用到经济社会的各领域、各行业，它不断促进经济增长和全要素生产率提升，开辟了经济增长新空间。

考虑到组织和社会形态的显著变迁，《中国数字经济发展与就业白皮书（2019年）》从生产力和生产关系的角度提出了数字经济的"三化"框架，即数字产业化、产业数字化和数字化治理。数字经济的蓬勃发展，不仅推动了经济发展的质量变革、效率变革、动力变革，更带来了政府、组织、企业等治理模式的深刻变化，体现了生产力和生产关系的辩证统一。以数据驱动为特征的数字化、网络化、智能化的深入推进，使作为关键生产要素的数据化知识和信息在推动生产力发展和生产关系变革中的作用更加凸显，从而，经济社会实现了从生产要素到生产力再到生产关系的全面系统变革。

进一步地，《中国数字经济发展白皮书（2020年）》将数字经济修正为"四化"框架，其内涵为：一是数字产业化，即信息通信产业，具体包括电子信息制造业、电信业、软件和信息技术服务业、互联网行业等；二是产业数字化，即传统产业应用数字技术所带来的产出增加和效率提升部分，包括但不限于工业互联网、智能制造、车联网、平台经济等融合型新产业新模式新业态；三是数字化治理，包括但不限于多元治理，以"数字技术+治理"为典型特征的技管结合，以及数字化公共服务等；四是数据价值化，包括但不限于数据采集、数据标准、数据确权、数据标注、数据定价、数据交易、数据流转、数据保护等（戎爱萍，2023）。发展数字经济，构建以数据价值化为基础、数字产业化和产业数字化为核心、数字化治理为保障的"四化"协同发展生态，既是重大的理论命题，更是重大的实践课题。"四化"具有鲜明的时代特征和辩证统一的内在逻辑，各部分紧密联系、相辅相成、相互促进、相互影响，其本质上是生产力和生产关系、经济基础和上层建筑之间的关系，处理好四者之间的关系，是推动数字经济发展的本质要求。当前，数字技术红利大规模释放的运行特性和新时代经济发展理念的重大战略转变形成了历史交汇。发展数字经济，构筑数字经济发展新优势，推动经济发展质量变革、效率变革、动力变革，正当其时，意义重大。

（一）数字产业化

数字产业化即信息通信产业，是数字经济发展的先导产业，为数字经济发展提供技术、产品、服务和解决方案等。数字产业化是数字经济的基础部分，它促使着数字技术的迭代创新，是衡量数字经济质量的重要标准，也是产业数字化，以及数字经济发展的动力来源。包括但不限于5G、集成电路、人工智能、大数据、云计算、区块链等技术、产品和服务。

（二）产业数字化

产业数字化即传统产业应用数字技术所带来的生产数量和效率提升，其新增产出构成数字经济的重要组成部分。数字经济不是数字的经济，而是融合的经济。在数字经济中，实体经济是落脚点，高质量发展是总要求。产业数字化是数字经济的延伸部分，是数字技术促进生产力、提升要素配置效率的表现，是评价数字经济覆盖面与影响力的有力指标。随着数字经济沿产业网络融合渗透，数字产业化与产业数字化之间所对应的技术及产业应用将形成良性互动的发展格局。产业数字化包括但不限于工业互联网、两化融合、智能制造、车联网、平台经济等融合型新产业、新模式、新业态。

（三）数字化治理

数字化治理即运用数字技术建立健全行政管理的制度体系，创新服务监管方式，实现行政决策、行政执行、行政组织、行政监督等体制更加优化的新型政府治理模式。数字化治理是对数字化转型过程中的安全、隐私保护等核心风险的管控，以及对整体组织形态、运营管理模式等的优化调整，是对数字化转型过程中生产关系的重塑，兼顾风险防范和效能提升。具体包括治理模式创新、利用数字技术完善治理体系、提升综合治理能力等。当前，我国数字化治理正处在从用数字技术治理到对数字技术治理，再到构建数字经济治理体系的深度变革中，成果主要体现在数字政府建设加速、新型智慧城市建设稳步推进等方面。数字化转型的核心是新基础设施的建设和新业务模式，以及与之匹配的新生态体系建设。

（四）数据价值化

数据价值化即让数据产生真正的价值。价值化的数据是数字经济发展的关键生产要素，加快推进数据价值化进程是发展数字经济的本质要求。党的十九届四中全会首次明确数据可作为生产要素按贡献参与分配。张军扩（2023）认为数据可存储、可重用，呈现出爆发式增长、海量聚集的特点，是实体经济数字化、网络化、智能化发展的基础性战略资源。数据价值化包括但不限于数据采集、数据标准、数据确权、数据标注、数据定价、数据交易、数据流转和数据保护等。

第二节　数字经济的特征

一、数据资源是数字经济发展的核心要素

如同土地和劳动力为农业时代的关键生产要素，资本、技术、矿产、物资为工业时代的关键生产要素一样，数字经济的关键生产要素为富含知识和信息的数据资源（付少雄等，2023）。随着数据向科技研发、经济社会的各个领域扩展与渗透的速度不断加快，数据驱动创新渐渐成为国家创新发展的关键形式和重要方向。

一方面，数据成为经济活动的基础要素。与传统模拟信号相比，数字经济下的数字信号为信息的产生、传输和使用创造了有利条件。通过数字基础设施连接，社会经济主体广泛参与到经济活动中，成为数据创造和使用的主体，其进行的各项经济活动及其行为创造的经济成果（如商品、服务、货币等）逐渐数字化，渗透到整个经济社会，如平台购物、云服务、数字货币等。另一方面，数据成为经济活动持续发展的关键要素，有着一些不同于其他要素的特

征：第一，数据要素具有规模报酬递增的特性，数据越多包含的信息量越大，越能挖掘出更多的内涵和价值，与传统经济下要素的规模报酬递减刚好相反；第二，数据要素可重复使用、多人使用，优于一次性使用完就不复存在的传统要素；第三，数据要素虽可无限增长、重复多人利用，有着非排他性，甚至突破了传统经济下制约经济发展的资源稀缺性，但数据依赖于经济主体的消费与投资行为，缺乏独立性，很难作为独立的生产要素推动经济的持续增长和永续发展。

二、数字技术是数字经济发展的主要驱动力

人类经济社会发展从来不是循序渐进的平稳进程，而是技术的进步和变革引领的跃迁式发展，如蒸汽机引领了工业革命，ICT产业引发了信息革命，数字技术的普及应用与日新月异的创新进步，必将引发数字革命，为数字经济不断发展壮大提供核心动力（欧阳日辉等，2023）。

近年来，移动互联网、云计算、物联网、区块链等前沿技术正加速进步和不断突破创新，在推动已有产业不断完善的基础上，孕育出更多新模式和新业态；人工智能、无人驾驶、3D打印等数字技术加速与智能制造、量子计算、新材料、再生能源等新技术以极快的速度融合创新、整体演进和群体突破，不断强化未来数字经济发展的动力，全面拓展人类认知增长空间。

三、与传统经济融合发展是数字经济的内在要求

人类经济社会逐渐从传统农业经济、工业经济阶段过渡到数字经济阶段，人类经济活动空间不断从物理空间转移到虚拟网络上，而随着传统行业数字化进程的加快，人类经济活动空间又从线上、网络上不断向线下、实体空间扩展（杜庆昊，2020）。这主要表现在两个方面：一方面，亚马逊、谷歌、阿里巴巴、百度等数字平台不断向线下拓展，甚至收购传统的制造、批发、零售等行业企业，创造出新娱乐、新零售、新制造、新金融等一系列新产业新模式，如腾讯泛娱乐、阿里新零售战略的发展不仅大大扩展了人类经济社会活动的空间，也使人类的物质与精神社会生活更加丰富多彩；另一方面，传统实体领域（如制造、金融、物流、娱乐等）的行业企业不断加大数字化融合、改造与创新的力度，把数字化融入企业战略管理、研发设计、生产制造、物流运

输、售后服务等多个流程环节，出现了智能制造、智慧物流、数字金融、泛娱乐等新型业态，国内传统企业（如青岛红领、三一重工等）数字化、网络化、自动化、智能化转型步伐的加快，不仅使传统行业的生产效率不断提升，也深刻改变着消费者的行为活动方式。

四、平台化生态成为数字经济下产业组织的显著特征

平台化生态下智能化技术深度应用，跨产业融合，正在实现全面渗透，产业集成的演化，网络无处不在，万物皆可数据化正随着5G的深度应用逐渐实现，万物在数字技术的作用下，形成了区别于现实世界的地球生态系统的产业生态系统，时间概念被模糊，平台化不断演化的过程中，全球可实现同时同步、24小时不间断生产，服务管理在平台智能化的推动下升级，智能服务将随着智能化生产不断进行，俨然一个活生生的平台化生态在有机地运行着。平台促进企业关系从单调竞争向生态共赢升级转化。工业经济时代下，传统企业作为价值创造的主体从原材料供应商处购买原材料，加工完成后再向分销商或者顾客出售商业成品，这是单调价值创造模式。企业的最终目标是消灭竞争对手，并从原材料供应商处降低成本，从分销商企业或顾客处赚取更多利润。在平台中，价值创造过程不再聚焦于竞争，而是汇集产品或服务供给者，并促成产品或服务供给者之间的交易合作和适度竞争，使其共同创造价值，以适应外部环境的变化。花建（2021）认为这体现出平台在本质上是一个互利共赢的生态系统。在现实社会中，新兴大数据平台企业和传统升级转型企业都在商业运作中广泛实施共享平台策略，打造平台生态系统，以提升平台的活力和发挥其潜力。

五、线上线下一体化

线上线下融合发展在数字经济时代具有显著特征，线上以数字技术所带来的高新技术产业为主，线下则以制造产业和服务产业为基石，虚拟与实体两方面的优势在平台被聚合，实现"1+1>2"，这不仅升级了价值创造而且还拓宽了市场竞争维度。工业经济时期，价值创造和市场竞争都必须在实体空间中完成，物理空间和地理环境约束了大部分价值创造和市场竞争。数字经济给人类社会带来了全新变化，它构建了一个虚拟的世界，为价值创造和市场竞争

打开了一扇新的大门。一方面，虚拟世界通过数字技术对真实世界进行映射，对蕴含在商业生产模式中的各类隐形数据（如生产流程、车间数据、工厂数据等）进行收集、加工、处理，实现数据完整及时且可靠。另一方面，虚拟世界对人类意识世界进行映射，创造了运行在虚拟世界的基本单元软件，这种映射内在的逻辑是首先提炼物质世界运行的规律，然后将规律模型化，再对模型进行算法解析，解析后进行代码编程，最后运行编程代码即实现了软件的创造，软件又不断适应虚拟世界，实现软件的不断优化。在实体制造领域，虚拟技术可重构生产制造流程，提高生产制造效率。很多企业都开始利用不断完善的物理网络和数字技术，在虚拟世界构建起虚拟产线、虚拟车间和虚拟工厂，在虚拟空间完成产品设计、制造、测验、合成、应用等全部活动，重构制造新体系，不断提升生产制造效率。制造业的数字化、虚拟化、生态化升级就是虚拟融合实体、线上融合线下的实际应用。在商品流通领域，实体行业利用网络零售平台增加了市场竞争方式，重构了零售模式，提高了零售效率。线上商业模式消除了时间和空间限制，释放长尾需求，线下商业模式提升了消费者实体体验度，线上线下融合的模式将两方面的优势充分发挥，满足了消费者多样化、多维度的需求和体验。

六、多元协调治理

数字经济的多元化、开放化、自由化特征越发明显，国家治理方式发生重大变化，各行为主体参与数字经济的过程和方式复杂多样，其市场竞争手段也越发多变，线上商业模式创新更新速度加快，跨空间、跨产业竞争日趋激烈，多种因素影响下新的问题层出不穷，旧的问题在虚拟世界被放大，新旧问题交汇聚集，这些问题单单依靠政府的监管治理是难以解决的。所以我们要将大数据平台、企业、消费者和政府等数字经济生态体系的重要参与主体纳入新治理体系，充分发挥各主体在治理方面的比较优势，创造性构建多元协同治理方式，这将成为国家治理的新未来。大数据平台已经成为数字经济时代配置资源的主要方式和手段，对于大数据平台之上暴露的各类问题，大数据平台既有治理的责任和义务，也有治理优势。将大数据平台纳入国家治理体系，赋予其一定的治理职责，确定其具体的责任边界，已经成为社会各界的广泛共识。数字经济时代，只有激发各个活动主体参与治理的能动性，形成遍及全网的市

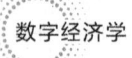

场化内生化治理方式，才能有效针对数字经济时代下多维化、海量化的治理问题。

七、可协调新规则体系

数字经济时代，大型科技公司提供的平台垄断行业话语权，使财富集中流入这些大型科技公司。在全球，发达国家与发展中国家之间的差距不断扩大，数字鸿沟加大；在国内，不平等竞争日趋激烈，数字技术风险与安全问题更加复杂，垄断集团不断加大垄断的暴利规模。为解决这些问题，各国政府迫切需要共同探讨新的协调性规则，达成数字经济时代国际规则、数字技术风险等方面的新型规则体系共识。旧的经济体系正在瓦解，如何构建可协调的新规则体系是各国所思考的议题。另外，各国政府不仅要聚焦国际规则，也应结合本国实际情况对本国的规则体系进行修改，以应对数字经济时代社会监管和治理理念带来的挑战。

目前全球范围内尚不具备统一规范的数字经济治理框架，各国在数字经济治理上缺少足够共识，相关规则孤立且零散，无法形成有效的治理模式与完整的治理体系。原有全球治理体系无法充分应对时代新挑战，数字经济领域的国际合作面临政治考量、意识形态和文化安全等多方面的重大考验。习近平主席在亚太经合组织领导人非正式会议上发表重要讲话时指出："数字经济是世界经济发展的重要方向。全球数字经济是开放和紧密相连的整体，合作共赢是唯一正道，封闭排他、对立分裂只会走进死胡同。"（人民日报，2021）我国应积极开展双多边的数字治理合作，推动建立开放、公平、非歧视的数字营商环境，破解当前的全球数字治理赤字。

第三节 数字经济的十大关系

目前我国数字经济发展的内外部环境正在发生深刻变化，面临一些重大问题。欧阳日辉（2023）对我国数字经济发展面临的问题和矛盾进行分析后，总结了如下十大关系。

第二章　数字经济的内涵和外延

一、政府与市场的关系

如何认识和处理政府与市场的关系是市场经济的核心问题。我国数字经济发展能够取得巨大的成就，最重要的是"有为政府"和"有效市场"的结合。未来，要更好地发挥政府的作用，着力点应放在营造市场化、法治化、国际化一流营商环境。以法治精神构建数字经济制度环境，有三点原则性的考虑：一是将开放市场、包容审慎监管的理念法治化，增加立法、执法和市场的可预期性，坚持"法无禁止即可为"原则；二是必须约束公权力，最大限度减少政府对市场资源的直接配置，以及政府对市场的直接干预；三是合理把握立法节奏和法律制度的密度，促进性的法律法规应当先立，限制性的法律法规应当审慎，约束企业的法律法规可以多一点包容，约束行政权力的法律法规可以多一点力度。

充分激活市场机制的有效作用，需要政府准确定位。一方面，我们必须充分发挥市场配置资源的决定性作用。政府更多的是维护市场秩序，畅通数字经济发展所需要的数据、资金、人才、技术、土地等要素流动渠道。另一方面，我们要围绕打好关键核心技术攻坚战，力推新型举国体制与市场机制深度融合，提高创新整体效能。

二、效率与公平的关系

理论上，数字经济既具有财富创造、价值共创和普惠共享属性，又能够通过数字生态、平台生态等促进形成公平与效率更加统一的新经济形态。数字经济发展中效率与公平的关系主要体现在以下三个方面。

第一，追求效率的平台是否导致垄断。互联网平台垄断主要表现为数据垄断、流量垄断和算法垄断，还会形成双轮垄断。我们应该用动态的眼光看待平台经济的垄断问题。按照约瑟夫·熊彼特（Joseph Schumpeter）的创新理论，垄断和创新有着天然的联系，没有垄断的超额收益，就不会有那么大的创新动力。而且从历史发展进程来看，数字经济中的平台企业很难保持长久的垄断地位，也不一定能独霸市场。

第二，劳动与资本的关系，也就是数字技术发展及应用对就业和收入分配的影响。数字技术打破了原有劳动形式中时间和空间对劳动者的壁垒，催生了新产业新业态新模式。中国的劳动力互补型数字经济通常体现在一些非常规的服务上，比如数字技术提高了外卖员、送货员、专车司机、视频主播等职业的生产效率，或是为教师、白领工人和医生以远程教育、远程办公、远程医疗等方式赋能。我们应鼓励支持这种具有中国特色的劳动友好型数字经济发展模式，使其有助于增加创业、就业机会和产生新业态、新模式。

第三，数字经济给税收带来了新的增长点，也给现行税收制度和征管方式带来了挑战。主要表现为：一是数字经济的纳税规模远低于其在GDP中的占比；二是形成了新的税收风险，如课税对象界限模糊、税率无法合理确定，以及纳税主体认定困难等；三是部分企业跨境转移利润、逃避缴税的问题比较突出。建立健全数字经济的税收治理模式，要积极推进数字税收法律体系的建设、财税分配体制的改革和数字税收协同共治的强化，还要加快推进税收治理的智能化，加速"以数治税"制度安排，发挥数据赋能效用，以数字技术提升税收工作的精准度，打造数字税务生态链。

三、安全与发展的关系

数字经济快速发展过程中必然涉及安全与发展的关系，安全问题主要有以下三大类。第一，随着数据跃升为数字经济关键的生产要素，数据安全内涵和保护对象不断延展，数据安全成为安全建设的重中之重。数据安全是指在网络安全提供的有效边界防御基础上，以数据安全使用为目标，有效实现对核心数据的安全管控。第二，技术融合应用、核心技术"卡脖子"的风险和安全挑战，数字技术与实体经济深度融合中也存在安全挑战。第三，数字经济产业链供应链存在"断链"风险。近年来，一些国家强化贸易壁垒，采取单边主义行为，使国际产业链、供应链面临断裂危机，导致相关国家的经济发展受到冲击。

面对数字经济快速发展带来的安全问题，则有三方面的应对举措。一是坚持加强关键信息基础设施协同保护、促进网络安全创新体系建设、着力夯实网络安全产业发展基础、切实筑牢网络安全防线，持续提升网络安全防护能力。二是完善数据开放、流通、交易、跨境等方面的法律法规和标准规范，加强数字技术、数据安全基础设施和创新体系建设，探索建立因地制宜的传统生产制造企业与网络安全及数据安全企业的产融结合发展机制。三是加快核心数字技术攻关，推动关键产品多元化供给，着力提高产业链、供应链韧性；构建自主可控、安全高效的产业链，提高产业链、供应链的稳定性和竞争力。

四、数字经济与实体经济的关系

在数字经济条件下，数字经济与实体经济之间的关系要站在产业融合和"数实融合"的高度来认识，两者相互促进、深度融合，而非对立和替代关系。一方面，数字经济创造的大部分价值源于数据要素与传统要素相互作用产生的新业态新模式、产业数字化。数据要素、工业软件、数字化供应链等不仅有助于促进实体经济生产方式变革和效率提升，还将助力数字经济与实体经济在深度融合中实现价值协同。另一方面，数字经济以数字技术与实体经济深度融合为主线，与实体经济转型升级具有内在逻辑的一致性。加快发展数字经济，要充分认识我国发展数字经济最大的底气是实体经济。

加快发展数字经济，还要处理好金融和数字经济的关系。一方面，以金融为代表的虚拟经济也是经济体系的重要组成部分，要持续深化金融供给侧结构性改革，引导更多金融资源流向数字技术创新和数字经济发展，以高质量的金融服务不断满足数字经济创新发展的资金需求。另一方面，数字金融是数字经济的重要组成部分，大力发展数字金融也是加快发展数字经济的应有之义。

五、产业数字化与数字产业化的关系

我国将数字产业化与产业数字化看作数字经济的核心内容。我国数字产业化过程存在的问题是：在操作系统、工业软件、高端芯片、基础材料等领域，我国的技术研发和工艺制造水平落后于国际先进水平；在移动终端、通信设备、5G等领域，我国企业已经形成比较强的竞争力，但对承载关键核心技术的零部件、元器件、基础材料等中间品依然存在短板。而我国产业数字化过程存在的问题是：传统产业数字化发展相对较慢，数字技术与实体经济融合呈现出"三二一"产逆向渗透趋势；各地区产业数字化程度不均衡，部分企业数字化转型存在"不愿""不敢""不会"的困境，制造业因产业链条长而转型不均衡，中小企业数字化转型则相对滞后。

数字产业化和产业数字化是一个相互促进、协同发展的过程。一方面，我们要聚焦关键核心技术领域短板，培育壮大5G、人工智能、云计算、区块链、工业软件等数字产业，超前布局量子计算、量子通信、元宇宙、Web 3.0等未来产业，加强信息科学与生命科学等领域的交叉创新，推动数字产业能级跃升和产业集群建设。另一方面，我们应加快数字技术融合应用，充分利用新一代信息技术对传统制造业进行技术改造，深化研发设计、生产制造、经营管理、市场服务等环节的数字化技术应用，加快推动传统产业数字化转型。

六、消费互联网与产业互联网的关系

优先发展消费互联网是我国数字经济发展的特色。超大规模的网民数量、逐步完善的基础设施，为门户网站、网络零售、网络支付、网络社交、在线音乐和视频等商业模式大发展提供了强大的支持，围绕消费者展开的互联网应用形成了流量经济思维的消费互联网模式。而我国产业互联网的雏形可追溯到20世纪90年代中后期上线的B2B（business to business，企业对企业）平台，而当前，在消费互联网完成人与人连接的基础上，产业互联网进一步在企业间扩展了连接的广度，深入到企业内部，重新定义着商业模式和商业生态。

未来，我国消费互联网与产业互联网将共融共生、长期并存，双轮驱动数字经济高质量发展。我们需要充分发挥需求侧优势，从供给侧推动产业互联网深入发展：一是充分利用消费互联网平台企业积攒的海量用户资源和客户信息，为消费者提供定制化的产品和服务，加快消费互联网和产业互联网深度融合；二是大型消费互联网平台应加速从"消费互联"走向"产业互联"，实现企业经营相关数据在全价值链、全商业生态的流动，为传统行业转型提供包括平台开发、软件运营、数据价值挖掘在内的全方位的人才与管理经验支撑，同时促进平台转型和产业数字化。

七、东部与中西部均衡发展的关系

数字经济带来的"数字鸿沟"同样令人担忧，在中国主要表现为"城乡数字鸿沟"。在数字经济红利分配格局中，呈现出城市多、农村少，大城市多、中小城市少，东部多、中西部少的局面，这势必加剧地区发展的不平衡、不协调。

各地要脚踏实地、因企制宜，不能为数字化而数字化，要依据自身的禀赋条件与比较优势，加强对当地数字经济发展的战略研究。中西部地区应该更

加重视电子商务对产业融合、农业发展、扩大下沉市场的作用，推动消费互联网平台向产业互联网平台转型。东部地区和工业基础好的城市，应以数字产业化为目标，围绕关键核心技术培育壮大龙头企业，依托工业互联网平台探索智能制造、数字技术在生产制造各环节的深度应用，探索数实融合典型方案，打造具有国际竞争力的数字产业集群。

八、创新与治理的关系

我国在数字经济发展方面具有独特的优势，要利用这些优势进行创新，必须处理好创新与治理的关系。这主要涉及两个问题：一是如何看待平台经济，二是如何看待互联网平台资本。平台经济是数字经济的重要组成部分和资源配置的主要方式。某种意义上，发展平台经济就是发展数字经济，未来国际竞争将很大程度上聚焦平台经济，培育和拥有大而强的互联网平台是各国数字经济竞争的焦点。我国数字经济大而不强、快而不优，在微观层面上指互联网平台不够强、不够优。如果说美国的数字经济主要是由技术创新驱动的，我国的数字经济则是由商业模式驱动的，主要是利用了超大规模市场的优势。

防止资本无序扩张与治理数字经济密切相关。"有序的"资本扩张有利于优化市场资源配置，促进科技创新，推动数字经济商业模式创新。互联网平台具有集聚效应，在资本扩张的催化下，更易于达成垄断状态。数字技术创新与平台治理、资本监管密切相关，建议有关部门加强数字经济全产业链生态布局的顶层设计。一是通过专项资金设立、政策支持、税收优惠等方式鼓励和支持互联网平台转型及产业生态创新。二是推动大型互联网平台成为国家战略科技力量，支持平台企业承担国家重大技术专项，鼓励平台在智能芯片、云计算、人工智能、量子计算、区块链、操作系统等领域进行创新。三是为平台型技术创新生态发展营造良好的政策环境，支持平台企业成立国家产学研创新实验室、发展开源社区、引进全球顶级专业人才等。

九、国内与国际的关系

中美数字经济发展面临的外部环境差异很大，包括全球化和本地化的差异。同时，当今单边主义盛行，我国数字经济的国际影响力被严重削弱。大国之间的竞争正在加速向互联网领域集聚，大型互联网平台正成为全球政治经济利益的一个"容器",原因在于其巨大的市场影响力不仅涉及各国的权利和安全,各国还将利用其争夺经济发展的制高点和主导权。统筹国内与国际的关系,既是拓展我国数字经济发展空间、推动数字经济高质量发展的客观需要,也是我国积极参与全球经济治理体系变革、在全球经济结构重塑中构筑国家竞争新优势的重要举措。中国与共建"一带一路"国家实现互联互通的"数字丝绸之路",打造互利共赢的"利益共同体"和共同发展繁荣的"命运共同体",不仅是我国政府的倡议,也是"一带一路"数字经济国际合作国家的共同愿望。政府部门、大学和研究机构、平台企业应在电子商务、智慧城市、人工智能、中小微企业数字化转型、数字技术研发与应用等领域积极开展数字技能培训项目。

十、当前与长远的关系

数字技术创新和商业模式创新是数字经济发展的两大动力。从当前看,以商业模式创新为主发展我国数字经济,需要注意以下五点。一是以数据要素为核心引擎推动数字经济深化发展,建立数据要素市场体系,充分发挥数据要素价值。二是支持消费互联网平台做强做优,加快培育新业态新模式,为市场提供更多创新产品,打造体验式、互动式消费场景。三是支持产业互联网平台做大做强,鼓励更多专业化服务机构为中小微企业设计数字化转型助手工具,降低数字化转型门槛。四是持续深化金融供给侧结构性改革,促进数字技术与金融业务深度融合,多渠道全方位引导更多金融资源流向数字技术创新和商业模式创新。五是加快建设与数字经济发展相适应的法律法规制度体系,加快建设跨部门、跨地区的协同监管机制和数字化监管系统。

从长远看,围绕数字技术创新和商业模式创新双轮驱动,我们要把发展数字经济的自主权牢牢掌握在自己手中,才能营造可持续发展的数字营商环境。要不断夯实数字基础设施和数据资源体系"两大基础",主动参与和引领国际数字经济议题谈判,主导构建包容性、可持续的数字经济与数字贸易新生态,让数字经济发展成果惠及各国人民。

第四节　数字经济重塑世界经济社会形态

一、作为新产业新模式新业态的数字经济

产业是生产同类产品或提供同类服务的企业集合，是中观层次的经济学范畴。从产业视角来看，数字经济本质上是由数字技术创新驱动形成的一系列新产业、新模式、新业态。这是对数字经济最直观的认识，也是早期最流行的认识。如美国商务部历次报告虽没有明确定义数字经济的概念，但从其内容来看，基本认同数字经济是ICT尤其是互联网技术创新应用所形成的新经济，特别强调电子商务这种新模式（U.S. Department of Commerce，1998）。Ayresa等（2004）则把数字经济明确定义为ICT产品和服务驱动的经济。Carlsson（2004）也认同"数字经济是数字化的信息和互联网的结合所产生的新经济"。近五年来，统计部门为了衡量数字经济规模，把数字经济视作ICT产业和一系列数字化新模式新业态（许宪春等，2020）。学界从技术角度对数字经济的相关研究和讨论，揭示了数字经济发展演变中的三个基本逻辑。

（一）数字经济的源头始于数字技术的持续快速创新

Bresnahan等（1995）认为数字技术能够广泛获得、迅速进步和催生大量互补创新，满足通用目的技术（general purpose technology，GPT）的三个基本条件，是无可争议的通用目的技术。埃里克·布莱恩约弗森等（2016）甚至认为因为数字技术进步遵循摩尔定律，它以指数轨迹成长，且能够通过组合式创新带来大量新的创新，这使其成为迄今为止最通用的通用目的技术。实证证据也表明，数字技术已成为占比最大的通用目的技术。Petralia（2020）曾研究发现，从1960年到2010年，数字技术专利占比从5.1%猛增到33.5%，规模占比第一，同期机械、化学两类通用目的技术专利占比则分别从29.3%、19%下降到13.3%、10.8%。这一基础性证据表明人类社会开始真正进入由作为通用目的技术的数字技术的迭代创新和应用发展开启的数字经济新时代。

（二）数字经济的核心组成部分是数字技术产业化后形成的新产品新服务

中国信息通信研究院（2022）将这一过程称为数字产业化，如今这一概念已被广为接受，成为社会各界认识和发展数字经济的基础概念。这些数字

化产品和服务所组成的部门就是ICT产业部门，是数字经济的先导部门和核心部门（Bukht et al.，2018）。许多研究甚至把ICT产业直接当作数字经济的全部。如2016年世界银行在报告《数字红利》中，就只用ICT部门来指代数字经济进行分析。

（三）数字化新产品新服务在应用中形成的数字化新模式新业态是数字经济的新动能

ICT产业是通用技术部门，可以在其他产业中广泛融合应用。这个融合应用过程就是产业数字化，它既可以极大地促进传统产业转型升级，还能够创造出大量新的产业形态，是推动数字经济增长的重要新动能。产业数字化是传统产业与数字化融合的产物，根据两者占比的不同，可分为两大类：一是数字化居于主导，二是传统产业居于主导。前者一般被称作数字化新模式新业态，后者一般被称作传统产业数字化转型。在产业视角中，前者因为数字化成分更多，可以看作新的产业形态，算作数字经济，后者仍旧被归入传统产业中。

改革开放40余年来，我国集成全球科技创新，以数字技术应用和场景创新为重点，后发先至，成长为全球第二大数字经济体，同时我国在多个领域成就了一大批具有世界级影响力的数字经济领袖企业，如华为、阿里巴巴、腾讯、百度等。我国通过吸纳全球最庞大的用户，构建了全球最丰富的数字创新生态系统，极大助力了数字经济与实体经济的深度融合，诞生了诸如智能制造、工业互联网、车联网、平台经济等大量新产业、新模式、新业态，并为科技创新突破提供了更多场景和模式支持。

二、作为技术经济新范式的数字经济

（一）"技术—经济"范式理论

"技术—经济"范式理论由佩蕾丝（Perez）提出。其核心观点是，自工业革命以来，每隔50年左右会出现经济结构周期性变革和升级，这种变革由相继出现的技术革命驱动，继而引发基础设施、主导产业的更迭，最终带来与技术高度关联的组织和制度的系统性调整。在技术变革（包括技术集群、关键投入品、基础设施等）和制度变革（包括企业组织、监管制度等）等协同演变的推动下，整个生产体系得以现代化和更新，形成新的最佳运行方式，并将经济总效率水平提升到一个新的高度。"技术—经济"范式理论虽然以技术革命为解释的起点，但不只局限于技术；它以基础设施、主导产业和经济模式的变革为核心，但也不局限于经济分析；它还把组织和制度等生产关系的变革作为不可或缺的重要解释变量纳入分析。由此，"技术—经济"范式构建了一个技术、经济、制度共同演化的动态分析框架，为理解经济社会每隔50年左右出现的周期现象的动力和演变过程提供了新的理论工具。

在《光阴似箭：从工业革命到信息革命》一书中，克里斯·弗里曼（Chris Freeman）等使用"技术经济范式"来描述一定类型的技术进步通过经济系统影响产业发展和企业行为的过程。在技术进步的背景下，生产方式及其所对应的附属技术和系统都会发生相应的变化，进而扩散到其他领域，引发经济增长方式与制度变迁，重塑社会形态。鄢显俊（2004）认为，"技术经济范式"是指工业革命引发的关键性技术创新使经济结构和运行模式产生变革后所形成的经济格局。技术经济范式转换是社会、技术、制度等因素综合作用的结果，它以在特定技术条件下满足同时期人们的价值需求为导向，是以技术为使能的经济结构和形态转换。每一次技术经济范式转换都会带来全新的经济形态和经济结构，如：蒸汽机革命催生了工厂、铁路运输、印刷出版等；能源革命催生了流水线生产、汽车交通、电话和电报、电视媒介等；计算机和网络的出现使得精益化生产、电子邮件、电子商务、互联网媒体等成为可能。以此类推，当前正在发生的技术经济范式转换也必然会催生全新的经济结构和全新的经济形态。

（二）数字技术创造"技术—经济"新范式

国内外的一些数字经济测量模型通常把数字经济等同于数字产业化和产业数字化的综合。其中，数字产业化是指智能技术群集合及分支、相关附属技术经由经济活动而形成的产业化力量；产业数字化是指智能技术群在不同产业经济部门中的融合应用及其产生的新技术、新产品、新业态、新模式等。这些对数字经济的测量方法显然忽略了数字经济与传统经济在经济结构与经济形态等方面的区别，因而也导致数字经济的测量结果存在争议。数字产业化和产业数字化尽管描述了数字经济实现的过程和路径，但显然没有表达出数字经济的范式转换内涵，也难以区分新旧经济结构和形态的不同。现在，通过数字产业化和产业数字化的深入发展，传统经济的垂直化、部门化结构正在被打破，具有横向分层特征的全新经济结构逐渐形成，蓬勃发展的新经济形态和最近兴起的新型基础设施建设为形成中的新经济结构提供了依据。因此，数字经济建立在智能技术群所独有的数字化、网络化、智能化等特征的基础上，具有前所未有的新特征，如：基于网络连接而产生的网络效应和用户规模经济；基于全方位数字化而使得数据成为生产要素；由智能化技术应用而产生的自治化、无人化运行特征；数字世界和实体世界融合重构了产用关系，并在经济产出方面呈现出正递增效应。这些不同于传统经济的新特征把数字经济与传统经济区分开来，也同时区分了新经济结构、经济形态与传统经济结构、经济形态（杨青峰等，2021）。

（三）数字技术—经济新范式的基本内涵

一方面，平台经济、分享经济、算法经济、服务经济、协同经济等新经济形态，与以往部门化的传统经济不同，它们不从属于任何一个产业部门，具有平台化、跨界运营、价值共创和产用融合等方面的横向分层特征。另一方面，信息基础设施、融合基础设施和创新基础设施等新型基础设施建设正在成为热点，它统一了产业数字化和数字产业化的公共基础部分，构成了数字经济发展的底座。从经济结构的角度，与传统部门化的基础设施建设不同，新型基础设施是一个横向分层，目的是为新经济形态的创生和发展提供更加适配的平台化支撑。随着新型基础设施建设的完善，技术资源供给就会更加丰富，按照布莱恩·阿瑟（Brian Arthur）所述的新经济产生的过程，必然还会有更多的新经济形态和新层次结构涌现出来，新经济结构将不断完善（杨青峰等，2021）。物联网、区块链、大数据、云计算、人工智能、5G技术等的不断应用使得数字经济逐渐成为全球经济的重要发展动力和方向。数字经济不仅极大地促进了经济数量增长，成为经济数量增长的重要驱动力，而且有力地提升了经济增长质量，成为产业结构升级的重要源泉。从科学技术发展的角度，数字技术是与蒸汽机、电力同等重要的"通用目的技术"，必然重塑整个经济和社会，数据成为最重要的生产要素，重构各行各业的商业模式和盈利方式，未来所有产业都是数字化产业，所有企业都是数字化企业。

三、作为经济社会新形态的数字经济

经济社会形态是对一个时代中居于主导地位的先进生产力与生产关系的综合描述，是认识经济发展现象和规律的时间尺度最大、抽象程度最高的宏大概念。经济社会形态的划分常以划时代的重大革命为标志。迄今为止，人类经济社会经历了农业革命和工业革命，由此也将经济社会形态划分为原始经济、农业经济和工业经济。这三种经济社会形态已经成为共识，但目前人们对新的经济社会形态的认识则存在争议。洪智敏（1998）认为2000年前后的主流认识是知识经济，后来也有人认为是生物经济（邓心安等，2010）。近年来，随着数字革命的深入推进和数字经济的蓬勃发展，越来越多人认为数字经济是新的经济社会形态（龚晓莺等，2021）。

（一）数字经济是继农业经济、工业经济之后的新经济形态

这一观点在2000年前后的第一波数字经济研究浪潮中就有一席之地。如在数字经济概念提出之初，尼葛洛庞帝（1997）就将数字经济定义为非物质化的比特经济。这其实将数字经济摆在了与过去投入和产出均主要为物质的经济形态等同的历史位置。但受技术经济条件的限制，该理论在当时没有成为认识和发展数字经济的主流理论。十多年后，随着数字技术不断取得群体性突破和应用的广泛普及，经济社会涌现出越来越多无法用工业经济时代的理论加以解释的新现象。这激发了人们转向经济形态视角寻求新的更为根本的解释。其中，布莱恩约弗森等（2016）的探索最著名。他们认为肇始于18世纪中叶的工业革命开启的是第一次机器革命，20世纪70年代以来的数字革命可与工业革命相媲美，它引发了第二次机器革命，并催生了与工业经济同等重要的数字经济新形态。这些推动经济形态视角逐渐成为一种流行的认识。

近年来，中国的数字经济政策也是站在这个宏大的历史视角来定位的，如在2022年初国务院印发的《"十四五"数字经济发展规划》中，开篇即定位数字经济是"继农业经济、工业经济之后的主要经济形态"，是以数据资源为关键要素，以现代信息网络为主要载体，以信息通信技术融合应用、全要素数字化转型为重要推动力，促进公平与效率更加统一的新经济形态。马化腾（2017）认为数字经济作为继农业经济、工业经济之后的一种新的经济社会发展形态，我们要站在人类经济社会形态演进的历史长河中看待数字经济的深刻

长远影响。在复杂社会经济活动中,局部资源配置低效与潜在整体资源配置高效之间的内在矛盾要求以信息技术这一活跃要素来推动经济发展新形态的涌现（张鹏,2019）。在数字经济这一经济社会形态下,裴长洪等（2018）认为数据成为新的核心生产要素,数据信息及其传送这一技术手段成为决定生产率高低的关键,也成为先进生产力的代表,而数字化的知识、信息和数字新技术应用带来的"创造性毁灭"成为经济社会形态向高级动态演变的重要推动力。

（二）数字经济为人的自由时间和自由活动创造了条件

事实证明,作为物理世界、网络世界和人类社会"人机物"的三元融合,数字经济具有扁平化、去中心化、跨地域性和高关联性等特征,这使得它实现了对空间和时间的真正征服,使经济变得轻盈、灵活、发展飞速。它不仅大大地减少了人们的交易时间和交易费用,而且从根本上使人们日渐摆脱了传统农业经济和工业经济时代的时空限制,获得了人在时间、空间、居留地点和社会关系等方面的独立性和自由性,从而能够自由地支配自己的劳动力,自愿地选择自己的工作,自由地从事自己的事业。如果说"时间"就是"人的积极存在"和"人的发展的空间",而人的发展的最高境界就是在拥有"自由时间"基础上实现"自主活动"同"物质生活"的"一致",那么数字经济为人们拥有更多自由时间去从事个性化生产和服务奠定了充分的经济社会前提。

（三）数字经济带来了劳动观念和生产生活方式的新变化

从根本上讲,数字经济是一种融合创新经济,其本质是信息技术的应用和数字劳动的呈现。就当代经济社会的发展规模来说,无论是作为数字经济基础部分的信息产业本身,还是作为数字经济融合部分的信息通信技术对其他产业的融合渗透,数字劳动都呈现出其前所未有的发展潜力和发展趋势。数字劳动所具有的数字化、网络化、智能化等特征带来的一个根本社会变革就是,它不仅推动了传统机械性劳动向现代智能性劳动转变,而且模糊了传统经济活动中供给侧与需求侧、生产者与消费者、内行人与外行人之间的明确界限,使工业经济所依据的两个劳动基础（"占有他人劳动时间"和"直接的联合劳动"）也日渐消失了。也许正是在这种意义上,阿尔文·托夫勒将生产者（producer）和消费者（consumer）这两个词合成了产消者（prosumer）一个词，他认为产消合一这一微妙而意义重大的变化，带来了市场在社会上作用的急剧改变，以及人们劳动方式和生产生活方式的根本改变。他的预言已被世界各国正在强化的数字基础设施建设，以及制造业、公共服务、金融业等实体经济和产业经济力求借助"互联网+"实现数字化转型等事实所证实（刘荣军，2018）。

综上，经济社会形态视角提供了一种比"技术—经济"范式更长远、更宏观的认识数字经济的理论。"技术—经济"范式认为数字经济的本质是ICT"技术—经济"范式，是工业革命以来的第五次经济长波。这意味着在"技术—经济"范式理论看来，数字经济是与电力经济、石化经济等同类的概念，是工业经济的一个新发展阶段，隶属于工业经济。但经济形态视角则认为数字经济并非工业经济的一个历史阶段，而是与工业经济并列的新经济形态。这将数字经济的历史地位提到新的高度。

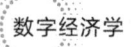

案例分析与思考

乌镇：从江南水乡到数字经济新高地的蝶变

思政元素

党的二十大报告强调，加快发展数字经济，促进数字经济和实体经济深度融合，打造具有国际竞争力的数字产业集群。当前，新一轮科技革命和产业变革正在重构全球创新版图、重塑全球经济结构，数字技术作为世界科技革命和产业变革的先导力量，日益融入经济社会发展各领域全过程，全球经济数字化转型已是大势所趋。抢抓数字经济发展之先机，促进数字经济与实体经济深度融合，是把握新一轮科技革命和产业变革机遇、加快推动实体经济高质量发展，以及建设以实体经济为支撑的现代化产业体系的战略选择。我们要全力做好促进数字经济和实体经济深度融合这篇大文章，推动实体经济发展壮大，在激烈的国际竞争中不断构筑我国竞争新优势。

案例描述

乌镇地处浙江省西北部，有着丰富的水资源和得天独厚的水乡风景，被誉为"水乡明珠"。乌镇位于钱塘江与京杭大运河之间，且有两条小河交汇于其中心地带，水系复杂、河道交错，配以古桥、青石板路、古建筑的点缀，是名副其实的江南水乡。

这座水乡小镇，近年来华丽转身成为全球瞩目的"数字之城"，这都得益于2014年首届世界互联网大会"落户"乌镇，并"定居"乌镇。乌镇率先"触网"，将互联网技术与传统产业深度融合，成为国内首个全面推进智慧化建设的城镇。2014年，当扫码支付尚且只在一线城市崭露头角时，乌镇的商超系统就已普遍使用扫码支付，同时还实现了二维码门票、全区域互联网覆盖，以及随后出现的智慧导览系统、智慧停车系统也已是乌镇的常态。这些渗透在日常生活中的点点滴滴，无不印证了数字经济在乌镇的生动实践。而如今，乌镇已不再满足于简单的"触网"，而是向着更高层次、更全面的数字化转型之路迈进。

2021世界互联网大会上,乌镇又解锁了一枚新的科技密钥——"乌镇之光"超算中心正式落成。据了解,截至目前,"乌镇之光"超算中心是浙江省唯一一个、全国第14个国家超算中心,每秒能进行18亿亿次计算,其算力水平位列全球第六位,平均利用率超过48%,总用户数11874人,其整体计算能力已达到国际前十的水平。"乌镇之光"超算中心广泛应用于智慧城市、人工智能和新材料的研发,以及生命科学包括基因密码的解读,已承接多个国家级科研项目,服务省内外多家科研院所、高校和企业。

作为中国互联网对话世界的窗口,乌镇依托超算中心的超强算力,形成了一个新的奋斗坐标——打造乌镇"国际互联网小镇",以110.93平方千米的乌镇地图起笔,划出互联网总部会展区、互联网文旅展示区、互联网生活示范区、互联网产业集聚区、互联网教育集聚区和数字农业集聚区六大区块。其中互联网产业集聚区分为A、B、C、D四个区块,对应打造数字生物医药产业园、第六代互联网通信产业园、柔性光电材料产业园和智能汽车产业集聚区,打通高质量发展的"任督二脉"。此外,当地还布局打造乌镇数据要素产业园,乘"数"飞向新蓝海。十年来,乌镇数字经济相关的企业从12家,增长到如今的1200多家,高新技术企业从1家增长到49家,累计培育省级专精特新企业14家,国家级专精特新企业2家;数字经济产值占规上产值比重从2014年的15.8%提高到2024年的45.9%,规上数字经济核心产业总量已经从2014年的4.46亿元增长到目前的45.75亿元。

乌镇从"江南小镇"到"智慧小镇"的华丽蜕变也体现在居民生活中。乌镇规划建设的互联网生活示范区,乌镇AI智能医养中心、智行乌镇、雅园未来社区、乌镇智能养老中心、国际人才公寓、运河运动文化公园和"萝卜快跑"无人车等项目,还有"乌镇·二次·源"数创空间,让乌镇人民感受到数字化带来的各种便利,衣食住行更加便捷,数字生活无处不在、触手可及。

小镇办大会,传统与现代的碰撞,既给世界互联网大会带来了独特魅力,也为乌镇带来了新的发展机遇。

智能汽车是数字产业化和产业数字化的交汇地带,嗅着"数字"的气息,近年来,福瑞泰克、百度Apollo、中泽精密、测迅科技和佑驾科技等一批优质项目落户乌镇，智能汽车产业生态集群正在这里加速形成。蓬勃的数字经济为乌镇乃至桐乡市带来了巨大的经济效益，也让数字经济核心产业的投资额急剧攀升，得益于世界互联网大会在乌镇的红利释放，桐乡市数字经济核心产业总量实现了从51亿元到268亿元的大幅跃升，成为稳增长和高质量发展"挑大梁"的新动能。

乌镇之变，是我国互联网发展变革的一个缩影，也为世界互联网的未来之路提供新的可能性。第54次《中国互联网络发展状况统计报告》显示，截至2024年6月，中国网民规模近11亿人，形成了全球最为庞大、生机勃勃的数字社会；人工智能核心产业规模已接近6000亿元，人工智能企业数量超过4500家；算力规模位居全球第二。2023年，我国数字经济规模达到53.9万亿元，对GDP增长的贡献率达66.45%。与实体经济牵手，数字经济从"一叶扁舟"，正逐步成长为国民经济的"劈浪巨舰"。

思政点评

我国具备产业体系完备、超大规模市场等实体经济发展优势，以及海量数据资源、丰富应用场景等数字经济发展优势，实体经济与数字经济融合发展基础良好、空间广阔。我国深入实施网络强国战略、国家大数据战略和工业互联网创新发展行动计划，协同推进数字产业化和产业数字化，数字经济对实体经济高质量发展的引领支撑作用持续显现，实体经济与数字经济融合发展取得显著成效。

始于中国、属于世界，乌镇已经成为推动构建网络空间命运共同体和"网络强国"战略建设的生动样板、展示窗口和交流平台。乌镇不仅展示了我国传统文化的魅力，更彰显了我国在新时代背景下，推动经济转型升级、实现高质量发展的决心和能力。展望未来，乌镇将继续以开放的姿态，拥抱世界，为全球互联网产业贡献中国智慧和中国方案。

分析思考

◇ 上文以乌镇为例，简单描绘了数字经济蓬勃发展下不断涌现的新模式新业态。请结合本章知识，尝试概括乌镇在发展数字经济模式方面可复制、可推广的经验和做法。

◇2024年世界互联网大会乌镇峰会全面聚焦人工智能，以"拥抱以人为本、智能向善的数字未来——携手构建网络空间命运共同体"为主题，试分析在人工智能技术、产业蓬勃发展的当下，我们应当如何把握新机遇、应对新挑战，促进人工智能技术更好造福人类？

知识强化与课后习题

本章介绍了数字经济的内涵和外延，并简要梳理了我国现阶段数字经济发展面临的问题，多维度分析了数字经济如何重塑世界经济社会形态。结合本章学习内容，请回答以下问题。

1. 数字经济带来的冲击都是有利的吗？请举例说明。

2. 网络效应，即网络外部性是数字经济的典型特征，试论述其如何影响市场结构。

3. 数据作为数字经济时代的新型生产要素，请选择一个特定领域的数据要素市场，设计针对该领域的数据确权方式和数据交易组织形式。

参考文献

布莱恩约弗森，麦卡菲，2016. 第二次机器革命：数字化技术将如何改变我们的经济和社会[M]. 北京：中信出版社：84-103.

邓心安，张应禄，2010. 经济时代的演进及生物经济法则初探[J]. 浙江大学学报：人文社会科学版 (2): 144-151.

杜庆昊，2020. 中国数字经济协同治理研究[D]. 北京：中共中央党校.

付少雄，孙建军，2023. 数据流通与安全：标准与保障体系[J]. 图书与情报 (4): 20-28.

龚晓莺，杨柔，2021. 数字经济发展的理论逻辑与现实路径研究[J]. 当代经济研究(1): 17-25.

洪智敏，1998. 知识经济：对传统经济理论的挑战[J]. 经济研究(6): 62-65.

花建，2021. 在线新经济与中国文化产业新业态：主要特点、国际借鉴和重点任务[J]. 同济大学学报：社会科学版，32(3): 54-64.

刘荣军, 2018. 数字经济的经济哲学之维[J]. 社会科学文摘(3): 47-48.

马化腾, 2017. 数字经济: 中国创新增长新动能[M]. 北京: 中信出版社.

尼葛洛庞帝, 1997. 数字化生存[M]. 胡泳, 译. 海口: 海南出版社: 2-12.

欧阳日辉, 2023. 论加快发展我国数字经济的十大关系[J]. 新经济导刊 (4): 8-24.

欧阳日辉, 荆文君, 2023.数字经济发展的"中国路径"：典型事实、内在逻辑与策略选择[J].改革 (8): 26-41.

裴长洪, 倪江飞, 李越, 2018. 数字经济的政治经济学分析[J]. 财贸经济, 39(9): 5-22.

人民日报, 2021. 把握科技创新机遇 共促数字经济合作[N/OL].(2021-08-02)[2024-10-01]. https://www.gov.cn/xinwen/2021/08/02/content_5628908.htm.

戎爱萍, 2023. 数字经济研究：进展与展望[J].山西财经大学学报, 45(10): 74-82.

王俊豪, 周晟佳, 2021.中国数字产业发展的现状、特征及其溢出效应[J].数量经济技术经济研究, 38(3): 103-119.

新华社, 2017. 习近平主持中共中央政治局第二次集体学习并讲话[EB/OL]. (2017-12-09)[2024-10-01]. https://www.gov.cn/xinwen/2017-12/09/content_5245520.htm?eqid=eb027975000067f7000000066458b3f7.

许宪春, 张美慧, 2020. 中国数字经济规模测算研究——基于国际比较的视角[J]. 中国工业经济(5): 23-41.

鄢显俊, 2004. 从技术经济范式到信息技术范式: 论科技—产业革命在技术经济范式形成及转型中的作用[J]. 数量经济技术经济研究(12): 139-146.

杨青峰, 李晓华, 2021. 数字经济的技术经济范式结构、制约因素及发展策略[J]. 湖北大学学报: 哲学社会科学版, 48(1): 126-136.

张军扩, 2023. 建设全国统一大市场的本质要求与实现路径[J]. 全球化(5): 10-18, 132.

张鹏, 2019. 数字经济的本质及其发展逻辑[J]. 经济学家(2): 25-33.

赵璐, 李振国, 2021. 从数字化到数智化：经济社会发展范式的新跃进[N]. 科技日报, 2021-11-29(8).

中国信息通信研究院, 2022. 中国数字经济发展报告[EB/OL]. (2022-07-08) [2023-12-06]. http://www.caict.ac.cn/kxyj/qwfb/bps/202207/P020220729609949023295.pdf.

Ayresa R U, Williams E, 2004. The digital economy: Where do we stand[J]. Technological Forecasting and Social Change, 71(4): 315-339.

Bukht R, Heeks R, 2018. Defining, conceptualising and measuring the digital economy[J].

International Organisations Research Journal, 13(2): 143-172.

Carlsson B, 2004. The digital economy: What is new and what is not?[J]. Structural Change and Economic Dynamics, 15: 245-264.

Petralia S, 2020. Mapping general purpose technologies with patent data[J]. Research Policy, 49(7): 1-16.

U.S. Department of Commerce, 1998. The emerging digital economy [EB/OL]. (1998-07-01) [2023-12-06]. https: //www.commerce.gov/sites/default/files/migrated/reports/emergingdig_0.pdf.

第三章

数字经济的理论分析

数字经济的经济理论分析是解读数字经济活动的核心所在。摩尔、吉尔德、梅特卡夫三大定律勾勒出数字经济的底层逻辑，揭示了算力和网络价值的进阶趋势。在市场供需层面，数字技术可用于搜寻匹配以精准定位供需，摆脱传统交易的信息困境。从成本视角看，数字产品近乎为零的边际成本改写了企业成本收益曲线，赋予其规模扩张全新优势。网络效应聚集流量，用户量与价值高度关联并使其呈指数级增长，平台经济趋势崛起，重塑产业生态。价格歧视依托海量数据对用户进行精准刻画，实现市场细分，也让市场定价和福利影响越发复杂多元。这一系列变化正冲击传统经济理论，以全新的方式诠释和重塑资源分配、市场竞争和增长模式。

第一节 三大定律

数字经济以信息技术为主要资源，在信息网络的基础上，将信息通信技术与其他领域紧密结合起来。对数字经济进行理论分析有利于理解数字经济的运作机制、发展趋势和内在特征（黄少安，2023）。

数字经济的核心是数据的生产、传输和分析。数字经济中的数据驱动经济理论关注如何利用大数据、人工智能和机器学习等技术来提取数据的价值，并为决策和创新提供支持，该理论探讨数据的获取、处理、隐私保护以及数据驱动的商业模式。数据驱动创新是促进经济增长和提高竞争力的重要驱动力，通过对大数据的分析，我们可以发现新的商业机会、产品需求和市场趋势，促进新产品和服务的开发，并改进现有业务模式。数据驱动经济理论同时也关注数据隐私和道德问题，强调合法和透明的数据收集与使用、保护个人隐私和数据安全，以及遵守相关法律法规和伦理准则（易宪容等，2019）。

上述理论分析解释了数字经济发展中出现的现象和趋势，揭示了数字技术和数据对经济活动的影响机制和数字经济的运行规律。但若要把握数字经济的经验规律和技术特征，还需要综合考虑其发展定律。其中，摩尔定律说明了集成电路芯片中晶体管数量的指数级增长，这为数字技术提供了持续的计算能力提升；吉尔德定律强调了网络带宽的增加推动数据传输和互联网的发展；而梅特卡夫定律进一步指出了网络参与者数量与网络价值的关系，解释了大型网络和平台具有更高吸引力和竞争优势的原因。

一、摩尔定律（Moore's Law）

英特尔联合创始人戈登·摩尔（Gordon Moore）提出摩尔定律，即每隔18~24个月，集成电路芯片上所容纳的晶体管数目将增加一倍，届时微处理器的功能和处理速度会翻一番，而其价格会降到原来的一半。这意味同等价位的微处理器速度会变得越来越快，同等速度的微处理器会变得越来越便宜，即计算机性能的指数级增长为数字技术的应用和创新提供了强大支撑（Moore，1965）。从现实情况看，计算机微处理器速度的提升、存储容量的增加以及计算能力的提高等都符合这一增长规律。摩尔定律助推了半导体和芯片产业的蓬勃发展，因此它长期以来一直被奉为电子信息产业的核心规律。半个多世纪以来，集成电路芯片领域一直遵循摩尔定律揭示的技术轨迹快速发展，摩尔定律也被视为数字经济的重要法则。然而，微电子学界和业界已率先意识到摩尔定律趋近极限，"后摩尔时代"悄然来临：中国工程院院士许居衍1993年就预测，摩尔定律将在2014年开始失效；2016年2月英国《自然》杂志发表文章指出，半导体技术发展不再以摩尔定律为目标，摩尔定律将走向终结；同年，全球半导体技术路线图（international technology roadmap for semiconductors，ITRS）史无前例地放弃了以摩尔定律为主导的思路，重组新路线以适应半导体行业的重大变革。在后摩尔时代，摩尔定律在物理、功耗和成本三个方面已趋近极限（戚聿东等，2021）。

二、吉尔德定律（Gilder's Law）

吉尔德定律描述了网络带宽的增长与网络价值的关系，即在未来25年，主干网的带宽每六个月增加一倍,而成本保持不变,其增长速度是摩尔定律预测的微处理器性能增长速度的三倍。随着时间的推移,网络带宽的可用性和传输速度呈指数级增长,而其相应的价格却保持相对稳定(Gilder,2020)。该定律遵循网络效应理论,说明了网络效应的力量。随着网络带宽的增加,更多的用户可以更快速地传输和共享数据,这促进了信息流通和用户创新,提高了网络的价值。此外,该定律认为网络带宽的增长速度远快于传统经济理论中的固定增长率,吉尔德定律的影响不局限于通信和互联网行业,它还涉及与网络带宽相关的各个领域。这凸显了数字技术的创新速度之快和涉及范围之广。

三、梅特卡夫定律(Metcalfe's Law)

梅特卡夫定律指出,网络的价值随着网络中连接节点的增加呈二次倍增,强调了网络的协同效应和规模经济(Metcalfe,2013)。这一定律蕴含的规模递增和范围经济效应在双边市场的互联网平台被体现得淋漓尽致。众多互联网平台企业在发展初期以补贴、不挣钱的方式扩大网络规模,在持续亏损的情况下不断增加市场估值,背后的风险资本则通过持续的投入来支持该过程。这种模式成功的内在来源是网络规模做大后其产生的价值呈指数级增长,即梅特卡夫效应,这与工业时代企业的增长路径有着根本区别,同时也带来了新兴资本市场上市规则的变革(Odlyzko,2011)。例如,对于电话,是一个人打给另外一个人,信息是从一个端口到另一个端口,得到的效益是1;对于一个电视节目,N个人同时收看,信息是从一个端口到N个端口,得到的效益是N;而对于网络,每个人都能够连接到N个人,N个人能看到N个人的信息,所以信息的传送效益是N^2。此时上网的人数越多,得到的效益就越多。

但从当前发展趋势来看,梅特卡夫定律遇到的最大阻碍是政府监管和用户端的分权主张。世界各国政府都在加强对互联网超级平台的监管:美国加强对超大平台的反垄断调查;欧盟出台了一系列数据治理的法律法规,明确了大型平台的"守门人"职责;我国对互联网平台的垄断、不正当竞争和资本无序扩张等问题也正在加强监管。用户端的分权主张也意味着平台不再有强大的积极性将网络迅速做大,未来梅特卡夫定律也许会失去来自平台的部分动力(田杰棠等,2023)。

第二节 成本效应

数字经济背景下，企业以全新的战略视野对其发展的各个方面进行统筹安排，数字经济的迅速发展为企业提供了新的发展模式，打破了传统成本控制的方法，转变了企业发展的战略眼光，为企业带来了新的技术支持，促进了企业数字化成本管控的软件应用，使成本控制更加高效、全面、精准。数字技术对企业经济活动成本管控的促进作用具体表现为经营方式的改变、生产方式的更迭、产品的转型升级、成本管理的优化，以及企业员工内部成本控制意识的提高。数字技术的发展引领着经济活动方式的变革，数字经济影响着可能约束经济活动的各类成本。

一、搜寻成本

信息搜集活动通常伴随着搜寻成本。数字环境下更低的搜寻成本扩大了搜索的潜在范围，提升了搜索质量。低搜寻成本为消费者比较商品的价格、质量、声誉等多维信息提供了便利，从而给同类型产品价格带来下行压力。Brynjolfsson等（2009）曾以四家纯互联网零售商、四家纯线下零售商，以及四家同时开展线上和线下业务的混合型零售商为研究对象，调查了20本书和20张CD在不同类型商店中的价格。结果表明，同类商品的线上价格远低于线下，数字经济促使消费品和投资品的价格趋同。这一发现同样适用于保险（Brown et al., 2002）、汽车（Zettelmeyer et al., 2001）和机票（Orlov, 2011）等商品。

另一方面，搜寻成本的降低意味着消费者发现以往曝光率较低商品的概率增加了，从而使消费者可选择的商品种类有所增加，由此消费者更有可能购买到符合个人偏好的产品。较低的搜寻成本也提供了更为丰富的市场需求信息，使供应者能够在必要的时间节点进入市场，降低了买卖双方的匹配成本。大数据提高了定位的精准度，提升了匹配质量和社会福利。

二、复制成本

数字技术的迅猛发展使信息与知识的快速传播成为可能，同时数字产品可以实现零成本复制，即带有"非竞争"的特征。极低的复制成本促进了数字公共品的广泛传播，这源于"开源"的两个好处。一方面，高质量的开源代码是软件开发人员向其潜在雇主表明能力和技能的一种信号。另一方面，提高开源软件的质量能够使之以更大的概率溢价销售其他对开源软件的补充性服务。

然而，低复制成本也可能带来一定的弊端。首先，数据开放意味着隐私的减少，数据安全可能因此受到威胁。其次，伴随着公共品而来的公共不良影响可能加剧，例如垃圾邮件、骚扰电话以及网络犯罪的违法违规成本也随之大幅下降，创意产业因盗版盛行而失去创作激励。此类网络安全缺陷的纠正需要依靠政府的强制干预，例如政府通过加强数字版权保护等维护数字产品的排他性。

三、运输成本

数字商品与信息的运输成本几乎为零，交通、仓储、批发、零售、通信、邮政等行业的运营成本大幅削减。例如，Pozzi（2013）研究发现，消费者利用网购的便利性，最大程度地节约了从商店搬运物品所要付出的运输成本。地理距离对运输的阻碍被弱化，近距离与远距离的通信成本差异也接近于零，物联网为数字经济注入了新动能。

信息传输成本的下降带来了距离的消亡。独立的个体与企业都能够便捷地融入全球经济，全球供应链不再为大企业所垄断。在享受数字服务方面，城乡机会的不平等缩小，身处各地的人们都有机会消费同质信息，世界趋于扁平化。

四、追踪成本

数字活动易于被自动记录和储存，经济社会活动留下的数字足迹能够被捕捉，数字技术使得记录任何一个人的行踪成为可能，追踪交易双方也变得更加容易。

物流追踪、精准定价和广告的精准投放提升了交易效率，建立个性化市场不再是天方夜谭。以价格歧视为例，由于搜集数字信息成本极低，各公司可以根据目标用户过去的行为来差异化定价，从而攫取更大的利润。

较低的追踪成本引起人们对隐私的关注。政策制定者倾向于将隐私视为一项重要的人身权利，侵犯隐私违背了隐私保护政策的制定目的，因此相关机构需要付出一定努力以做好隐私保护工作，限制在线追踪的自由度。由此引致的成本增加可能在一定程度上抵消了追踪成本降低所带来的好处，因此数字经济在信息追踪方面的优势是否必然带来社会福利的提升仍是未知。

五、验证成本

在数字技术的支持下，任何个人或组织的声誉都变得有迹可循，这大幅降低了交易双方的信息不对称程度。随着身份验证成本的削减，交易风险进一步降低。网上的声誉对商家的后续交易有重要影响作用，如在线评级系统。在该系统中，买卖双方的历史评级公开，市场未来交易对象均能便捷地查询到交易另一方的声誉与信用状况。许多研究均表明，评级较高的卖家更有可能获得高收入（Melnik et al., 2002；Livingston, 2005；Houser et al., 2005），这意味着评级系统在市场中起到了维护纪律和提供质量信号的作用。

验证成本的降低也可能带来歧视，例如基于种族、性别和其他敏感信息的精准广告投放，可能成为社会中新的不安定因素。但是无论在线上还是线下，歧视都是一个较为普遍的现象，因此旨在降低歧视的政策是真正达到了其制定目的，还是仅仅促使歧视行为改变了其作用形式，仍是一个悬而未决的问题。

第三节　价格歧视

一、价格歧视的定义

价格歧视，又称价格差别，是指厂商在同一时期对同一产品索取不同价格的行为。价格歧视通常分为三类：一级价格歧视、二级价格歧视、三级价格歧视。

一级价格歧视又称完全歧视，指厂商根据每个消费者愿意为每单位产品付出的最高价格而为每单位产品制定不同的销售价格。在一级价格歧视下，每个消费者能够买到他们愿意购买的产品，并通过他们愿意支付的最高价格显示产品的价值，而厂商成功地获取了全部的消费者剩余，产量达到社会最优水平。一级价格歧视实际上很难实现。

二级价格歧视也称非线性价格定价，指每单位产品的价格不是固定的，而是取决于消费者购买数量的多少。厂商把产品分成几组，按组制定差别价格。在二级价格歧视下，消费者根据购买量的不同，其所支付的每单位产品的价格也不同，一般购买量越大，价格越低。

三级价格歧视是最普遍的价格歧视，指厂商把其面临的市场分成若干个不同的分市场，同一产品在不同分市场上的价格不一样，但在同一分市场的价格则只有一个。这是厂商根据各个分市场的边际收入等于总市场的边际收入的原则，把总销售量分配到各个分市场，然后根据各个分市场的价格需求弹性，分别制定差别价格的结果。

二、数字经济中的价格歧视

（一）在线拍卖

随着信息通用技术的飞速发展，基于网络的在线拍卖逐渐兴起。在线拍卖是指基于网络实施的价格谈判交易活动，即利用拍卖网站公开有关待出售产品或服务的信息，通过竞争投标的方式将产品或服务出售给出价最高的投标者。在线拍卖的本质是以竞争价格为核心，基于互联网平台建立交易双方的交流与互动机制，并共同确定成交价格的经济过程。与传统拍卖相比，在线拍卖呈现出拍卖参与对象范围广、投标过程灵活多样、结束方式不同、卖家竞争激烈的特点。

在线拍卖出现了"最后一分钟竞价""售卖-拍卖"混合机制等（俞宁等，2021），这些都对拍卖价格产生了影响。"最后一分钟竞价"有三种经典的理论解释。第一种解释认为，最后一分钟竞价可能是投标者对卖方的"默契合谋"，即延迟竞标是一种有意为之的策略，旨在避免投标者之间的竞争；这是因为，当其他投标者仍有时间做出反应时，投标者往往会避免出价过高，防止竞价战的发生；而提前出价所导致的竞价战会提高最终交易价格。第二种解释认为，最后一分钟竞价事实上是理性的投标者对天真投标者的最佳反应（罗俊等，2021）；天真投标者是缺乏经验的投标者，他们往往会根据其他投标者的投标进行增量竞标，因而又被称为增量投标者；在非常接近拍卖截止时间的情况下进行竞标，会减少增量投标者对更高出价进行回应的机会，因此延迟出价可能是对增量竞价的最佳回应。第三种解释认为，拍卖品拥有一个共同价值V，即要出售的物品所具有的真实价值，投标者无法直接观察到这个真实价值；但是，对每个投标者而言，他们都具有拍卖品的一部分私人信息，可以对该拍卖品产生一个私人价值。若提早投标，投标者会向其他投标者发出关于私人价值的信息，并使他们更新对V的估值，从而使他们修改支付意愿。一般而言，投标者受共同价值信息的影响，也会出现最后一分钟竞价的行为。一方面，最后一分钟竞价可以使投标者从其他投标者较早的投标行为中收集更多的信息，从而更新他们对拍卖品的估值；另一方面，最后一分钟竞价使得投标者避免了过早地向其他投标者提供自己的私人信息。在有固定期限的拍卖中，当信息不对称时，最后一分钟竞价行为会频繁发生。

（二）个性化定价

1. 追踪成本与个性化定价

追踪成本是指追踪并收集用户网络行为信息所需的成本。数字技术的发展大幅降低了追踪成本，推进了个性化服务的发展和一对一市场的建立。换言之，随着个人数据采集、分析算法等技术手段的发展，用户的数字活动很容易被记录和存储，这就使得用户的个人行为记录越来越详细。厂商可以基于用户的不同特征实现对同一产品或服务的个性化定价，将产品或服务高价卖给支付能力更强、购买意愿或品牌忠诚度更高的用户，同时用较低的价格争取那些价格敏感或购买意愿较低的用户。典型的例子是，电商平台会根据用户的历史浏览信息、购买信息推断用户的购买需求并向用户推送相关的产品或服务，同时根据用户的手机型号、购买记录等信息推断其需求弹性，从而实现价格歧视。这种定价方式被称为个性化定价，即基于多元用户数据对用户进行画像，并在此基础上针对每个用户进行差别定价。正是由于追踪成本的降低，厂商能够以较低的成本了解不同用户的差异爱好，从而实行个性化定价。

2. 大数据"杀熟"

个性化定价的前提是提供数字产品或服务的厂商能够掌握有效的用户数据，从而区分具有不同支付意愿和支付能力的用户。显然，提供数字产品或服务的厂商根据老用户累积的更为丰富的数据，可以更加容易地对其个性化特征进行分析，从而更容易推断出用户的保留价格并据此定价（施耀恬等，

2022）。因此，大数据"杀熟"本质上依然是数据驱动的个性化定价。例如，据调查，打车软件可能会针对不同用户显示不同的用车价格；外卖平台的新用户可能会得到更多的优惠券；在线视频网站的会员价格则可能随着用户手机型号的不同而发生变化，使用某品牌手机的用户开通会员时可能会比使用其他品牌手机的用户支付更高的费用。这种定价策略已经引起了监管部门的高度关注。一些消费者认为这属于操纵价格，坚持要对其进行监管。为此，2021年我国国务院反垄断委员会印发了《关于平台经济领域的反垄断指南》，以加强平台经济领域的反垄断监管。另外，这种定价策略对消费者隐私权的侵犯同样引起了许多机构和专家学者的关注。例如，在Facebook软件用户个人信息数据泄露事件中，超过5.33亿该软件用户的个人数据被泄露，包括用户的个人信息，共有106个不同国家的该软件用户信息被公之于众。

大数据"杀熟"是通过对过度收集的个人信息加以算法分析，形成"用户画像"，实现个性化定价，来损害消费者权益的。大数据"杀熟"是一种利用收集到的用户数据，将算法作为实施工具来实施的一种价格歧视行为，厂商通过对消费者进行寻址，几乎可以实现对每个消费者都制定不同的价格。

大数据"杀熟"包括但不局限于以下几种形式：①利用大数据算法技术预测出用户的消费程度并根据用户的消费习惯精准定位，实现"千人千价"；②按照用户使用某软件的频率发放不同的优惠券或者进行区别定价，频率越高，杀熟的可能性越高，这种情形在网络旅行服务中较为常见；③根据用户所使用的设备类型进行区别定价，互联网平台上的应用程序在允许用户使用的同时，也获得了一定程度的隐私服务权限，厂商通过隐私服务协议中的"设备允许访问"权限获取用户电子设备信息，以此推测用户对商品价格浮动的接受度，继而方便区别定价；④将算法程序设为按照用户的浏览次数来涨价，常见于机票、酒店预订服务（甄艺凯，2022）。

3. 版本划分

版本划分是个性化定价的另一种表现形式。指厂商针对不同类型的用户提供不同的产品组合与价格，供不同的用户自由选择。版本划分是软件服务业常用的销售方式。例如，创意应用工具服务商Adobe采用基于功能的定价模式，用户可以单独订阅某个应用（如Photoshop），也可以同时订阅多个甚至整个应用捆绑包（如摄影套件或所有应用）。捆绑包相对单独购买多个应用而言性价比更高，这会促使用户付费订阅捆绑包。

版本划分的关键在于如何确定不同的产品组合。厂商不仅需要确定每个产品组合应包含的功能，还需要确定哪些功能可以激发用户付费升级欲望。对厂商而言，版本划分的定价模式具有以下优点：一是根据不同的用户需求加以区分用户群体，设计差别化的产品组合，从而实现价格歧视；二是由于用户需要付费升级才能获取更多的功能，所以厂商更容易获得实现增量销售的机会。

4. 捆绑销售

捆绑销售是指将两件或者更多件产品打包到一起的销售方式，是一种经典的准价格歧视形式。对传统产品而言，当用户对不同产品有负相关的偏好时，捆绑销售将会增加收益。与传统产品相比，数字产品在捆绑销售方面的优势要大得多：数字产品的生产边际成本基本为零，将数字产品或服务进行组合的成本也很低，这有利于厂商将大量产品或服务捆绑销售，以吸引特定用户。根据数字产品的特点，捆绑销售也有了内容竞争、用户竞争等新形式。

（三）数字经济价格歧视的福利效应

对基于数字技术提供产品的厂商而言，价格歧视对产品质量的影响具有不确定性。一方面，价格歧视可以为厂商提供丰厚的利润，为其提升产品质量提供资金支持；但另一方面，价格歧视使厂商在不提升产品质量的前提下仍能获得较高收益，从而抑制其提升产品质量的积极性（叶明等，2020）。价格歧视将使企业调整个体价格的能力提高，这将帮助其在每类消费者处均能获得较高利润水平，从而扩大市场份额，取得市场优势地位。与歧视性定价相对的统一定价将赋予企业整体调整市场产品价格的能力，引导企业保持同社会福利相一致的质量投入。当企业自主选择定价方式时，市场均衡下在质量提升方面处于技术劣势地位的厂商将始终采用歧视性定价；当技术差距较大时，处于技术优势厂商将选择统一定价，反之，选择歧视性定价。

在数字经济时代，伴随着技术发展和经济模式创新，厂商搜集、分析和使用信息的能力不断提升，这为厂商降低包括创新成本在内的生产经营成本和包括劳动力及商品匹配成本在内的交易成本创造了条件。不同市场主体在数据生产、管理和使用层面的技术差距将对其决策、市场资源配置和社会福利水平

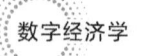

产生影响（王世强等，2020）。

随着隐私保护技术的发展，在研究中隐私保护被看作是一种对厂商数据技术的限制，厂商在对消费者进行寻址时，有一定概率无法识别消费者，技术优势厂商更倾向于选择统一定价，市场均衡时技术劣势厂商的市场份额增加，市场平均质量水平将不断下降。因此，最终厂商会对一部分消费者进行价格歧视，而对另一部分消费者统一定价。通过将两家对称的寡头厂商之间的价格竞争与消费者忠诚度相结合，研究证明在水平模型下，即使存在价格歧视，由于存在明显水平偏好差异（消费者存在潜在转移的可能性）以及数据技术限制，厂商在定价上难以实现完美的价格歧视，两家厂商会在市场的一定位置上展开激烈的价格竞争，其均衡结果将类似于伯兰特模型。

基于这一研究思路，进一步分析厂商与消费者双向博弈带来的福利水平变化，即消费者在有无隐私保护两种情况下的福利水平。在无隐私保护情况下，由于竞争的存在，除忠诚度极高的消费者外，其他消费者所支付的价格都要明显低于统一定价时的价格，从而所有消费者的福利都将得到改善。此外，随着信息搜集成本的下降，社会福利将因厂商信息搜集成本的下降而提升，但低于社会最优水平。如果对价格歧视加以规制，使两家厂商都采用统一定价，则社会福利将随两家厂商质量差距的减小而逐渐提升，从而不断接近最优水平。

第四节　网络效应

一、外部性和网络效应

外部性是经济学中的重要概念，当某种消费或生产活动对其他消费或生产活动产生了不反映在市场价格中的间接效应时，外部性便产生了。网络外部性是由外部性派生出来的概念，也被称为网络效应。这个概念源于Rohlfs（1974）对电信服务的研究，他发现用户在选择电话网络时，更倾向用户规模更大的网络，这意味着潜在通话对象越多，该网络对用户的价值也就越大。

网络效应，即产品的价值会随着用户数量的增加而提高，这种网络效应会导致产品的需求方形成规模经济；其次，由于专用性投资、学习成本或契约关系等原因，消费者转移消费产品会产生转移成本，从而使得寡头厂商能够以很多不同于传统的竞争模式展开竞争（蒋传海，2020）。例如：某人身边的亲朋好友都将微信作为通信软件，那么当他在选用通信软件时，即使市场上有其他多种同类软件，他也最有可能会选择使用微信，因为这样能更便捷地和亲朋好友交流，这就是网络效应。

就网络价值而言，随着网络用户数量的增加，网络产品或服务会变得更有价值，如社交媒体平台的价值在于用户规模和社交连接，更多的用户意味着更多的社交互动和信息流。另外，网络的连接和交互机会也随着用户数量的增加而增多，这些互联效应可以促进创新、合作和知识共享，从而进一步增加网络价值。特别地，当一个网络成为用户的首选时，用户也可能会受到网络效应的束缚而难以转移到其他网络上，这种锁定效应将导致市场垄断和竞争困难。

网络效应会使厂商的市场垄断地位很难被打破，从而形成较强的先占权博弈。为了实现垄断，厂商之间又会采用较为极端的价格消耗战，将其他厂商逐出市场，以保证自己的垄断地位。网络效应对传统的市场理论产生了冲击：在需求侧，它带来了较强的用户黏性，即过大惰性问题；在供给侧，它带来了竞争效应与网络效应两种决定价格和利润的因素，在一定程度上限制了市场规模。

二、数字经济中的网络效应

在数字经济中，网络效应是一种重要的经济现象，它解释了为什么许多数字产品和服务具有强大的规模经济和市场垄断倾向。网络效应是产品和服务中的一种机制。当存在网络效应时，增加的每一个用户，都会使产品、服务和体验更有价值。

网络效应之所以重要，是因为它是数字经济中最好的防御形式，也是创造价值的最佳形式（另外的三大防御形式是品牌、嵌入和规模）。过去几十年来，网络效应创造了科技行业中的绝大部分价值，因为在科技领域中，许多赢家通吃的公司都是由网络效应推动的（冯永晟等，2021）。

网络效应，已经触及或即将触及每一个行业。然而，并非所有的网络效应都是相同的，理解网络效应中的细微差别，对为产品构建网络效应至关重要。不同类型网络效应的强度也不同，它们各自的工作方式也不同。例如，以固定电话、铁路网为代表的物理型网络拥有较强的网络效应，因为获取网络效应需要以接入网络为前提。常见的网络效应类型及其对应的部分现实网络如下（NFX，2019）。

① 直接网络效应：拥有最强的网络效应，用户的增加将直接导致该产品对用户价值的增加。

- 物理网络（例如：固定电话、铁路网）
- 协议网络（例如：以太网）
- 个人效用网络（例如：微信）
- 人际网络/个人网络（例如：微博）

② 双边网络效应：用户包含供应方和需求方，他们的进入除了为自己产生价值外，也为对方产生互补的价值。

- 双边市场网络（例如：淘宝）
- 双边平台网络（例如：微软系统、安卓系统、任天堂）
- 双边渐进市场网络（例如：滴滴出行）

③ 数据网络：每个用户都向数据库提供数据，产品的价值随着用户的增加而增加。

- 数据网络（例如：大众点评）

④ 技术性能网络：产品的技术性能随用户数量的增加而增加。

- 技术网络（例如：BitTorrent、全球VPN）

⑤ 社会网络：通过心理学和人们之间的互动发挥作用，用户越多，产品的价值也越大。

- 语言网络（例如：谷歌、地方语言网络）
- 信念网络（例如：货币、宗教）
- 从众网络（例如：Slack、Apple）

三、网络效应的运作原理

网络是人或事物相互联系的系统，电网、道路、社交媒体以及人脑都涉及网络。网络是由节点和链接组成的。节点是网络的参与者，包括消费者、设备、零售商、买方、卖方、经纪人等。不同类型的节点，在同一网络中可以有不同的角色。同一网络中的节点在影响因素、影响力、权力和价值方面可能有所不同。中心节点是在网络中具有大量链接的节点，通常更有价值。边缘节点的链接相对较少，通常价值较小，节点的价值因网络而异。网络的大小可以通过网络中节点的总数来衡量。网络的大小并不能决定网络的价值，因为网络中的活动量可能会有所不同。链接是网络中节点或节点组之间的连接。并非网络中节点之间所有的链接都是相等的。链接的方向性可能会有所不同，不同的链接强度也会有所不同。网络的密度由其链接与节点的比率决定。比率越高，网络越密集，其网络效应就越强。即如果你是某个人的朋友，他的朋友就能够通过你们两人与你所有的其他朋友链接起来，那么你作为纽带的力量，将会比孤立的一个节点更强大。因此在设计产品时，为了提高网络密度，应寻找网络的"白热化中心"，即网络最密集、最活跃的部分，并把产品特性和语言集中在激活其他用户的行为上，进而吸引其他节点，这些节点将受到"白热化中心"群体活动的激发，从而更快地向外辐射。

节点之间的链接可以是有向的，也可以是无向的，这取决于节点之间连接的性质。如果连接是定向的，则意味着一个节点以非往复的方式指向另一个节点。例如，在微博这样的个人网络中，知名人士有大量粉丝，他们基本上不会关注粉丝。信息的流动主要是单向的——从更大、更中心的节点到更小、更边缘的节点。相比之下，在微信这样的个人效用网络中，连接是相互的，信息流动和互动是双向的。网络中节点之间的链接方向由节点之间交互的方式决定。这种交互可以包括金钱、信息，以及任何其他东西在节点之间的传递。通常，网络都是有向链接和无向链接的混合体。

网络中节点之间的关系可以是一对一的，也可以是一对多的。一对多关系的关键属性是有向链接，其交互是单向的。一对一关系通常在功能上是相互的。因此其链接是无向的，交互是双向的。具有一对多关系的中心节点可以将信息传递到边缘节点，而回流的交互通常很少，甚至不存在。中心节点也可以存在于一对一的连接网络中。

节点的分布是不均匀的。它们倾向于聚集或形成比整个网络结合更紧密的区域性群体——"集群"。当两个集群通过一个单独的链接连接，而在其他方面没有连接并且彼此隔离时，这个链接就被称为"桥梁"。

具有较高集群度（以"集群系数"衡量）的网络可以具有里德定律所描述的非常强大的网络效应（里德定律假设随着网络的增长网络的价值呈指数增

长）。集群系数高的网络在增长时其价值增长是指数级的，而集群系数低的网络在增长时其价值增长则较慢，将以较慢的速度增加价值。虽然并非所有网络都同样容易形成集群，但是有一些策略可以提高网络中的集群系数。

四、网络效应的构建与维护

在网络效应业务中，单人产品可以在没有其他用户的情况下单独使用，用户单独从产品或服务中获得价值，这种价值又往往是线性的。例如，某用户在亚马逊购买产品时，其他用户在亚马逊上的消费对他来说是没有价值的。相比之下，多人产品会让用户感受到其他用户的存在和影响，用户们可以通过他们的行为来增加彼此的价值。产品可以同时具有单人价值和多人价值。

用户从一种产品切换到另一种不兼容的产品时所产生的时间、精力和金钱成本可称为转换成本。当转换成本较高时，往往会造成客户锁定，即用户黏性。在这种情况下，客户更倾向于在整个生命周期中与同一个供应商保持联系。转换成本与供应商企业的防御性有关，也与产品兼容性有很大关系。防御性强的供应商企业通常能够负担得起使其产品与竞争对手不兼容的费用，从而产生高昂的转换成本，进而为客户创造一种锁定效应，使其不得不购买相应的配套设备。网络效应进一步增加了这样的转换成本。不仅从兼容性的角度来看，切换产品的成本很高，而且当产品具有网络效应时，转换成本在群体和个人层面上都有所增加。

第五节 平台经济

新一代数字基础设施极大地弱化了市场信息的不对称性，加速了企业与市场的融合发展，由此导致企业的资源配置方案、价值创造逻辑发生"颠覆性"变化。这些变化进一步带来了企业组织形态的变革，即层级制组织结构被扁平化组织结构取代。最终，平台成为新时代的重要运行主体，其"聚合多元主体、用户本位主义、增值分享机制"的组织特征，极大地强化了平台企业的经济效应体系，包括精准经济效应、速度经济效应、网络经济效应和协同经济效应（李海舰等，2020）。平台经济理论关注平台的角色和价值创造机制，以及平台的规模扩张和运营策略（王世强，2022）。平台经济涉及两个或多个不同类型的参与者，例如供应商和消费者（张鹏，2019），这种双边市场的特点是供需双方的互相依赖，供应商需要足够的消费者参与才能获得价值，而消费者也需要足够的供应商提供多样化的产品或服务才能满足他们的需求。

一、平台经济的定义

双边市场是与平台经济密不可分的，对平台经济的定义可以采用对双边市场的定义方式。根据梯若尔和罗歇的相关理论，可以将平台经济定义为具有以下三种属性的经济组织：①平台经济中需要存在两组或更多不同的消费群体，这些消费群体之间按照交易目的来区分；②平台经济中消费者之间的外部性可以通过某种方式进行联系和协调；③平台企业（中介机构）可以将不同消费者之间产生的外部性内部化，降低信息成本、交易成本（Rochet et al.，2003）。

在平台经济的定义中，"边"是很重要的概念，如果平台企业能够通过提高一边收费的同时降低另一边收费的方式来影响平台交易量，就可以认为这两边的用户共同归属于平台。

二、平台的分类

（一）基于市场结构的平台分类

平台经济的核心在于平台企业，按照市场上供应商和消费者的情况进行分类，可以将平台分为重合性平台、交叉性平台和垄断性平台三类（姚建华，2019）。

重合性平台是指若干多边平台向同一边用户（一般是消费者）提供可替代的产品或服务。在重合性平台中，用户可以有多种选择来满足自身的需求，最典型的例子就是支付系统。在支付系统中，用户可以根据自己的需求在各式各样的支付服务中进行选择，一边用户有可能归属于多个平台，也有可能归属于单一的平台。大多数用户会同时接受几大竞争性支付系统的支付服务。除此之外，电子游戏和操作系统等也属于重合性平台。

交叉性平台是指N边平台向n（$n \leqslant N$）边用户提供可替代的产品或服务。

浏览器是典型的交叉性平台结构，其一侧存在多边不同需求的用户，而另一侧则存在多个相互可替代的业务供应商。交叉性平台是比较常见的平台类型，除了浏览器外，笔记本电脑也属于交叉性平台。交叉性平台的用户归属也并不统一。

垄断性平台是指在任何一边都不存在用户竞争的平台。互联网使得信息可被大量传送，商品与服务很容易被找到合适的替代品，这种平台模式较为罕见，通常只存在于某些方面的某些时段，如某一新经济领域出现的时候。

（二）基于功能和内容的平台分类

2021年10月29日，国家市场监督管理总局发布《互联网平台分类分级指南（征求意见稿）》《互联网平台落实主体责任指南（征求意见稿）》公开征求意见的公告，根据平台的连接属性和主要功能，将互联网平台分为网络销售类平台、生活服务类平台、社交娱乐类平台、信息资讯类平台、金融服务类平台和计算应用类平台六类。

平台基于自身定位、功能和服务内容，发展出各具特色的底层商业模式。

网络销售类平台，连接的是人与商品，其主要功能包括提供销售服务、促成双方交易、提高匹配效率等。它呈现出开放性强、商品多元、交易便捷的特征，以汇聚供需双方、搭建数字化销售场景为底层商业模式，靠收取交易佣金、广告投放费、增值服务收费以及金融服务收益等实现盈利。

生活服务类平台，连接的是人与服务，其主要功能包括提供出行旅游、配送、家政、租房买房、子女教育等服务。它具有贴近日常、需求多元、本地化突出的特征，以整合线下资源、搭建线上供需对接渠道为底层商业模式，通过收取服务佣金、广告推广费、会员费以及增值服务收费来盈利。

社交娱乐类平台，连接的是人与人，其主要功能包括社交互动、游戏休闲、视听服务、文学阅读等。它具有强互动性、内容趣味性、用户黏性高的特征，通过构建社交关系网和娱乐场景吸引流量，借助广告植入、会员付费、电商合作等途径盈利。

信息资讯类平台，连接的是人与信息，其主要功能包括提供新闻资讯、搜索服务、音视频资讯内容等。它具有内容多样、个性化推荐、数据驱动和互动性强等特征，通过整合信息资源、吸引用户流量以构建信息传播和交流的平台，借助广告收入、付费订阅、交易佣金、数据销售、提供会员增值服务等途径盈利。

金融服务类平台，连接的是人与资金，其主要功能包括提供支付结算的功能，提供网络贷款服务、金融理财服务、金融资讯和证券投资服务等。它具有强监管、高专业性、数据敏感的特征，以科技赋能搭建合规金融服务桥梁为底层商业模式，主要通过收取手续费及增值服务费、赚取利息差、代销金融产品分成来盈利。

计算应用类平台，连接的是人与计算能力，其主要功能包括应用在手机上、操作系统上，进行信息管理和云计算，提供网络服务等。它具有技术密集、功能专业性强、按需使用的特征，基于提供算力和专业软件服务来构建底层商业模式，通过收取服务使用费（以时长或运算量计费）、软件订阅收费、增值服务收费等来盈利

三、平台经济的基本特征

（一）市场集中

平台经济的特征易导致"赢者通吃"的局面，市场份额很容易向一到两家大企业倾斜。反过来，进入壁垒高可能会降低新企业挑战现有企业的可能性，进一步破坏竞争过程和保护现有平台企业的主导地位。如果潜在竞争者面临巨大的进入壁垒和扩张壁垒，市场就不再具有可竞争性，例如，平台可以通过降低价格、制定标准等方式利用市场力量限制潜在竞争者进入市场或扩张，最终垄断市场。"赢者通吃"的另一个原因是，平台企业的规模报酬递增也令平台企业很容易向集中和垄断倾斜。

专门提供信息的平台企业通常会受益于规模报酬递增。这些企业的前期固定成本较高，但随后能以相对较低的成本扩大规模。例如，谷歌为1亿用户更新谷歌日历的固定成本与只给其中一小部分用户更新的成本相差无几。另一个受益于规模报酬递增企业的典型案例是Facebook。虽然开发平台需要大量前期投资，但该平台能够在成本增长相对较小的情况下实现用户的指数级增长。

（二）数据驱动型反馈回路

平台经济的市场竞争特点很大程度上由数据驱动型反馈回路决定，它反映了数据驱动平台经济的市场竞争形式。数据驱动型反馈回路由用户反馈回路和货币化反馈回路两部分组成。用户反馈回路描述了用户、用户数据以及在线服务质量之间的正反馈效应。如果平台拥有大量用户，则可通过搜集和使用用户数据来优化相关产品或者服务，而优化的产品或者服务可以吸引更多的用户，这反过来又使得平台能够搜集更多的数据，这些数据可再次被用于改进其产品或者服务。货币化反馈回路集中体现了数据对平台盈利模式的影响。货币化反馈回路指平台通过收集和使用数据来改进广告投放或者内容推送服务，由此赚取的收入用于产品或者服务的改进以吸引更多的用户。

（三）多边用户聚集

在传统市场组织中，供应商与消费者在物理空间上是分离的，先生产后消费，供应商仅能根据市场过去的演变特征来预测和估计消费行为的变化趋势，而消费者也只能在已经被生产出来的产品中进行选择，无法在生产之外根据自己的偏好选择消费。平台经济将供应商与消费者联系起来，打破了生产与消费之间的隔离，扩张了消费可行集的边界。以学习作为路径，消费者学习如何递交需求，供应商学习如何更好地创造需求，伴随着信息传递的过程，供应商与消费者都能更明白彼此的需求，多边用户同时聚集，形成了平台竞争中相互学习的格局。

四、平台竞争的"触媒"效应

在平台经济中，由于平台组织带来了较强的网络效应，所以常把平台组织视作一种触媒。对此，经济学家常采用的定义为，如果一种商业行为能把两组以上的客户聚集在一起，通过客户之间的交流创造价值，便可以被称为经济触媒。"经济触媒"可以通过降低不同经济主体之间的交易成本来创造价值，使经济主体能够从集聚中获益。催化剂创新者指的是通过共享平台创造经济价值的企业，它们拥有招募两组或两组以上经济主体参与平台创造价值的能力，或能够创建和发展更有效的平台来加速催化反应。

平台组织能否发挥"触媒"效应取决于两个方面：一方面，触媒并非越多越好，而是要以特定的比例进行混合，这导致了平台必须保证有一定比例的参与者参与到市场价值创造之中；另一方面，"触媒"效应具有临界效应的特征，其触发需要平台达到临界规模，平台的双方参与者存在一一对应的组合的最低数量要求，一旦达到最低数量要求，便可以触发催化反应，使平台充满活力，以支持其可持续增长；反之，则会导致平台规模不断收缩直至无人使用。因此，平台必须保证触媒的合理的比例结构和足够的规模，才能实现最优增长路径。

在平台达到临界规模之前，平台企业需要特定的战略保证双边用户的规模增长，这被称为平台的协调问题。针对这一问题，平台企业常用的战略有三种：①曲折向前策略，在平台建成初期，吸引到一定数量的双边用户，并按照等比例的方式逐步增加双边用户的数量，直至平台达到临界规模；②双大买家策略，在平台建立之初，向双边市场上的大型用户承诺一定的利益，吸引双边大型用户的加入，以此达到一定的平台规模；③单大买家策略，仅需要单边大型用户加入，并通过大型用户本身的影响力吸引到另一边用户，以此实现规模增长。

五、平台垄断

平台经济能高效地对接生产、流通与消费，对提升资源配置效率、加速经济循环贯通均作用显著，是数字经济的核心构成，衍生了新模式、新业态，缔造了新的经济增长点。然而，在平台经济快速发展的同时，平台经济天然的互联网属性使得其网络效应与锁定效应明显（杨希，2018），加之数据要素的影响，一些平台在市场中逐步占据支配地位，形成垄断。垄断是平台企业竞争发展到一定程度后的必然产物。在自由竞争过程中，市场资源会自发地集聚到优势平台企业手中，这些平台企业在获得资源后可以进行扩大吞并其他平台企业或者其部分业务，攫取更多的市场份额和利润，从而进一步占据更多的市场资源；而市场当中的资源总量是有限的，在这种情况下，在市场当中处于劣势的平台企业的市场份额和利润空间则会因为生产资源占有量的急剧下降而同步压缩，当其利润缩减到低于一定数额时，该平台企业就会选择变卖资产退出市场或者被其他优势平台企业兼并沦为其附庸，这最终将使得平台市场逐步走向垄断（李韬等，2022）。

（一）数字经济下平台垄断的生成逻辑

在双边（多边）市场理论下，平台经济形态包括交易平台、买方、卖方等多个参与主体，交易平台是其中的核心，处于第三方链接的角色，帮助市场中的某一类用户与另一类用户达成交易关系或者其他合约关系，鼓励各用户之间通过沟通或交易来获取利润，从而使自己效用最大化（李韬等，2022）。伴随着数字经济的发展，平台经济更多地呈现出多边的市场结构特点，参与主体由三方扩大到四方、五方等。从平台经济的主要参与主体出发，可将其划分为需求端与供给端两部分。其中，需求端强调平台的使用者，即用户，包括供应商、消费者等；供给端强调平台的经营者。

1. 互联网属性与交叉网络效应形成需求端的规模经济

平台经济作为互联网经济的一部分，呈现出较强的网络效应。网络效应按照来源不同可以分为直接网络效应与间接网络效应（Katz，1985）。其中，直接网络效应是指消费者因为使用同一产品的用户数量增加而带来的效用；间接网络效应是指依据不同产品之间的互补性与交叉性，产品价值随其他产品价值变化而变化，消费者效用依据消费者规模变动而变动。平台的构建和产品的丰富，放大了平台经济的直接与间接网络效应，随着新用户的增加，原有用户不需要支付任何代价即可以享受新增用户所带来的价值增量。

在网络效应聚焦大量用户的同时，锁定效应也进一步助推了这一过程。锁定效应即为路径依赖性。它类似于物理学中的惯性，当某一事物进入一定路径，报酬递增和自我强化机制的作用便会引导个体在今后的发展中不断自我暗示、自我强化，从而形成对该路径的依赖。个体关于习惯的理论也可以理解为"路径锁定"。在平台经济中，平台经营者凭借先发技术等先行进入市场，平台供应商与消费者等只能选择当下产品或服务，并且他们因为路径依赖的锁定效应有可能在未来很长一段时间内难以改变现有选择。即需求端用户的学习成本、社交关系、个人数据迁移等均为注意力迁移的成本，现有供应端的其他平台经营者如果无法提供较为显著的价格或者技术等差异，需求端用户便没有足够的动力转移，从而形成用户对最初产品或服务的"黏性"。因此，网络效应使得需求端用户积累越来越大，用户又因为锁定效应而不愿意"离场"，这种现象帮助需求端的规模经济成为现实。

此外，平台经济作为多边市场经济，又具有典型的交叉网络效应的特征

（尹振涛等，2022）。交叉网络效应强调了平台用户之间的相互作用，参与方除了需要借助平台达成交易外，平台用户的利益同时依赖于另一组平台用户数量的大小，买卖双方很大程度上被平台所能够带来的另一边用户数量吸引。交叉网络效应包括用户数量和种类两类。从数量方面来说，平台一边的用户进入该平台，并因为网络效应和锁定效应形成一定的用户规模，一边用户规模的扩大又能吸引另一边平台用户也进入平台，如此形成良性循环，平台需求端的用户群体便如滚雪球般越滚越大。从种类来说，平台经济往往会通过涉足多个市场和领域来增加用户种类，从而用户种类的交叉网络效应便能使得一类用户数量增长带动另一类用户数量的增长，多种类用户同时增长。因此，依赖于数量和类别的交叉网络效应，需求端的规模经济进一步成为现实。

2. 科斯定理失效与价格结构非中性强化供给端的马太效应

科斯定理认为交易当事人之间的谈判能在一定条件下解决经济的外部性或者非效率性，从而使得社会效益最大化。然而，在平台经济下，科斯定理是无效的，平台的多边用户虽然在交易价格、规模和质量等方面存在多重矛盾，但是各用户之间很难通过谈判来解决这些矛盾。平台作为中介虽然能够牺牲一部分成本来帮助多边用户协调矛盾，但是也有可能利用平台优势进行价格操控，实现垄断以牟取利益。平台经济之所以会发生科斯定理失效，很大一部分原因是信息的不对称，这种不对称既体现在平台多边用户之间信息的不对称，也在于平台与用户之间信息的不对称。

另外，价格结构的非中性特征是多边市场形成的充分条件。价格结构非中性强调：在平台中，平台首先对平台多边用户收取一个固定的总费用，再利用特定的一些机制来为多边用户分摊费用。对于平台经营者而言，其对多边用户收费的标准并不单纯取决于成本，更多地是根据用户数量、偏好以及交易规模来制定的。平台规模越大，平台越有价值，"用户为王"，各个平台交易的重点也在于平台用户的交易量（王世强，2022）。这也是为什么大型成熟平台前期往往通过单方免费、交叉补贴等"自杀式"的方式来吸引用户，待到平台成熟壮大之后，便利用平台规模、数据和技术等再次调整价格和价格结构，这种靠牺牲一边或多边用户的效用以提升自身效益的行为为平台后续垄断奠定了基础。同样，因为信息不对称，平台用户难以知晓平台的策略性动态调价行为，平台便能在某种程度上控制用户的交易量，从而形成垄断的先决条

81

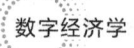

件。而在数字经济下，数据要素又能帮助平台高效准确地获取和解析价格结构、分析平台用户如何定量以实现平台效益最大化等，从而助推了平台的垄断行为。

（二）平台经济反垄断的挑战

1. 平台经济垄断行为识别难度大

平台经济覆盖面广，包括电商、金融、社区团购等多个领域。近年来随着平台经济的发展，各大平台已经形成了稳定的流量，且其用户黏性大、存量高，这导致平台在扩展业务或推广活动中，反垄断执法机构对平台是否进行低价销售、是否存在滥用市场支配地位等行为难以准确认定，从而导致反垄断调查周期变长，调查难度加大。当前，在平台经济中，评判某平台所占市场份额主要依据点击数量和活跃用户数，然而，由于一些消费者同时关注多个平台，所以由此得出的结果的合理性存疑。互联网平台的发展规律就是平台经济会随着平台越做越大而越来越集中，这主要是由平台发起时间、消费者体验以及市场宣传决定的，然而"垄断"平台并不一定是"大"平台，利用市场支配地位来限制竞争的平台并不一定意味着其市场占有率就高。现实中，很多优秀平台企业易被误认为具有市场支配地位，为了促进此类平台企业的创新发展，不能因其高市场占有率就对其进行"一刀切"的反垄断规制（金善明，2022）。由上所述，平台经济集网络效应、大数据匹配效应、多边市场、赢者通吃等特征于一体，这些加大了反垄断实际操作中的难度。

2. 技术制约导致监控和执法难度加大

当前，我国坚持审慎性、主动性、协作性相结合的监管原则，而非以前只注重审慎性和包容性。这是因为我国平台经济行为被激活，人们对平台经济有了更深入的理解。然而，由于专业性强、监管人员的技术能力有限，我国目前对平台经济的监管仍处于摸索阶段，监管部门难以对平台经济的所有业务模式进行全方位监管，也难以实时监测平台经济领域的每一笔交易是否存在垄断的嫌疑。在平台经济视域下，识别垄断行为往往需要巨量的数据支撑，而执法机构获取数据的能力有限，这也使得执法机构难以辨别并得到违法行为的证据，其在对违法行为进行调查时耗费的人力物力巨大，执法活动也因此变得不经济。

3. 法律和制度面临挑战

我国的反垄断立法起步较晚，《中华人民共和国反垄断法》于2008年8月1日起实施，旨在预防和制止垄断行为，保护市场公平竞争。互联网平台经济蓬勃发展，对我国国民经济的价值愈发显现，近年来，随着互联网平台经济蓬勃发展，不正当竞争、行业垄断等隐患也愈发凸显，我国开始将目光聚焦于平台经济垄断行为及其带来的不良影响，陆续颁布了一系列制度法规，并加大了对平台经济垄断行为的处罚力度，以此来规范平台经济发展秩序，维护市场公平竞争。随着各大互联网巨头企业滥用市场支配地位、排除限制竞争的案件越来越多，国家加大了对平台经济垄断行为的处罚力度，如"阿里百亿处罚案"。

2021年7月，中共中央办公厅、国务院办公厅印发的《关于依法从严打击证券违法活动的意见》提出要完善数据安全、跨境数据流动、涉密信息管理等相关法律法规。这些制度法规能减少平台经济主观性的垄断行为，在一定程度上起到预防和制止垄断行为的作用。但是平台经济发展速度不断加快、产业生态不断更迭、业务模式不断创新，现有制度法规对各种垄断行为的界定不一定适应新模式，这为平台经济变相垄断留下了"机遇"。加之现有制度法规缺乏对垄断行为处罚标准的清晰解释，导致一些平台企业不惜以身试险去追求大额利润。

目前数字平台相关市场界定仍面临诸多困难，为解决相关市场界定困境，促进数字经济健康有序发展，我们应在传统界定方法的基础上针对数字平台的特殊性进行改进。因数字平台具有虚拟性，我们在界定相关市场时不仅要关注价格，还要将用户群体、锁定效应、转移成本、消费偏好、进入壁垒等诸多因素纳入考量范围；在反垄断规制上必须重视通过算法、规则以及数据控制等形式达成的垄断协议。数字技术的发展催生了平台经济，反垄断规制也需与时俱进，我们要充分运用科技的力量，借助5G、大数据、云计算以及人工智能等先进技术提高反垄断规制的时代性与先进性，采用多种手段和方式，对数字平台的隐蔽垄断协议进行综合全面的分析和判断（邱婷，2023）。

在全球范围内，对数字平台的隐蔽垄断进行有效监管依然是一个艰巨的任务，因为世界各国目前都面临着平台经济反垄断的难题。在这一背景下，反垄断工作在健全监管制度与体系方面并没有很多的现成案例可供借鉴参考，我国监管机构需要在坚持包容审慎的监管原则下，改进反垄断监管制度，健全反垄断监管体系。2022年6月24日第十三届全国人民代表大会常务委员会第三十五次会议通过了《关于修改〈中华人民共和国反垄断法〉的决定》，新《中华人民共和国反垄断法》增加了对数字竞争的相关规制，例如，"经营者不得利用数据和算法、技术、资本优势以及平台规则等从事本法禁止的垄断行为"；"具有市场支配地位的经营者不得利用数据和算法、技术以及平台规则等从事前款规定的滥用市场支配地位的行为"。

在对反垄断法的相关规则和相应体系进行修正的同时，我们也要注重制度创新。数字技术迅速发展的时代背景使得数字经济乘势崛起，相应的法律法规同样可以借助数字技术的便利，推进监管转型和体系创新，并在实践过程中一步步补充完善，为数字经济长远健康高速发展保驾护航。

第六节　理论探讨

一、数字经济的宏观经济学分析

尽管政府在经济领域中依然占据着重要地位，但市场在资源配置方面具有决定性的意义。数字经济的兴起进一步促进了政府与市场的融合，它以大数据应用为引领，对传统的资源配置方式做出了革新。数字经济对技术和产业升级，以及经济核算都提出了更高的要求。

（一）技术

数字经济作为信息革命的载体，带动了整个经济社会的数字化转型。在数字经济的推动下，21世纪涌现出一批生产数据要素和提供新一代信息技术的产业，数字技术设施也创造了新的市场条件，这些因素共同引领全社会的技术进步，为社会经济发展注入源源不竭的动力。

数字经济被广泛认为是新动能的主要构成部分及新旧动能转换的重要推力，例如2016年《政府工作报告》提出"要推动新技术、新产业、新业态加快成长，以体制机制创新促进分享经济发展……打造动力强劲的新引擎"。数字经济不仅改变了经济增长动能的结构，还提升了经济增长动能的质量，它以灵活的制造系统、网络和范围经济打破了规模不经济和流水线的不灵活，利用数控系统和模块解决了能源紧张等问题。同时，数字经济在科技创新、提高全要素生产率等方面均有不俗表现。阿里巴巴、百度、腾讯等大型数字经济企业都极为重视技术创新，其研发规模均超过百亿元，研发强度分别为10.6%、14.4%和7.8%（熊鸿儒，2019）。

数字经济时代，技术在生产变革中扮演着重要角色，产生了若干重要影响。首先，伴随着数字经济的演进，技术的易用性与扩散性降低了生产者进入新产业的门槛，由此提高了产业内的劳动生产率并扩展了产业规模。其次，通用技术与不同层次的生产者结合，多主体间相互协同推动了生产过程的异质化。再次，数字经济的广泛赋能有效拓展了市场空间，缓解了生产与现实间的矛盾。最后，分工协作和规模化的延伸提高了生产资料的社会化使用程度。

（二）产业划分

基于工业经济时代物质生产部门特点的三次产业划分，反映出该时期注重物质产品生产而忽视非物质产品的历史事实。随着发达国家工业化的完成和数字信息产业蓬勃发展，第三产业在国民经济中的比重攀升。尽管在当前的统计口径下，数字信息产业属于服务业范畴，然而其劳动生产率高、与其他产业关联渗透能力强的特征使其显然有别于传统的服务业。此外，数字信息产业规模不断壮大，其增速与GDP相当，在国民经济中占据重要地位。因此，数字经济的快速发展对固有的三类产业划分形成了挑战。

（三）增长

信息是一种物理秩序，经济增长表现为信息处理能力的提升。我国数字经济发展迅速，增加值规模已由2005年的2.6万亿元，扩张到2020年的39.2万亿元，数字经济产值在国民经济中的比重不断上升，2020年数字经济占GDP比重已提升到38.6%，增速快于GDP（中国信息通信研究院，2021）。数字经济在改变社会组织方式的同时，对经济增长造成了全方位的冲击，同时对名义产出水平的准确衡量提出了更高的标准。

1. 消费核算

在消费方面，数字经济带来的新型产品对传统产品的替代，对核算经济提出了新的要求。数字产品可以免费的形式出售，消费者在购买数字产品时，可能以个人信息或时间为代价，因此数字产品的价值难以度量。即便供应商对数字产品收费，也可能采取版本化策略，此时价格信息无法全面反映数字产品的单位价值（Bean，2016），数字消费核算与数据贡献识别存在挑战。

在新型消费模式方面，现有核算体系缺乏对新模式主体的统计，随着数字经济的发展，价值的创造者已经不局限于企业，个体和家庭的经济活动尚未体现于现有核算体系。并且，现有核算体系对新模式核算边界的界定也不明晰，数字经济时代中生产与消费的边界变得模糊，这加大了计算增加值所涉及的中间投入的难度。

数字经济所带来的收益也无法在现有统计框架中完整体现，除企业生产率提升带来的收益外，搜索活动带来的金钱、时间成本降低等消费者收益并未统计到GDP中，因此在现有核算体系下，数字经济带来的新型收益存在被低估的可能。

2. 投资核算

一方面，无形资产对GDP带来的贡献被低估，官方统计掩盖了其在创新过程中的作用。数字经济时代，产业发展从资本密集型逐渐转向知识密集型生产模式，研发资本、组织资本等代表性的无形资产尚未在国民账户中资本化，所以我们一定程度上忽视了对上述无形资产带来的产业增加值和经济增长的核算。

另一方面，新型投资尚未纳入核算体系。数字经济催生了与大数据、云服务相关的众多新投资模式，而现有核算体系并未覆盖上述内容。企业数据作为可累积的无形资产也未被纳入统计，因此数据中包含的知识价值无法被有效资本化。

3. 进出口核算

数字贸易的重要性与日俱增，知识资产等无形资产的跨境流动增加了GDP核算难度。跨境电子商务活动中，低于申报门槛的小额贸易统计缺失。基于数字平台的跨境服务贸易的数据大量缺失则进一步加大了贸易核算误差。

此外，基于知识资产的跨境流动也会影响国际贸易统计结果。知识资产的转移伴随着数字价值链中附加值的归属变化，然而变更所有权的报告并不会记录这些潜在价值的传递，对于此类数据的忽视和遗漏将有损生产率和GDP的统计精度。

二、数字经济的微观经济学分析

数字经济以创新为重要驱动力，在微观上融合了规模经济与范围经济，关注数字技术对个体、企业和市场行为的影响，涉及供求关系、市场结构和产业组织等方面，颠覆了传统产品的生产、交换和消费模式。

（一）数字产品的生产

不同于工业经济时代的产品生产依靠以物质形态为主的固定资本投入，数字经济时代的数字产品生产以数字技术的发展为必要条件，即强烈依赖于常以非物质形态呈现的无形资本投入。从工业经济时代到数字经济时代，企业的生产要素已从低位资源过渡到高位资源、从实体资源过渡到虚拟资源，数据、信息、知识等无形资源已成为企业获取竞争优势的关键生产要素，这意味着作为载体的产品，其形态经历了一个由硬件到软件的"去物质化"过程。从产品功能与物质载体的关系来看，二者正在经历从"1+1"（一个产品功能一个物质载体）向"$N+1$"（多个产品功能一个物质载体）、"$N+1/M$"（多个产品功能一个减量物质载体）、"$N+0$"（多个产品功能没有物质载体）的转变（于伟等，2023）。

正因如此，数字产品的使用价值以数据库等为依托，而不再以物质形态为载体。数字产品的创建基于数字技术，存在于虚拟环境中，具有虚拟性、可复制性、可定制性和可更新性等特征。例如，具有单一功能的固定电话被集合多种功能的智能手机取代，庞大的计算机被台式电脑、笔记本电脑取代。由此可见，数字经济时代，所有产品都在极力地被数字化和软件化。对于这类产品，尽管初次生产成本很高，但其再生产成本很低甚至几乎为零。

（二）数字产品的交换

从原始社会到工业经济社会，商品主要通过有形市场交换。具体而言，卖方通过让渡商品的使用价值以获取价值，在此过程中，价值与使用价值的运动方向相反。在数字经济时代，数字产品以比特形式储存，并以比特流形式在网络中传输，其交换过程可在互联网上完成，由此打破了时间、空间的限制。这也意味着，数字产品的交换依托无形且不固定的虚拟市场。此外，由于数字产品的复制成本近乎于零，买卖双方的交换过程并不涉及使用价值的让渡，交换结束后，卖方仍拥有数字产品的使用价值。

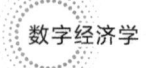

（三）数字产品的消费

人类利用数字产品以满足自身生活需求的过程即为数字产品的消费。数字产品以比特形式储存并通过互联网传播，其低复制成本（甚至零复制成本）的特点决定了数字产品的供给趋于无限，人们对此类产品的消费表现出非竞争性。在工业经济时代，企业用有形的产品、服务赚钱，免费与赚钱是对立的；在数字经济时代，企业用无形的流量、数据赚钱，作为载体的产品、服务免费，企业通过免费赚钱，免费与赚钱是统一的。区别于交叉补贴模式的"价格转嫁"逻辑、"三方市场"模式的"价格转移"逻辑和"版本划分"模式的"价格歧视"逻辑，去物质化产品或数字化产品的免费是"真正的免费"。这主要是因为，过去，产品依赖低位资源、实体资源，资源有限，且排他性使用，用一次少一次，越用越少；因此，产品生产初次投入成本极高，边际成本递增，根据产品价格等于边际成本原则，产品价格较高。现在，去物质化产品或数字化产品依赖高位资源、虚拟资源，资源无限，且共享性使用，用一次多一次，越用越多；尽管产品生产初次投入成本较高，但是边际成本递减甚至趋近于零，根据产品价格等于边际成本原则，产品可被免费提供。数字产品的消费已改变了多数人的生活方式和消费习惯，其便利性、个性化等特征使消费更灵活便捷。

三、数字经济对传统经济理论的挑战

蒸汽动力技术催生了第一次工业革命，使英国开始从农业经济时代过渡至工业经济时代，并孕育了现代企业，促进新古典经济学的产生。以电力的广泛应用为特征的第二次工业革命使产业结构趋向重化工方向发展，资本和技术创新逐渐成为经济中的关键要素，垄断竞争理论、宏观经济理论和创新理论等由此诞生，经济学的基础理论体系得到充实与扩展。新技术的出现能够提高生产率，提供更多的消费选择，从而引致经济形态的转变，并强烈冲击当时的主流经济学理论。数字经济的迅猛发展、成熟与颠覆性创新同样深刻影响着经济理论的走向，给传统经济理论带来新的挑战。

（一）"看得见的手"发挥配置资源的基础作用

传统经济理论认为市场机制作为"看不见的手"，可以引导资源流向最

有效率的地方。然而生产者与消费者所掌握的信息往往是有限的，在"理性决策"下，信息不完全和信息不对称引致资源错配。在数字经济时代，平台企业掌握着供求双方的海量数据，能够通过平台有效匹配生产者与消费者，在一定程度上缓解了信息不完全和信息不对称问题，提升了资源利用效率并实现社会福利的增加。

（二）资源属性变化引发的资源基础观和竞争理论变革

传统经济资源表现出稀缺、独占和相对静态的资源属性，而数字技术的出现和应用使资源可模仿性、可替代性、流动性和海量性等特征日益明显。一方面，数字技术的同质性、可重新编程性促使资源与产品分离及资源统一存储，使资源具有可模仿性、可替代性和流动性特征；另一方面，数据要素无限量供给和自生长性赋予数字资源海量性特征，这些都为生产过程模块化及生产组织平台化和网络化创造了条件。如互联网、大数据、云计算、人工智能等技术支持使劳动资源得以在全球范围内形成虚拟集聚和协同，数字资源的新属性降低了内外部交易成本，促使企业边界扩大；同时，数字连接提升了各类生产主体间的连通性，催生了众包、外包、在线创新社区等平台化、网络化的生产组织。

（三）边际收益递减规律失效，边际成本定价不再合理

传统的西方经济学基于资源稀缺性假设，市场因资源稀缺而引发竞争，直至边际收益与边际成本相等时达到均衡。然而数字产品的特点在于，它一旦被研制成功，便可以极低（甚至为零）的成本进行无限复制，其边际成本近乎为零，不再遵循边际成本递减规律。同时，数字产品所具备的网络效应使其享受边际收益递增的好处，信息能以任意规模用于生产，并因不断被使用而增加边际收益。

数字产品的定价问题突破了新古典经济学的研究逻辑。在新古典经济学框架下，向右下方倾斜的需求曲线与向右上方倾斜的供给曲线的交点为均衡价格。然而数字产品高固定成本（包括前期研发成本和为吸引用户而进行补贴策略所耗费的成本）与低边际成本的生产特征，使其难以依循上述规律来定价。如果厂商沿用边际成本定价思路，则不免要承受交易带来的损失。

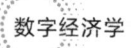

（四）数据权属模糊引发的产权理论和垄断理论变革

在传统经济模式中，生产要素和产品产权归属非常清晰，但数据要素产权归属不清晰，甚至数字产品所有权正在逐渐消失。数据权属模糊使数字产品能够以零成本或极低成本复制，而数据要素的无限供给特性导致数字产品具有非排他性特征，即某一消费者使用产品或服务并不排斥其他消费者使用。数据资源流动促使资源在不同主体间共享，且数据要素生产与消费的统一性促使资源价值的决定者从供应商向消费者或数据使用者转变。在这种情况下，基于大数据和算法的"算法合谋"、市场边界模糊和滥用市场支配地位等行为导致生产关系发生垄断。但"赢者通吃"或"寡头垄断"又往往是平台经济的存在形式，且并未出现传统经济中一家独大带来的资源浪费或资源配置效率低下等现象，同时权属模糊导致垄断行为难以界定，因此数字经济对传统垄断理论研究形成了巨大挑战。

（五）数字技术发展引发的交易成本理论和信用理论变革

在传统经济模式中，企业规模取决于内部交易成本与外部交易成本之间的平衡，且企业能够比市场更有效地促进交易。而数字技术带来的生产要素数字化和生产过程智能化使各类生产主体间的信息不对称大幅降低，并为有效规避生产和交易过程中的机会主义行为、降低监督和治理成本创造了条件。如大数据技术带来的信息高效匹配降低了产品、供应商与消费者之间的搜索成本、匹配成本和交易成本，使企业规模始终处于扩张状态，为共享经济、零工经济发展提供了可能，促使生产主体更加多元化、微粒化。

传统经济信用系统主要来自权威机构，强调中心化和中介化，而数字技术发展使数字经济信用系统去中心化、去中介化。如数字连接促使生产主体间的协调与整合不再依靠正式和非正式线下互动，生产关系虚拟化使数字经济信用更加依赖算法的公正性。尤其是区块链技术公开透明和不可篡改的特性带来了扁平化组织结构、分散化信用体系和智能合约的自动执行，这为生产主体提供了更多自主选择权，促使生产过程更加个性化。

第三章　数字经济的理论分析

案例分析与思考

用法治遏制大数据"杀熟"

思政元素

坚持以人民为中心推进法治建设，全面依法治国。

2020年11月16日至17日，中央全面依法治国工作会议在北京召开，习近平总书记在会议上强调，全面依法治国最广泛、最深厚的基础是人民，必须坚持为了人民、依靠人民（习近平，2021）。要把体现人民利益、反映人民愿望、维护人民权益、增进人民福祉落实到全面依法治国各领域全过程。推进全面依法治国，根本目的是依法保障人民权益。要积极回应人民群众新要求新期待，系统研究谋划和解决法治领域人民群众反映强烈的突出问题，不断增强人民群众获得感、幸福感、安全感，用法治保障人民安居乐业。

案例描述

数字经济背景下，大数据和算法成为平台经营者制胜的主要法宝，基于大数据和算法的个性化定价成为流行的商业模式，被平台经营者广泛运用。"大数据杀熟"指的是互联网平台基于用户数据，使得对于同样的产品或服务，老用户看到的价格反而比新用户高出许多的"价格歧视"行为。随着消费者对某种产品或服务购买次数的增多，商家对其消费态度、消费偏好、消费规律越来越了解，从而可以制定出更加"适合"该消费者的价格。

例如，胡女士一直都通过携程平台来预订机票、酒店，是该平台上享受8.5折优惠价的贵宾客户。2020年7月，胡女士通过该平台订购了一间客房，支付房费2889元。离开酒店时，胡女士偶然发现，酒店的实际挂牌价仅为1377.63元。胡女士不仅没有享受到贵宾客户应当享受的优惠，反而多支付了一倍的房价。胡女士以上海携程商务有限公司采集其个人非必要信息，进行"大数据杀熟"等为由将其诉至柯桥区人民法院，提出退一赔三等多项请求。

柯桥区人民法院审理后认为，携程作为中介平台对标的实际价值有如实

91

报告义务，其未如实报告。携程向原告承诺钻石贵宾享有优惠价，却无价格监管措施，向原告展现了一个溢价100%的失实价格，未践行承诺。而且，携程在处理原告投诉时告知原告无法退全部差价的理由，经调查也与事实不符，存在欺骗。故认定被告存在虚假宣传、价格欺诈和欺骗行为，支持原告退一赔三。

"大数据杀熟"并非新生事物，早在2000年，亚马逊就尝试过差别定价的套路。当时，有亚马逊用户反映其删除浏览器缓存后发现，之前浏览过的DVD商品售价从26.24美元降到了22.74美元。随着数字经济的发展，"大数据杀熟"已经成为近年来被诟病的互联网乱象之一，违法违规毋庸置疑，也已经引起了监管部门的高度关注。

从经济学的角度来看，"大数据杀熟"或"个性化定价"被视为一种一级价格歧视，也就是企业根据每一个购买者对产品的保留价格来制定产品价格的方法。数字经济背景下的"大数据杀熟"主要涉及两方面问题：一是数据方面的问题，二是算法方面的问题。在数据层面，以上述携程案为例，携程软件平台的新用户在注册时如不同意其"服务协议""隐私政策"，该软件就会直接退出，这是以拒绝提供服务形成对用户的强制。同时，其"服务协议""隐私政策"均要求用户特别授权携程及其关联公司、业务合作伙伴对用户信息共享并对分析结果进行商业利用，同意携程将用户的订单数据进行分析，从而形成用户画像，以便携程能够了解用户偏好。在算法方面，用户画像是基于数据和算法形成的，算法本身是中立的，算法并不必然导致"价格歧视"，算法背后的"操纵之手"却是带有歧视性的，平台将用户画像用于定价的决策导致了"大数据杀熟"的现象。

思政点评

"大数据杀熟"本质上是一种侵权行为，最直接的后果就是损害消费者权益。对此，我们应当抓住消费者权益保护这个关键，运用法治思维和法治方式推进治理，让法治在数字时代更好地保护个人权益。"大数据杀熟"行为通常包含两个阶段：一是收集数据对用户进行"画像"，二是根据画像对用户进行区别对待。前者可能涉及非法收集和滥用个人信息，后者则可能涉及差别待遇、价格歧视或自动化决策等问题。

我国相继出台了一系列法律法规，通过法治手段遏制数字经济中出现的"大数据杀熟"这一新问题，从而有效的保护消费者合法权益。2020年10月，《在线旅游经营服务管理暂行规定》率先在旅游行业对"大数据杀熟"进行规制，拉开了国家对大数据进行管理的序幕。2021年2月，《关于平台经济领域的反垄断指南》明确指出，"具有市场支配地位的平台经济领域经营者，可能滥用市场支配地位"，具体可考虑因素包括"基于大数据和算法，根据交易相对人的支付能力、消费偏好、使用习惯等，实行差异性交易价格或者其他交易条件"。2021年7月，市场监督管理总局公开的《价格违法行为行政处罚规定（修订征求意见稿）》。2022年3月1日起正式施行的《互联网信息服务算法推荐管理规定》指出，"算法推荐服务提供者向消费者销售商品或者提供服务的，应当保护消费者公平交易的权利，不得根据消费者的偏好、交易习惯等特征，利用算法在交易价格等交易条件上实施不合理的差别待遇等违法行为"。2021年11月1日，《中华人民共和国个人信息保护法》正式施行，规定"个人信息处理者利用个人信息进行自动化决策，应当保证决策的透明度和结果公平、公正，不得对个人在交易价格等交易条件上实行不合理的差别待遇"，"向个人进行信息推送、商业营销，应当同时提供不针对其个人特征的选项，或者向个人提供便捷的拒绝方式"。一系列的法律法规在有效维护市场秩序、推动公平竞争的同时，也为数字经济时代下的消费者保驾护航。

分析思考

◇针对新用户的优惠活动属于价格歧视吗？
◇数字经济背景下的价格歧视与传统价格歧视行为有什么不同？
◇从消费者福利的角度分析互联网平台借助数据信息采集进行价格歧视的影响。

知识强化与课后习题

本章分析了网络效应、平台经济、数据驱动等数字经济领域的重要理论，从微观、宏观和成本理论角度对数字经济活动进行了介绍，阐释了数字经济对传统经济理论的影响，在此基础上，请思考并分析以下问题。

1. 什么是网络效应？请举例说明。

2. 如何理解平台企业的免费销售策略。

3. 数字经济降低了哪些经济成本？

4. 任选一个经济理论，试分析其在数字经济背景下有何新的表现或特点。

参考文献

冯永晟, 张昊, 2021. 网络效应、需求行为与市场规模——基于邮政快递业的实证研究[J]. 中国工业经济(1): 115-135.

黄少安, 2023. 关于"数字化经济"的基本理论[J]. 经济学动态 (3): 3-20.

蒋传海, 2020. 网络效应、转移成本和竞争性价格歧视[J]. 经济研究, 45(9): 55-66.

金善明, 2022. 中国平台经济反垄断监管的挑战及其应对[J]. 国际经济评论 (3): 125-155.

李海舰, 李燕, 2020. 对经济新形态的认识：微观经济的视角[J]. 中国工业经济 (12): 159-177.

李韬, 冯贺霞, 2022. 平台经济的市场逻辑、价值逻辑与治理逻辑研究[J]. 电子政务 (3): 66-76.

罗俊, 郭晓寒, 2021. 收入差异、不完全信息与价格歧视行为的实验研究[J]. 世界经济, 44(9): 125-153.

戚聿东, 徐凯歌, 2021. 后摩尔时代数字经济的创新方向[J]. 北京大学学报：哲学社会科学版, 58(6): 138-146.

邱婷, 2023. 平台经济反垄断对策研究[J]. 现代营销 (2): 158-160.

施耀恬, 翟巍, 2022. 平台经济领域"大数据杀熟"行为的反垄断规制路径[J]. 竞争政策研究 (1): 56-68.

田杰棠, 张春花, 2023. 数字经济与实体经济融合的内涵、机理与推进策略[J]. 技术经济, 42(1): 25-33.

王世强, 2022. 平台化、平台反垄断与我国数字经济[J]. 经济学家 (3): 88-98.

王世强, 陈逸豪, 叶光亮, 2020. 数字经济中企业歧视性定价与质量竞争[J]. 经济研究, 55(12): 115-131.

习近平, 2021. 坚定不移走中国特色社会主义法治道路 为全面建设社会主义现代化国家提供有力法治保障[J].求是, 2021, 5.

熊鸿儒, 2019. 我国数字经济发展中的平台垄断及其治理策略[J]. 改革 (7): 52-61.

杨希, 2018. 基于多边市场理论的平台型企业的竞争机制研究[D]. 北京: 北京邮电大学.

姚建华, 2019. 全球平台经济发展中的平台劳动: 类型、挑战与治理[J]. 传媒经济与管理研究 (1): 26-39.

叶明, 郭江兰, 2020. 数字经济时代算法价格歧视行为的法律规制[J]. 价格月刊 (3): 33-40.

易宪容, 陈颖颖, 位玉双, 2019. 数字经济中的几个重大理论问题研究——基于现代经济学的一般性分析[J]. 经济学家 (7): 23-31.

尹振涛, 陈媛先, 徐建军, 2022. 平台经济的典型特征、垄断分析与反垄断监管[J]. 南开管理评论, 25(3): 213-226.

于伟, 古中博, 易宪容, 2023. 数字平台经济竞争与垄断的微观基础研究[J]. 社会科学研究(1): 123-132.

俞宁, 武华君, 杨晓光, 等, 2021. 数字经济中的拍卖和匹配机制设计[J]. 北京交通大学学报; 社会科学版, 20(4): 23-33.

张鹏, 2019. 数字经济的本质及其发展逻辑[J]. 经济学家 (2): 25-33.

甄艺凯, 2022. 转移成本视角下的大数据"杀熟"[J]. 管理世界, 38(5): 84-117.

中国信息通信研究院, 2021. 中国数字经济发展白皮书[R/OL]. (2021-04)[2023-07-03]. http://www.caict.ac.cn/kxyj/qwfb/bps/202104/P020210424737615413306.pdf.

Bean C R, 2016. Independent Review of UK Economic Statistics[M]. UK: HM Treasury.

Brown J, Goolsbee A, 2002. Does the internet make markets more competitive? Evidence from the life insurance industry[J]. Journal of Political Economy, 110(3): 481-507.

Brynjolfsson E, Hu Y, Rahman M S, 2009. Battle of the retail channels: How product selection and geography drive cross-channel competition[J]. Management Science, 55(11): 1755-1765.

Gilder G, 2020. The law of the microcosm: The future of wireless technology[J]. Telecommunications Policy, 34(5-6): 310-315.

Houser D, Wooders J, 2005. Reputation in auctions: Theory and evidence from eBay[J]. Journal of Economics and Management Strategy, 15: 353-369.

Katz M L, Shapiro C, 1985. Network externalities, competition, and compatibility[J]. The American Economic Review, 75(3): 424-440.

Livingston J, 2005. How valuable is a good reputation? A sample selection model of internet auctions[J]. The Review of Economics and Statistics, 87(3): 453-465.

Melnik M I, Alm J, 2002. Does a seller's ecommerce reputation matter? Evidence from eBay auctions[J]. The Journal of Industrial Economics, 50(3): 337-349.

Metcalfe B, 2013. Metcalfe's law after 40 years of ethernet[J]. Computer, 46(12): 26-31.

Moore G E, 1965. Cramming more components onto integrated circuits[J]. Electronics, 38(8): 114-117.

NFX, 2019. The network effects bible (updated 2023) [EB/OL]. (2019-07-01) [2023-07-03]. https://www.nfx.com/post/network-effects-bible.

Orlov E, 2011. How does the internet influence price dispersion? Evidence from the airline industry[J]. Journal of Industrial Economics, 59(1): 21-37.

Pozzi A, 2013. E-commerce as a stockpiling technology: Implications for consumer savings[J]. International Journal of Industrial Organization, 31(6): 677-689.

Rochet, J C, Tirole, J, 2003. Platform competition in two-sided markets[J]. Journal of the European Economic Association, 1(4): 990-1029.

Rohlfs J A, 1974. Theory of interdependent demand for a communications service[J]. The Bell Journal of Economics and Management Science, 5(1): 16-37.

Zettelmeyer, Florian F S M, Silva-Risso J, 2001. Internet car retailing[J]. Journal of Industrial Economics, 49(4): 501-519.

第四章

数字经济的技术支撑

数字技术是支撑数字经济和社会发展的基石。数字经济时代的到来伴随着数字技术的飞速进步，并不断有新兴的数字技术被开发和运用。本章主要介绍宽带、大数据、云计算、物联网、区块链、人工智能六项当前备受关注的数字技术及其主要特点。我们进入数字经济时代的时间尚短，新的数字技术还在不断涌现，新的数字价值也在被不断挖掘，我们应当用开放的眼光去关注未来数字技术的发展。

第一节 宽 带

宽带是连通数字经济各项活动的"血管"，对数字经济和社会发展起到基础支撑作用，是数字经济社会的重要基础设施。宽带技术的发展使得数字经济各项技术的应用和普及成为可能，而数字经济的不断发展反过来又对宽带提出了越来越高的技术要求。宽带领域已成为大国竞争的热点领域之一，宽带成为驱动经济社会各领域革新的重要技术。

一、宽带的定义

宽带是指能提供较高信息传输速率的网络线路。宽带网络可以分为三大部分：传输网、交换网、接入网。与之对应，宽带网络的相关技术也分为三类：传输技术、交换技术、接入技术。其中，传输网主要是以SDH（synchronous digital hierarchy，同步数字系列）为基础的大容量光纤网络；交换网是采用ATM（asynchronous transfer mode，异步传输模式）技术的综合业务数字网；接入网主要有光纤接入、铜线接入、混合光纤/混合铜线接入，以及无线接入等。

当前有线接入方式中，光纤接入的传输速度最快，2021年7月，日本国家信息和通信技术研究所宣布，该机构在3001千米的实验距离下，通过光纤的网络传输速率已经突破至319Tbps。在无线接入领域，中国主流的通信技术已经开始从4G（第四代移动通信技术）向5G（第五代移动通信技术）转变。当前中国实际商用的5G网络下行速率已经突破1Gbps，5G大大提升了无线网络传输速率。当前5G领域的全球竞争日益激烈，美国、欧盟、中国、韩国等成为5G建设的主要竞争者，各国不断加大相关投入，围绕5G技术、5G市场、5G标准制定等核心方面展开竞争。

二、"宽带中国"战略

从全球范围看，宽带网络正推动新一轮信息化发展浪潮，各国纷纷将发展宽带网络作为战略部署的优先行动领域。在此时代背景下，2013年国务院制定了"宽带中国"战略，旨在加强战略引导和系统部署，推动我国宽带基础设施快速健康发展。

2013年8月，国务院印发《"宽带中国"战略及实施方案》（以下简称《方案》），《方案》指出，宽带网络是新时期我国经济社会发展的战略性公共基础设施，发展宽带网络对拉动有效投资和促进信息消费、推进发展方式转变和小康社会建设具有重要支撑作用。《方案》提出了"宽带中国"建设的技术路线和发展时间表。第一阶段为全面提速阶段（至2013年底），重点加强光纤网络和3G网络建设，提高宽带网络接入速率，改善和提升用户上网体验；第二阶段为推广普及阶段（2014—2015年），重点在继续推进宽带网络提速的同时，加快扩大宽带网络覆盖范围和规模，深化应用普及；第三阶段为优化升级阶段（2016—2020年），重点推进宽带网络优化和技术演进升级，落实宽带网络服务质量、应用水平和宽带产业支撑能力达到世界先进水平。

2015年，工业和信息化部开始实施"宽带中国"2015专项行动，在固定宽带、无线宽带等方面提出具体要求，深入推进落实"宽带中国"战略。2018年《政府工作报告》中提出，加大网络提速降费力度，实现高速宽带城乡全覆盖，扩大公共场所免费上网范围，明显降低家庭宽带、企业宽带和专线使用费，取消流量"漫游"费，移动网络流量资费年内至少降低30%，让群众和企业切实受益，为数字中国、网络强国建设加油助力。经过长期、有效的建设，至2020年底，"宽带中国"战略的发展目标均已完成，宽带基础设施建设对我国数字经济建设和各行各业发展起到了支撑作用，在我国实现全面建成小康社会这一百年奋斗目标过程中发挥了重要作用。

三、宽带的普及

（一）全球宽带普及情况

根据国际电信联盟发布的《宽带状况报告2020》，全球互联网用户普及率为53.6%。而发达国家与其他国家在互联网用户普及率上差异巨大。发展中国家的互联网用户普及率降至47%，而世界最不发达国家的互联网用户普及率仅为19.1%，远低于宽带委员会倡导的目标。根据国际电信联盟预测，到2025年，全球互联网用户普及率将达到75%，发展中国家达到65%，最不发达国家达到35%。需要引起注意的是，发达国家与其他国家在宽带普及上的差距仍呈现扩大趋势，全球宽带发展的不平衡问题亟待解决。

（二）中国宽带普及情况

1. 固定宽带普及情况

自"宽带中国"战略实施以来，我国持续加大光纤网络建设投资力度，在宽带接入方面逐步完成了从以铜缆接入为主到光纤到户的全面替换。中国信息通信研究院发布的《中国宽带发展白皮书（2020年）》显示，截至2020年二季度，光纤到户覆盖家庭已超过3亿个，FTTH（fiber to the home，光纤到户）端口在所有宽带端口中占比已达到92.1%，全国所有地级市均成为光纤网络全覆盖的"光网城市"，城市固定宽带接入能力普遍超过100Mbps，部分发达城市已实现千兆接入能力普及，农村固定宽带接入能力超过12Mbps，行政村通光纤宽带的比例超过98%，大型企事业单位宽带接入能力普遍超过1000Mbps。

从占比上看，中国光纤接入用户在固定宽带用户中的占比已居全球第二。截至2020年6月，中国固定宽带用户达4.6亿户，固定宽带家庭普及率超过90%。光纤接入用户达4.3亿户，占固定宽带用户的比重达93.2%，远超OECD国家26.8%的平均水平，仅次于新加坡（99.7%），位居全球第二。在接入速率方面，100Mbps及以上接入速率的固定宽带用户超4亿户，占总用户数的

86.8%，且在持续提升。

2. 移动宽带普及情况

《中国宽带发展白皮书（2020年）》数据显示，截至2020年6月，我国3G/LTE用户达13.17亿户，与2015年（7.85亿户）相比提升66.9%，3G/LTE用户普及率超94%。随着4G网络覆盖范围和服务质量的不断提升，2G、3G用户持续向4G迁移，4G用户达12.8亿户，其占移动电话用户的比重达80.4%，较去年同期提升2.8个百分点，在全球229个国家和地区中排名第16位，远高于54.5%的全球平均水平。5G网络方面，2020年我国5G用户达到1.5亿户，并处于快速增长趋势。

第二节 大数据

美国知名咨询公司麦肯锡在2011年的研究报告《大数据：创新、竞争和生产力的下一个前沿》（*Big Data: The Next Frontier for Innovation, Competition and Productivity*）中提出，当今时代数据已经遍布各行各业，逐渐成为能够与物质资料和人力资源相提并论的重要生产资料和战略资源。在此背景下，海量数据的收集和运用有巨大的潜力可被挖掘，这将催生新一波生产率增长和消费者盈余浪潮。《纽约日报》《人民日报》《泰晤士报》《明镜周刊》等知名媒体对大数据进行了广泛报道，这直接推动了公众对"大数据"概念的讨论。大数据是各种数字技术、分析手段的基石，俨然是数字经济时代的"血液"。

一、大数据的定义

大数据的概念较早见于维克托·迈尔-舍恩伯格（Viktor Mayer-Schönberger）和肯尼思·库克耶（Kenneth Cukier）于2013年出版的著作《大数据时代：生活、工作与思维的大变革》（*Big Data: A Revolution That Will Transform How We Live, Work, and Think*），他们认为大数据是指不同于采用随机分析或抽样调查等方法，而是能够满足对采用的所有数据进行分析处理要求的数据集合（Mayer-Schönberger et al., 2013）。赵立斌等（2020）在《数字经济概论》一书中综合了美国机构高德纳公司（Gartner）对大数据的理解，提出较为明确的大数据的定义：大数据是将结构化与非结构化数据形成的数据集合起来，用来分析发现数据背后的相关关系的信息资产，是需要新的处理模式才能具有更强的决策力、洞察力和流程优化能力的海量、高增长率和多样化的信息资产。

数字经济时代我们对大数据的运用，就是要从数据中寻找规律、创造价值。我们身边每时每刻都在不断产生海量的结构化、半结构化和非结构化数据，如果不能发现其规律性并加以利用，大数据将会成为"数据垃圾"，把握大数据的内在规律是利用大数据的基础。

二、大数据的特性

随着对大数据运用和反思的不断深入，社会各界对大数据特性的认知也在不断加深。早在2001年，时任Meta集团分析师的道格·莱尼（Doug Laney）在一份名为《三维数据管理：控制数据的体量、速度和多样性》（3D Data Management: Controlling Data Volume, Velocity, and Variety）的报告中首次提出了广受认可的大数据"3V"特性，即体量（volume）、速度（velocity）和多样性（variety）。

（一）体量

体量是指拥有的数据量以及数据完整性。数据量的大小决定我们所拥有的数据价值和潜在信息。数据完整性同样具有重要意义，特定数据的缺失可能会使得数据分析的结果不可信。例如，2016年美国大选中，候选人希拉里民调持续领先于特朗普，候选人第二次辩论结束时，美国有线电视新闻网（Cable News Network，CNN）与民意研究公司（Opinion Research Corporation，ORC）发布的民调显示希拉里支持率为57%，特朗普的支持率为34%，希拉里高出特朗普23个百分点。最终美国大选结果显示，希拉里得票数占比为48%，特朗普得票数占比为46%，而由于特朗普赢下关键州选举，成功当选美国第45任总统。后续多家知名媒体分析，民调与选举结果相差较大是由于CNN对美国底层百姓调查不足，这充分体现了数据完整性的重要性。

（二）速度

速度指获取数据所需要的时间。数字经济时代，数据的增长速度快，其处理速度也快，社会对数据的时效性要求更高。因此速度在数字经济时代越来越重要。比如从1G到5G最核心的变化就是无线传送速度的大幅提升，5G预期可为用户提供10GB/s的传输速度，大大提升了数据的传输效率（金拥政，2021）。

（三）多样性

多样性指数据类型的多样性。数字经济时代，数据类型是极其丰富的。从形式上来看，有文字、图片、视频、音频、地理空间信息等类型。从数据结构上来看，有结构化数据、半结构化数据、非结构化数据等类型。其中，结构化数据又称行数据，可由二维表结构来逻辑表达和实现，并严格遵守数据的格式、长度规范，因此结构化数据在后期应用、分析上均较为便利；非结构化数据的数据结构是不规则、不完整的，没有规律性的数据模型，它难以用数据库的二维逻辑表来展现，现实中存在大量非结构化数据，如何合理地利用非结构化数据是一大难题；半结构化数据介于结构化数据和非结构化数据之间，具有一定的结构性，但不能用一致的数据模型来表达，可通过数据集成等数据模型处理分析。

在"3V"的基础上，2013年3月12日，IBM公司在白皮书《分析：大数据在现实世界中的应用》解释说明会上较为明确地提出了大数据"4V"理论，在大数据的"3V"特性之上，加入了真实性（veracity）这个特性。现如今，真实性的重要性越来越受到人们的关注，例如，2019年2月23日央视曝光蔡徐坤宣传新歌微博的虚假转发量超1亿次事件（当时微博用户总量仅3.37亿）。虚假数据可能会对数据的分析和应用留下极大隐患，数据的真实性成为大数据分析的重要基础之一。此外，价值（value）、动态性（vitality）、合法性（validity）、可视性（visualization）等其他特性相继被提出，人们对大数据特性的认知仍在加深当中（图4-1）。

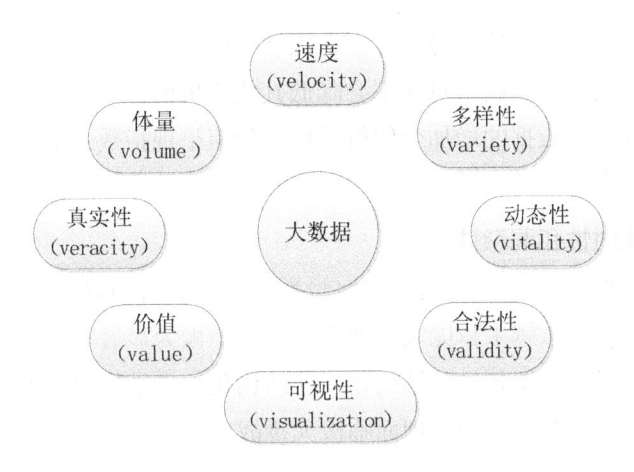

图4-1 大数据特性（从"3V"到"8V"）

三、大数据的作用与特点

工业革命以来，以石油、煤炭等化石能源为代表的生产资料在工业经济社会的发展中发挥了关键作用。数字经济时代，数据正成为新的关键生产资料。中国社科院数字经济与技术经济研究所、社会科学文献出版社共同发布的《数字经济蓝皮书：中国数字经济前沿（2021）》显示，2020年中国数字经济增加值规模已经达到191447亿元，占GDP比重约为18.8%。而中国互联网协会发布的《中国互联网发展报告（2021）》则显示，2020年中国大数据产业规模达到了718.7亿元，同比增长达16%。大数据作为数字经济发展的重要基础，已经成为中国经济社会发展的新生产资料，正在深刻改变全社会的生产、生活方式。

作为新的生产资料，大数据具有以下四个特点（汤潇，2019）。

（一）共享性和可复制性

数字经济时代产生的大数据与消耗性的生产资料不同，其具有天然的共享性，能够以几乎可忽略不计的成本被复制。此外，大数据的复制和出让往往不会丧失数据本身的使用价值，此特性使得数据可以快速复制、传播，产生新的价值。

（二）外部性和递增性

外部性体现在大数据不仅仅在内部发挥作用，数据的流通、融合也能够

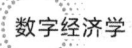

为外部主体创造新的价值。另一方面，经济学中绝大多数要素存在边际效益递减的特性，而数据的复制本身并不会降低其使用价值，并且梅特卡夫定律侧面阐释了互联网时代数据的增加会使得数据的价值呈现指数式增长，因此大数据具有边际生产率递增的特性。

（三）实时性和混杂性

数字经济时代，每时每刻都有海量数据产生，并且随着技术的进步，社会对实时数据的需求越来越庞大，数据的实时性极为显著。而这些数据的数量庞大、结构多样、来源各异，结构化、非结构化、半结构化数据混杂，数据具有显著的混杂性，其收集和处理面临极大挑战。

（四）要素性

大数据已经成为数字经济时代不可或缺的生产要素，一方面，数据本身已经成为具有一定价值的要素；另一方面，通过对数据要素的利用，大数据能够提升其他要素的利用率和生产力，例如通过数据分析改变生产流程，提升资金、劳动力、能源等要素的流动效率和生产效率等。

第三节 云计算

"云计算"的概念由时任谷歌首席执行官埃里克·施密特（Eric Emerson Schmidt）于2006年首次提出。此后，以亚马逊、微软、谷歌等公司为代表的云计算服务商相继推出云计算服务。以亚马逊为例，2006年亚马逊推出在线存储服务（simple storage services，S3），开云计算服务之先河，而到2016年，亚马逊的云计算服务已多达1000多种，成为传统计算的颠覆者。中国云计算发展的追赶之势强劲，阿里巴巴集团下的阿里云计算有限公司于2013年实现"飞天"操作系统的关键技术突破，此后进入快速发展时期。根据美国机构高德约发布的数据显示，2019年阿里云占据的全球云计算市场份额已达9.1%，仅居于亚马逊、微软之后，位居全球第三。

一、云计算的定义与体系

2006年埃里克·施密特虽提出了"云计算"的概念，但并未给出其明确的定义。现阶段所说的云计算服务已经不单单是一种分布式计算，而是分布式计算、效用计算、负载均衡、并行计算、网络存储、热备份冗杂和虚拟化等计算机技术混合演进并跃升的结果。综合不同文献，云计算有以下三种代表性定义。①强调按需使用方式的定义：云计算是一种能够在短时间内迅速按需提供资源的服务，可以避免资源过度或者过低使用。②突出服务等级协议的定义：云计算是一种并行的、分布式的系统，由虚拟化的计算资源构成，能够根据服务提供者和用户事先商定好的服务等级协议动态地提供服务。③综合型定义：云计算是一种可以调用虚拟化的资源池，这些资源池可以根据负载动态重新配置，以达到最优化使用的目的；用户和服务商事先约定服务等级协议，用户以用时付费模式使用服务。（李乔等，2011）

云计算体系可以大致划分为以下四个部分（赵立斌等，2020）。

1. 硬件层

硬件层负责底层硬件配置，以数据中心为具体载体。硬件层不仅包括计算机服务器、通信设备和存储设备，还包括冗余的数据通信连接、环境监控设备、管理系统，以及各种安全装置。

2. 基础设施层

基础设施层可利用虚拟化技术管理和调用底层资源池。基础设施层为平台或者用户提供其所需的计算和存储等资源，并通过虚拟化等技术将资源池化，以实现资源的按需分配和快速部署。基础设施层主要解决IT资源的虚拟化与自动化管理问题。

3. 平台层

平台层主要包括操作系统和应用框架。平台层是运行于基础设施层之上的一个以软件为核心，为应用服务提供开发、运行和管控环境（即中间件功能）的层次。从云架构而言，平台层位于基础设施层与应用层之间，它利用基础设施层的能力，面向上层应用提供通用的服务和能力。

4. 应用层

应用层直接为用户提供低成本服务性能。应用层是以友好的用户界面为用户提供所需的各项应用软件和服务，它能够直接面向客户需求，向企业客户提供客户关系管理（customer relationship management，CRM）、企业资源计划（enterprise resource planning，ERP）、办公自动化（office automation，OA）等企业应用。

二、云计算的服务模式

目前公认的云计算的服务模式有三种（李乔等，2011），分别为基础设施即服务、平台即服务、软件即服务（图4-2）。

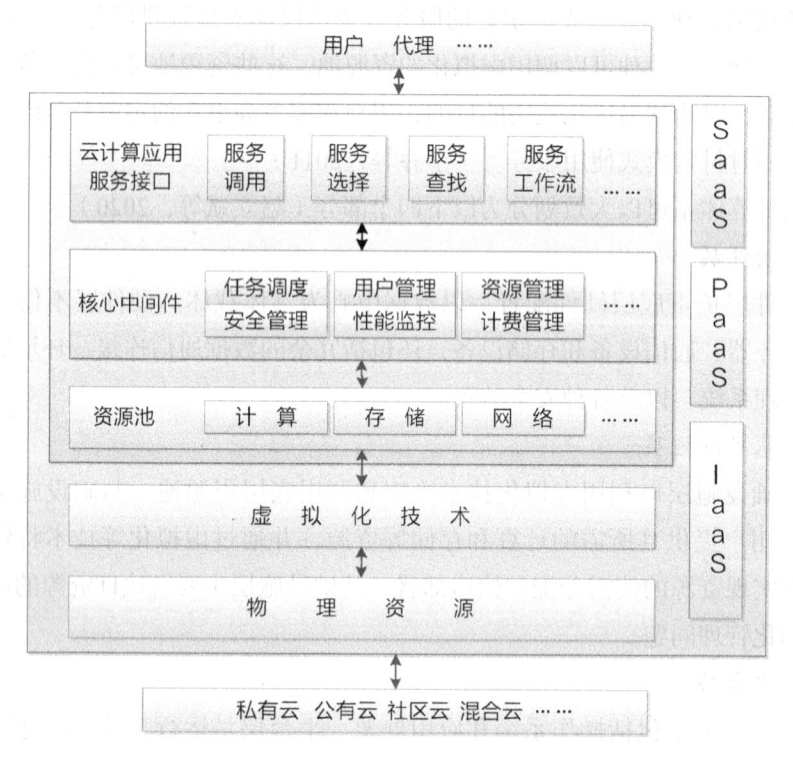

图4-2 云计算的三种服务模式

1. 基础设施即服务（infrastructure as a service，IaaS）

IaaS模式提供给用户的服务是对所有计算基础设施的利用，包括处理CPU、内存、存储、网络和其他基本的计算资源，用户能够部署和运行任意软件，包括操作系统和应用程序。用户不需要管理或控制任何云计算基础设施，但能选择操作系统、控制存储空间、部署应用，也有可能获得有限制的网络组件（如路由器、防火墙、负载均衡器等）的控制权。

2. 平台即服务（platform as a service，PaaS）

PaaS模式提供给用户的服务是把用户基于平台所提供的开发语言和工具（如Java，python，.Net等）开发或收购的应用程序部署到服务商的云计算基础设施。用户不需要管理或控制底层的云基础设施（包括网络、服务器、操作系统、存储等），但能控制部署的应用程序，也可能控制运行应用程序的托管环境配置。

3. 软件即服务（software as a service，SaaS）

SaaS模式提供给用户的服务是服务商为用户提供的运行在云计算基础设施上的应用程序，用户可以在各种设备上通过用户端界面访问，例如使用浏览器，但不需要管理或控制任何云计算基础设施（包括网络、服务器、操作系统、存储等）。

云计算三种服务模式在内容、特征、所需要的前置条件等方面均存在着一定差异。其中，SaaS模式最为用户友好，对用户的专业知识要求较低；而IaaS模式提供的功能强大、权限多，但要求用户具有一定的专业素养；PaaS模式则居中。三种模式的代表性服务及其主要差别见表4-1（李乔等，2011）。

表4-1 云计算三种模式的代表性服务

服务	Amazon EC2	Microsoft Azure	Google Documents
类型	IaaS	PaaS	SaaS
内容	存储、计算、管理和应用服务	程序运行API和开发、部署系统平台	网络应用和服务
用户调用方式	可靠的底层API和命令行工具	Web API和命令行工具	主要以简单的浏览器方式使用
平台	Linux、Windows	Linux、.Net平台	Linux、Windows
特征	提供用户虚拟化的存储、处理、计算服务等基础设施资源和框架	提供在云环境下的程序应用开发运行平台	提供任何时间、地点的应用程序使用
模式、语言	自定义基于Linux的亚马逊虚拟映像和Java语言	Python、.Net、Java等语言	不需要部署，可以用浏览器方式调用

注：API（application programming interface，应用程序编程接口），Web API即网络应用程序接口。

三、云计算的特点

随着云计算的快速发展和应用推广，社会各界对云计算特点的认识也在不断提升。结合相关研究，云计算的特点包含以下七方面（李文军，2018；张建勋等，2010；李乔等，2011）。

1. 支持虚拟化

云计算系统可以看作是一个虚拟资源池。云计算系统通过在一个服务器上部署多个虚拟机和应用，从而提高资源的利用率。当一个服务器过载时，它也支持负载的迁移。

2. 按需部署

云计算系统必须向用户提供可靠的服务，保证用户能够随时随地获取其所需要的服务，并且当用户的系统规模变化时，云计算系统能够根据用户的需求自由伸缩。

3. 高性价比

云计算技术将资源放在虚拟资源池中统一管理，在一定程度上优化了物理资源，用户不再需要昂贵的、存储空间大的主机，可以选择相对廉价的个人计算机组成云，这一方面减少了费用，另一方面其计算性能不逊于大型主机。

4. 高自治性

云计算系统是一个自治系统，系统的管理对用户来说是透明的，不同的管理任务是自动完成的，系统的硬件、软件、存储能够自动配置，从而实现对用户按需提供服务。

5. 高可度量性

服务资源的使用可以被监控并报告给用户和服务商，云计算服务商可根据具体使用类型（如带宽、活动用户数、存储等）收取费用。

6. 高灵活性

目前市场上大多数IT资源、软件、硬件都支持虚拟化，比如存储网络、操作系统和开发软件与硬件等。虚拟化要素统一放在云计算系统虚拟资源池中管理，可见云计算的兼容性非常强，它不仅可以兼容低配置计算机、不同厂商的硬件产品，还能够通过外设获得更高性能计算。

7. 高可靠性

倘若服务器故障也不影响计算与应用的正常运行。因为单点服务器出现故障可以通过虚拟化技术将分布在不同物理服务器上面的应用进行恢复或利用动态扩展功能部署新的服务器进行计算。

第四节 物联网

自1969年互联网（Internet）诞生以来，它已经深刻地融入我们的日常生活中，互联网使得人类的生产生活方式产生了重大变化。数字经济时代，人们不满足于互联网带来的变化，而是对包括现实与虚拟在内的万物互联提出了更高的要求。物联网（internet of things，IOT）将人、物品和设备等所有的一切都连接起来，万物互联将更加深刻地颠覆我们的生产生活。

一、物联网的定义

"物联网"这一概念较早出现在比尔盖茨（Bill Gates）等1995年的专著《未来之路》（The Road Ahead）中，但当时受限于技术，该概念并未引起广泛的热议。2005年11月17日，在突尼斯举行的信息社会世界峰会（World Summit on the Information Society，WSIS）上，国际电信联盟（International Telecommunication Union，ITU）发布报告《ITU互联网报告2005：物联网》，提出无所不在的"物联网"通信时代即将来临，并描述了所有物体都可通过互联网进行交互，而射频识别技术（radio frequency identification，RFID）、传感器技术、智能嵌入技术等技术将更加广泛地应用到未来生活中。结合相关文献（黄静，2016；赵立斌等，2020），物联网的定义可归纳如下：物联网是通过宽带网络技术、视频识别技术、传感器技术和智能嵌入技术等技术，把人和物等现实物体与网络连接起来，使物体与物体之间进行交流从而实现信息化、远程管理控制和智能化等功能，最终实现万物互联状态的网络。

物联网能够将所有物品通过物联网域名相连接，通过信息交换和通信等方式实现智能化识别、定位和跟踪等功能。因此，物联网是基于互联网构建、又对互联网进行了拓展的网络。

二、物联网的架构

学界对物联网的架构存在不同的认识，但其基本架构可分为三层：感知层、网络层和应用层（张春红，2011）。

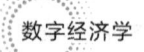

(一)感知层

感知层主要负责采集物理世界中各种物理事物及其事件的数据和信息，包括各类物理量、标识、音频和视频等。感知层既包括通过二维码标签及识读器、RFID标签及读写器、摄像头、GPS（global positioning system，全球定位系统）、各种传感器、终端、传感器网络等数据采集设备采集的数据，也包括数据接入到网关之前的传感器网络。其中传感器网络主要用于实现采集到的数据的短距离传输、自组网，以及多个传感器对数据的协同信息处理过程。感知层的数据采集主要涉及以下核心技术：短距离无线通信技术、射频识别技术、传感和控制技术。而感知层的感知方式主要可分为以下两种。

1. 基于RFID的物联网感知方式

当前基于RFID的物联网已经得到广泛应用，由安装在设备上的RFID标签和用来识别RFID信息的扫描仪、感应器构成的感知组合属于物联网的基础感知方式之一。在基于RFID的物联网中，被检测的信息是RFID标签内容，高速公路的电子不停车收费系统（electronic toll collection，ETC）、超市仓储管理系统等都应用了这一类感知方式。

2. 自组网多跳式物联网感知方式

该感知方式由智能传感节点和数据采集节点组成。智能传感节点可感知各种信息，例如，用于战场环境信息收集的智能微尘可以感知温度、湿度、图形等信息。这些智能传感节点可以组成网络，并自行组网将数据传递到上层网关接入点，由网关将收集到的感应信息通过网络层提交到后台处理。环境监控、污染监控等应用属于这一类感知方式。

(二)网络层

网络层相当于物联网的神经中枢和大脑，负责信息传递和处理。为实现更加广泛的互联功能，物联网需要通过网络层把感知到的信息无障碍、高可靠性、高安全性地进行传送，因此网络层需要传感器网络与移动通信技术、互联网技术等技术的融合。网络层包括通信与互联网的融合网络、网络管理中心、信息中心和智能处理中心等。

网络层包括信息存储查询、网络管理等功能。网络层中的感知数据管理与处理技术是实现以数据为中心的物联网的核心技术。感知数据管理与处理技术包括传感器网络数据的存储、查询、分析、挖掘、理解，以及基于感知数据决策和行为的理论及技术。云计算平台作为海量感知数据的存储、分析平台，是物联网网络层的重要组成部分，也是应用层众多应用的基础。此外，网络层还包括各种通信网络与物联网形成的承载网络，如现行的通信网络（如3G网络、4G网络、5G网络）、计算机互联网、企业网等。

（三）应用层

应用层是物联网的输出窗口，需要与各行业需求结合，与各行业的专业技术磨合对接。应用层由各种应用服务器组成（包括数据库服务器），主要功能包括对采集数据的汇聚、转换、分析，以及解决用户使用过程中出现的适配问题和事件触发等。从末梢节点获取的数据经过网络层的传输和处理后已具备一定的实际价值，应用层将网络层处理的数据根据用户的需求进一步进行调整、适配，从而满足用户的实际需求。同时应用层还能根据用户的实际需求通过下发指令完成对末梢节点的控制，实时调整数据获取内容以满足用户的需要。

从构成上来看，应用层主要包含应用支撑平台子层和应用服务子层：应用支撑平台子层用于支撑跨行业、跨应用、跨系统之间的信息协同、共享、互通的功能；应用服务子层包括智能交通、智能医疗、智能家居、智能物流、智能电力等行业应用。应用层要为用户提供物联网应用的用户接口，包括用户设备（如电脑、手机）、客户端等。除此之外，应用层还包括云计算功能。基于云计算，物联网管理中心、信息中心等部门可以对海量信息进行智能处理。

三、物联网的特点

从通信对象和过程来看，物联网的核心是物与物、人与物之间的信息交互。物联网的基本特征可概括为全面感知、可靠传送和智能处理（孙其博等，2010）。

（一）全面感知

物联网利用射频识别、二维码、传感器等数据感知、捕获、测量技术随时随地采集和获取物体信息，由此来实现对各种类型人或者物体的感知，获得全面的感知数据，为物联网的分析与应用提供基础数据。

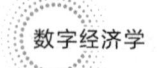

（二）可靠传送

物联网通过将物体接入信息网络，并借助各种通信网络随时随地进行可靠的信息交互和共享。物联网中数据的传输不仅限于自身的数据采集网络，它还会与现行的各类网络互联共通，包括互联网和一些局域网等，从而实现数据的可靠传送，极大地提升数据的时效性和可靠性。

（三）智能处理

物联网利用各种智能计算技术，对海量的感知数据和信息进行分析处理，实现智能化的决策和控制。一方面，海量数据的处理有赖于高性能计算机以及云计算技术等的发展来解决运算能力问题；另一方面，得益于智能技术的发展，人工智能、人–机交互技术与系统、智能控制技术与系统等的发展对物联网的智能处理能力起到重要作用（王保云，2009）。

第五节　区块链

区块链技术最初起源于比特币，凭借其"难以伪造""全程留痕""公开透明""集体维护"等优越属性近年来得到了广泛关注，它在虚拟网络中创造了较为可靠的信任与合作基础，相关技术也得到了极大发展。2019年1月，国家互联网信息办公室发布《区块链信息服务管理规定》；同年10月，习近平总书记在中央政治局第十八次集体学习时强调，要把区块链作为核心技术自主创新重要突破口，加快推动区块链技术和产业创新发展（新华社，2019）。

一、区块链的定义

区块链概念的首次提出是在中本聪2008年的学术论文《比特币：一种点对点的电子现金系统》（Bitcoin: A peer-to-peer electronic cash system）中（Nakamoto，2008），该论文提出了比特币（Bitcoin）这一数字货币设想，其初衷是在不信任的环境中创造一种可被广泛接受的数字货币支付方式，比特币就是通过哈希函数（hash function）、非对称加密等密码学方法来实现在用户匿名的同时确定交易的，而这需要一套通过共识机制来共同维护的数据，这为信任危机问题提供了一套解决方案。

区块链定义可理解为：区块链是一种采用了记账式存储模型的，以记账形式记录资产的发行、变更、交易和注销等环节的分布式核算、记录数据的存储系统。由于交易记录在该存储系统中分区块存储，每一块只记录一部分，同时每个区块都会记录前一区块的ID（唯一标识符），这些区块按交易时间的先后形成一个链状结构，由此称为区块链，因此区块链也可被理解为是一种分布式记账系统（distributed ledger）（朱岩等，2019）。

二、区块链的架构

区块链大致可分为数据层、网络层、共识层、激励层、合约层、应用层六层。其中数据层、网络层、共识层是基础架构，缺一不可；而激励层、合约层、应用层则视情况而定，可不包含（曹俣等，2020）。各层的作用如下。

（一）数据层

数据层主要包含了底层数据区块以及基础数据、基本算法等，如存储数据的区块（data block）、时间戳（time stamp）、默克尔树（merkle tree）、非对称加密技术（unsymmetrical encryption technique）、哈希函数、公私钥数据等。数据层主要有两个功能：一是数据存储，二是账户和交易的实现。数据层是区块链中最底层的数据结构。

（二）网络层

网络层包括分布式组网机制、数据传播机制和数据验证机制等。网络层主要通过P2P（point to point，点对点）技术实现分布式组网机制，因此区块链本质上是一个点对点网络，它具备自动组网的机制，节点之间通过维护一个共同的区块链结构来保持通信。每一个节点既接收信息，也产生信息。

（三）共识层

共识层主要包含共识算法以及共识机制，负责点对点模式的有效识别认证。共识层能让高度分散的节点在去中心化的区块链网络中高效地对区块数据的有效性达成共识，共识算法是区块链的核心技术之一，共识机制则是区块链社群的重要治理机制。区块链中比较常用的共识机制主要有三种：工作量证明、权益证明和股份授权证明。

（四）激励层

激励层主要包括经济激励的发行制度和分配制度。激励层的主要功能是提供一定的激励措施，鼓励节点参与区块链的安全验证工作。

激励机制在公有链中是必需的。而在联盟链中，所有节点都是已经通过组织认证的节点，不需要额外的激励，这些节点也会自发地维护整个系统的安全和稳定。在公有链中，节点不需要进行认证，可以随时加入或退出，记账需要消耗计算资源和电力，所以需要有一定的激励机制来确保"矿工"在记账的过程中能有收益，以此来保证整个区块链系统能够实现良性循环。

以比特币为例，它目前的奖励机制有两种：一是在比特币总量达到2100万枚之前，新区块产生后系统奖励的比特币和每笔交易扣除的比特币（手续费）；二是当比特币总量达到2100万枚后，新产生的区块将不再生成比特币，这时奖励机制主要是每笔交易中扣除的手续费。

（五）合约层

合约层主要包括各种脚本、代码、算法机制及智能合约。合约层是区块链可编程的基础，负责规定交易方式和流程细节。区块链可以理解为是去中心化不可篡改的账本，程序代码也是数据，也可以存到账本里。智能合约是存储在区块链中的一段不可篡改的程序，可以自动化地执行一些预先定义好的规则和条款，响应接收到的信息。合约发布之后，其运行和维护就交给全网的"矿工"去达成共识，合约是区块链信任的基础。

（六）应用层

应用层负责实现生活的各类应用场景，包含了各种应用场景和案例。比如搭建在以太坊、EOS（enterprise operation system，商用分布式设计区块链操作系统）上的各类区块链技术应用，这些应用部署在应用层，在现实生活场景中落地，能够丰富整个区块链的生态。未来的可编程金融和可编程社会也将会搭建在应用层。

三、区块链的特性

区块链技术的快速发展，离不开其本身具有的优越特性，但同时我们需要对区块链技术可能带来的风险保持警惕。区块链技术的特性可大致分为以下五点（姚忠将等，2017）。

（一）去中心化

由于账本采用分布式核算和存储，是一起记录、共同持有的，所以区块链技术不需要中心服务器，不存在中心化的硬件或第三方管理机构，连接到区块链网络中的所有节点的权利和义务都是均等的，数据块由整个系统中具有维护功能的节点来共同维护。相较于记录读写权限仅掌握在一个公司或者一个集权者手上的中心化的传统账本，区块链减少了许多摩擦和时间成本。

（二）开放性（透明性）

一方面，区块链的技术是开源的，所有人都可查看其技术原理，了解其运行过程，从而在技术上保证了它的公开、透明。另一方面，区块链中除了交易各方加密的私有信息，其他所有信息都对所有人公开，不限制任何人查询区块链数据，也不限制基于区块链开发相关应用。因此，参与者的账本数据都实现了信息共享、透明，区块链具有高度的开放性。

（三）独立性（自治性）

区块链的独立性特征建立在规范和协议的基础上。区块链采用基于协商一致的规范和协议（如哈希算法等公开透明的算法），这使系统中的所有节点都能在信任的环境中自由安全地交换数据，整个区块链系统不依赖第三方，所有节点能够在系统内安全地验证、交易，不受第三方干预。上述规则使整个区块链系统高度独立，具有自治属性。

（四）安全性

区块链技术支持的交易网络中所有交易都采用加密技术，这使数据的验证不再依赖中心服务器，攻击者只要不能掌握一半以上的数据节点，就无法肆意操控修改网络数据，这使区块链本身变得相对安全。上述属性极大地提升了攻击者在全链条上发动网络攻击的成本和篡改信息的难度，降低了人为数据变更的可能性，保障了维护信息的安全性和准确性。

（五）匿名性

所谓匿名性，一方面是指节点之间的交换遵循固定算法，其数据交互是无须信任的，交易对象不用公开身份来让对方产生信任，这有利于信用的累积，也为区块链中不公开身份交易提供了的可行性。另一方面，除非有法律规

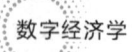

范要求，单从技术上来讲，各区块节点的身份信息不需要公开或验证，信息传递可以匿名进行，现实的区块链中大量人员的身份信息也都是非公开的。需要强调的是，匿名性具有一定优势的同时也会带来潜在的金融风险以及其他应用风险，这是各国政府一直强调的区块链技术的潜在风险之一。

四、区块链的发展阶段

自区块链技术诞生以来，其发展大致可分为三个阶段（郭上铜等，2021）。

（一）第一阶段：可编码货币阶段

该阶段区块链技术主要应用于数字货币领域。区块链技术可以使互不信任的双方在没有权威机构或人物介入的情况下，直接通过数字货币进行支付、达成交易。数字货币中最为典型的就是比特币，随后还出现了一系列数字货币，比如狗狗币、瑞波币、以太币、艾达币、莱特币等等，这一系列货币在互联网流通，对传统金融产生了强烈冲击。但是，近些年来数字货币领域存在明显的炒作活动，包括中国人民银行在内的多家机构先后发布《关于防范比特币风险的通知》《关于防范代币发行融资风险的公告》《关于防范虚拟货币交易炒作风险的联合公告》等重要文件，数字货币的潜在风险不容忽视。

（二）第二阶段：可编码金融阶段

受到区块链技术应用于数字货币的启发，人们开始在股票、清算、私募股权等金融领域引入区块链技术。例如，2015年10月，瑞波公司（Ripple）提出跨链协议Interledger，希望通过这套协议来简化跨境支付流程，打造一套全球统一的支付标准，提升全球支付效率。同期美国纳斯达克在Money20/20大会（全球规模最大的支付和金融服务创新大会之一）发布了私有股权交易的区块链平台Linq，该平台可有效避免人工清算带来的错误，另一方面也可以解放传统交易所需要的大量人力，可大大减少成本。而巴克莱银行、瑞士银行、花旗银行、德意志银行、摩根大通、汇丰银行等80多家金融机构和监管成员依托R3公司组成了R3联盟，并发布了基于区块链技术原理的平台Corda，旨在建立银行业区块链技术开发的行业标准，增强兼容性。区块链技术的一些优越属性能够帮助金融行业解决人工清算、流程复杂、标准不统一等带来的低效和高成本问题，该技术将对传统的金融行业产生巨大冲击。

（三）第三阶段：可编码社会阶段

随着区块链技术的持续发展，社会各界开始思考如何在有需求的领域运用区块链技术，并逐渐开始付诸实践。例如，匿名投票的需求可利用区块链技术的匿名属性进行相关开发，供应链领域的需求则可利用区块链技术的可溯源属性，智慧城市、智慧医疗等领域均有可与区块链技术结合的点。未来区块链技术将越来越多地与其他领域发生碰撞、结合，对数字经济和社会发展产生更大的影响。

第六节 人工智能

人工智能是技术和社会发展的产物，已经成为新一轮产业和科技革命的重要驱动力，正在对世界范围内的生产生活产生深刻影响。整体而言，人工智能是一项引领性的战略技术，已经成为各国竞争的尖端领域之一，对各国具有重要的战略意义。

一、人工智能的定义

人工智能是研究、开发用于模拟、延伸和扩展人的智能的理论、方法、技术及应用系统的一门新的技术科学。人工智能的概念较早见于1956年达特茅斯会议，约翰·麦卡锡（John McCarthy）等共同给出了其对人工智能的预期目标："制造出一台可以模拟学习获得那些可以被精确描述的所有智能的机器。"人工智能将复制人的才能作为目标，从而在根本上区别于控制论、运筹学等学科，成为一门计算机科学下的新兴分支学科。美国国防部在其《2018年国防部人工智能战略总结》中对人工智能提出了精确的描述："无论是以数字还是自主物理系统内嵌智能软件的形式，机器具备执行通常需要人的智能才能执行的任务的能力，如识别模式、从经验中学习、下结论、做出预测、采取行动等，这被称为人工智能"。罗素等（2013）则从两个维度对不同学者给出的人工智能定义进行总结，高度概括了不同学者与专家对人工智能的理解（图4-3）。

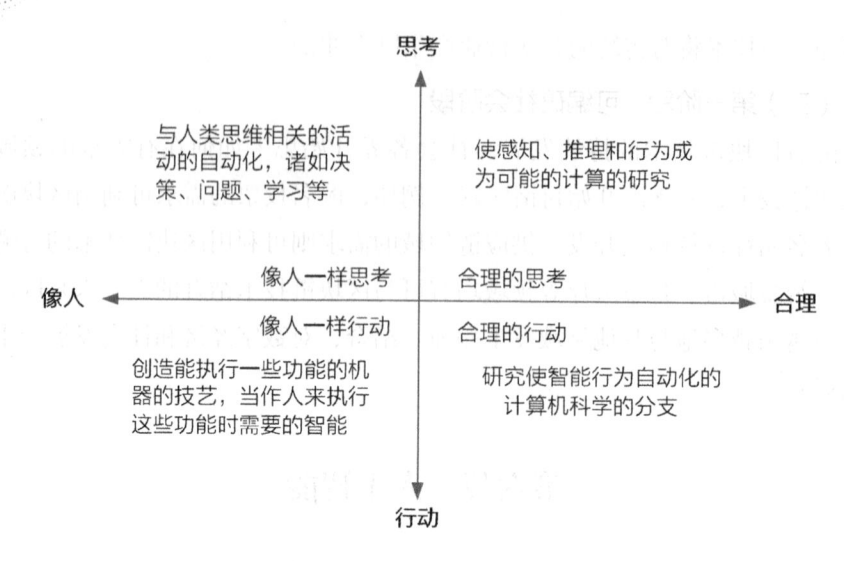

```
              思考
               ↑
与人类思维相关的活     使感知、推理和行为成
动的自动化,诸如决     为可能的计算的研究
策、问题、学习等

像人 ←——— 像人一样思考  合理的思考 ———→ 合理
            像人一样行动  合理的行动
创造能执行一些功能的机   研究使智能行为自动化的
器的技艺,当作人来执行   计算机科学的分支
这些功能时需要的智能
               ↓
              行动
```

图4-3 人工智能的四类定义

二、人工智能的等级划分

当前学界对人工智能的分类存在一定的差异,下面列举几种较为主流的划分。

(一) Hintze的四类人工智能划分

2016年,Hintze(2016)将人工智能分为单一反应型(reactive machines)、有限记忆型(limited memory)、具有心智型(theory of mind)和自我意识型(self-awareness)等四类,具体如下。

单一反应型。最基本的人工智能系统是纯反应型的,它既不能储存记忆也不能利用过去的经验来做决定。例如,20世纪90年代末,IBM公司研发的深蓝超级计算机战胜了国际象棋大师加里·卡斯帕罗夫(Garry Kasparov),该事件曾一度轰动全球,但深蓝超级计算机主要基于算法来对对方所下的棋做出反应,并不涉及记忆层次,因此它仅属于单一反应型人工智能。单一反应型人工智能在特定领域已经可以比肩甚至超过人类的工作效率,是当前较常见的人工智能。

有限记忆型。这类人工智能中包含了那些可以追寻过去记忆和行为方式的机器。比如,当前处于研究前沿的自动驾驶汽车就属于这类人工智能,自动驾驶系统会观察并学习环境、车速、地图、位置等信息，它对这些信息的处理不再是对单一刺激的反应，而是通过在一段时间内持续观察并记忆具体事物来实现的。

具有心智型。具有心智型人工智能将会需要形成一定的认知能力，这一阶段的人工智能在理解上的能力大幅度提升，能够在不同场景中实现智能应用。作为研发者需要考虑的是，具有心智型人工智能需要具有什么样的认知，这种认知会与实际的应用场景产生互动，产生双向影响。具有心智型人工智能虽已有一定研究，但在当前技术水平下还难以实现，尚有许多技术需要突破。

自我意识型。自我意识型人工智能是人工智能发展的终极阶段，人工智能研发的终极目标是要开发出能形成自我意识的系统。自我意识型人工智能在概念上是具有心智型人工智能的深化，并与其有一定程度上的重叠。自我意识型人工智能能够通过理解世界上的人、生物和其他物体，来影响它自己的行为、思想和情绪。自我意识型人工智能距离我们还极为遥远，但代表着研发者对人工智能的终极想象。

（二）海牙战略研究中心的三类人工智能划分

2017年海牙战略研究中心在其《人工智能与未来防务》报告中认为人工智能分为弱人工智能（artificial narrow intelligence）、强人工智能（artificial general intelligence）、超人工智能（artificial super intelligence）等三个等级（De Spiegeleire et al，2017），具体如下。

弱人工智能：指只擅长于某个方面的人工智能，如只会下象棋可以战胜象棋世界冠军的人工智能。

强人工智能：指在各方面都可达到人类级别，能和人类比肩的人工智能，人类能从事的脑力劳动，它都能像人类一样得心应手。

超人工智能：指在科学创新、通识和社交技能等几乎所有领域都比人脑聪明、都可超越人类大脑的人工智能。

（三）中国电子技术标准化研究院的两类人工智能划分

2018年中国电子技术标准化研究院发布的《人工智能标准化白皮书（2018版）》中将人工智能分为弱人工智能和强人工智能两类（中国电子技术标准化研究院，2018），具体如下。

弱人工智能。弱人工智能是指不能真正实现推理和解决问题的智能机器，这些机器从表面看像是智能的，但是并不真正拥有智能，也不会有自主意识。迄今为止的人工智能系统都还是实现特定功能的专用智能，并不能像人类智能那样能够不断适应复杂的新环境并不断涌现出新的功能，因此它们都还是弱人工智能。目前的主流研究仍然集中于弱人工智能，并取得了显著进步，在语音识别、图像处理、机器翻译等方面取得了重大突破，这些方面的人工智能甚至可以接近或超越人类水平。

强人工智能。强人工智能是指拥有真正思维的智能机器，且具有知觉和自我意识，这类人工智能可分为类人（思考和推理类似人的思维）与非类人（产生了和人完全不一样的知觉和意识，使用了与人完全不一样的推理方式）两大类。从一般意义上来说，达到人类水平的、能够自适应地应对外界环境挑战的、具有自我意识的人工智能被称为"通用人工智能""强人工智能"或"类人智能"。强人工智能不仅在哲学上存在巨大争论（涉及思维与意识等根本问题的讨论），其在技术上的研究也具有极大的挑战性。强人工智能当前鲜有进展，美国私营部门的专家及国家科技委员会比较支持的观点是，强人工智能至少在未来几十年内难以实现。

三、人工智能的特征

根据《人工智能标准化白皮书（2018版）》，人工智能具有以下三项特征（中国电子技术标准化研究院，2018）。

（一）由人类设计，为人类服务，本质为计算，基础为数据

从根本上说，人工智能系统必须以人为本，这些系统是人类设计出的机器，按照人类设定的程序逻辑或软件算法通过人类发明的芯片等硬件载体来运行或工作。其本质体现为计算，通过对数据的采集、加工、处理、分析和挖掘，形成有价值的信息流和知识模型，来为人类提供延伸人类能力的服务，实现对人类期望的一些"智能行为"的模拟。人工智能在理想情况下必须体现服务人类的特点，而不应该伤害人类，特别是不应该有目的性地做出伤害人类的行为。

（二）能感知环境，能产生反应，能与人交互，能与人互补

人工智能应能借助传感器等器件产生对外界环境（包括人类）进行感知，可以像人一样通过听觉、视觉、嗅觉、触觉等接收来自环境的各种信息，对外界输入产生文字、语音、表情、动作（控制执行机构）等必要的反应，甚至影响环境或人类。借助按钮、键盘、鼠标、屏幕、手势、体态、表情、力反馈、虚拟现实/增强现实等，人与人工智能间可以产生互动，使其越来越"理解"人类乃至与人类共同协作、优势互补。这样，人工智能能够帮助人类做人类不擅长、不喜欢但它能够完成的工作，而人类则去做更需要创造性、洞察力、想象力、灵活性、多变性，以及需要感情的一些工作。

（三）有适应特性，有学习能力，有演化迭代，有连接扩展

人工智能在理想情况下应具有一定的自适应特性和学习能力，即具有一定的随环境、数据或任务变化而自适应调节参数或更新优化模型的能力。并且，人工智能能够在此基础上通过与云（云计算及其设施资源）、端（软硬件终端）、人、物的深入数字化连接扩展，实现机器客体乃至人类主体的演化迭代，以使自身具有适应性、鲁棒性、灵活性、扩展性，来应对不断变化的现实环境，从而在各行各业产生丰富的应用。

案例分析与思考

云计算技术亮剑："飞天"操作系统一飞冲天

思政元素

习近平总书记在党的二十大报告中强调："加快构建中国话语和中国叙事体系，讲好中国故事、传播好中国声音，展现可信、可爱、可敬的中国形象。"（新华社，2022）我国在数字经济的多领域中居于领先地位，数字经济已成为推动中国经济增长和实现中华民族伟大复兴的重要引擎。然而，我国数字经济发展是曲折的，在受到以美国为首的西方国家的长期科技制裁背景下，我国能够扭转技术落后的局面，发展成为居于第一梯队的全球数字经济大国尤为不易，科研人员们百折不挠、艰苦奋斗的精神更是令人动容。我国数字经济发展已成为世界数字经济的标杆之一，讲好数字经济的中国故事，才能够更好地让世界认识中国、向世界展示中国。

案例描述

随着数字经济社会的到来，人们每时每刻都在创造新的数据流，海量数据对传统的数据存储、处理方式提出了严峻的挑战。在云计算技术被国外垄断的背景下，2008年9月开始阿里巴巴集团投入大量研发经费来开发云计算技术，并将之命名为"飞天"操作系统。随着"飞天"操作系统的研发成功，阿里云计算有限公司（简称"阿里云"）不仅打破了国外的技术垄断，更是在全球竞争中脱颖而出，其2019年云计算市场占有率居于亚太地区第一、全球第三位。至2023年，阿里云在中国公有云IaaS市场的市场占有率达到21.31%，连续多年在公有云IaaS、PaaS等市场保持领先优势（中国信息通信研究院，2024）。

背景：业务增长导致海量数据处理难题

2008年前后，全球企业的信息技术系统架构使用的几乎都是IBM公司的小型机、Oracle公司的商业数据库，以及EMC公司的集中式存储（简称"IOE架构"），阿里巴巴也不例外。但由于淘宝与支付宝业务的快速增长，阿里巴巴需要处理的数据量越来越大。互联网的突变型峰值常见于"春运抢票""电商秒杀",以及"春晚""双11""跨年"等在同一时点出现大量用户聚集的场景,这是全球该领域的技术难题。峰值期间阿里巴巴服务器的处理器使用率甚至会飙升到98%,这给阿里巴巴基于IOE的传统IT架构带来巨大挑战,需要通过技术创新来应对。对此,2008年9月阿里巴巴确立云计算和大数据战略,同年10月"飞天"团队正式组建,2009年9月阿里云计算有限公司成立,阿里巴巴集团开始正式进军云计算领域。

曲折:在质疑中艰难前行

2008年,阿里巴巴集团创始人马云因为技术问题找到了王坚博士,短短的一次会面,王坚就成功说服马云投资10亿元的计划,之后王坚成为云计算技术开发团队的主要负责人。然而,项目的难度远超预期,在接下来的几年里,阿里巴巴集团的工程师团队更换了一批又一批,很多人都坚持不下去,只有王坚始终在坚持。他作为一个空降高管,又耗费了公司大量的资金,但是难以快速出成绩,外界对王坚的质疑声越来越大。2011年,阿里云OS(一款云智能手机操作系统)跟宏碁合作,但是最后迫于谷歌的压力取消了发布会,王坚备受质疑,甚至公司内部的人都当面说他是骗子。在这种情况下,阿里巴巴集团创始人马云不但没有取消项目,而且还升任王坚为首席技术官,马云对此的回复是:王坚知道大数据的方向,我相信他,如果这钱打水漂了,我花得起,这是战略。由此"飞天"操作系统的研发才得以继续进行。

突破:关键技术达到国际领先水平

2013年10月,阿里云独立研发的"飞天5K"计划完成,单集群服务器规模达到5000台,100TB排序能在30分钟完成,远超雅虎公司同年7月创造的世界纪录71分钟。阿里云成为世界上第一个对外提供5K云计算服务能力的公司。由此"飞天"操作系统的关键技术获得重大突破,技术研发成功使得阿里云进入发展的快车道。2015年6月,阿里巴巴和蚂蚁金服所有的数据存储、计算任务全部迁移至"飞天"平台。2016年11月,阿里云在欧洲、中东、日本和澳洲相继开展业务,实现全球互联网市场覆盖。2018年4月,"飞天云操作系统核心技术及产业化"项目获得中国电子学会15年来唯一一个科学技术奖特等奖。2019年11月,"飞天"操作系统研发主要负责人王坚博士正式当选中国工程院院士,成为我国第一位民营企业院士。据美国机构高德纳统计,2019年阿里云在全球云计算市场中的份额占比为9.1%，排名仅次于亚马逊和微软，位居全球第三。

> **思政点评**

　　阿里巴巴集团作为中国数字经济发展的龙头企业之一，已经崛起为全球性电商巨头，充分参与到全球竞争之中。阿里云计算有限公司作为阿里巴巴云计算业务发展的核心子公司，在亚马逊、微软等云计算巨头占据先发优势的情况之下，在团队备受质疑的环境中，坚持梦想，实现了"飞天"操作系统的技术突破，一举成为全球前列的云计算公司，实现了云计算领域的中国梦。2018—2019年阿里云在全球云计算市场中的份额占比变化见图4-4（Blackmore et al., 2020）。"飞天"操作系统的成功研发打破了西方发达国家在云计算领域的技术垄断，使得我国在数据计算领域不再受制于人，不但解决了阿里巴巴集团下属淘宝、支付宝等产品的计算需求，还使得阿里云成为全球众多国家、企业的云计算服务商，业务遍及金融、政务、交通、医疗、电信等各个领域。"飞天"操作系统的成功研发提升了我国的全球影响力，是我国数字技术突破的典型案例。

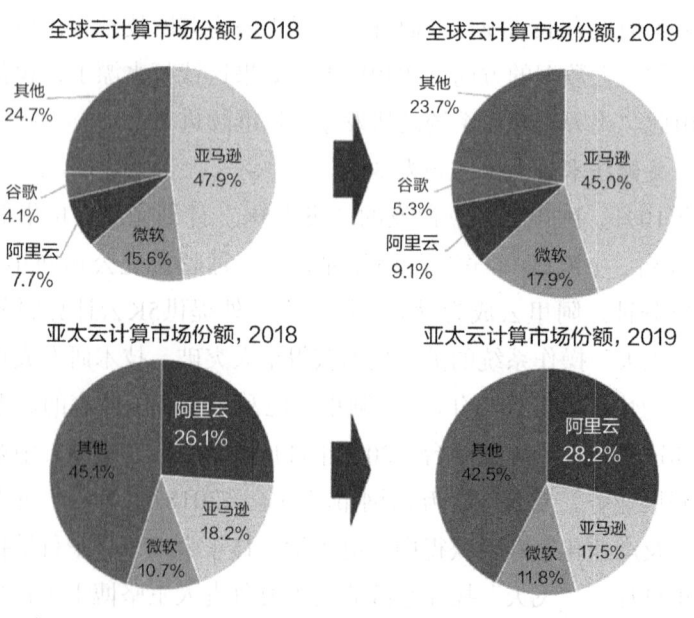

图4-4　2018—2019年阿里云在全球云计算市场中的份额占比变化

分析思考

◇结合内部与外部环境，思考并分析阿里云为什么要发展云计算技术。
◇试分析阿里云研发"飞天"操作系统有哪些优势与劣势？
◇从该案例中，你有什么收获？

知识强化与课后习题

本章分析了宽带、大数据、云计算、物联网、区块链、人工智能等数字经济时代的重要技术，然而，上述六种技术既有其自身的独特作用，也存在相互之间的关联，请思考并回答以下问题。

1.简述上述六种技术的区别与联系。

2.以任意一种技术为分析对象，讨论其应用价值和潜在风险，并给出防范风险的建议。

参考文献

曹傧, 林亮, 李云, 等, 2020. 区块链研究综述[J]. 重庆邮电大学学报: 自然科学版, 32(1): 1-14.

郭上铜, 王瑞锦, 张凤荔, 2021. 区块链技术原理与应用综述[J]. 计算机科学, 48(2): 271-281.

黄静, 2016. 物联网综述[J]. 北京财贸职业学院学报, 32(6): 21-26.

金拥政, 2021. 5G无线通信网络及关键技术研究[J]. 中国新通信, 23(11): 1-2.

李乔, 郑啸, 2011. 云计算研究现状综述[J]. 计算机科学 (4): 38-43.

李文军, 2018.计算机云计算及其实现技术分析[J].军民两用技术与产品 (22): 57-58.

罗素, 诺维格, 2013. 人工智能：一种现代方法[M]. 3版. 殷建平等, 译. 北京：清华大学出版社.

孙其博, 刘杰, 黎羴, 等, 2010. 物联网: 概念、架构与关键技术研究综述[J]. 北京邮电大学学报, 33(3): 1-9.

汤潇, 2019. 数字经济：影响未来的新技术、新模式、新产业[M]. 北京: 人民邮电出版社.

王保云, 2009. 物联网技术研究综述[J]. 电子测量与仪器学报, 23(12): 1-7.

新华社, 2019. 习近平主持中央政治局第十八次集体学习并讲话[EB/OL].（2019-10-25）[2024-12-01]. https://www.gov.cn/xinwen/2019-10/25/content_5444957.htm.

新华社, 2022. 习近平：高举中国特色社会主义伟大旗帜 为全面建设社会主义现代化国家而团结奋斗——在中国共产党第二十次全国代表大会上的报告[EB/OL]. (2022-10-25) [2024-12-01]. https://www.gov.cn/xinwen/2022-10/25/content_5721685.htm.

姚忠将, 葛敬国, 2017. 关于区块链原理及应用的综述[J]. 科研信息化技术与应用, 8(2): 3-17.

张春红, 2011. 物联网技术与应用[M]. 北京：人民邮电出版社.

张建勋, 古志民, 郑超, 2010. 云计算研究进展综述[J]. 计算机应用研究, 27(2): 429-433.

赵立斌, 张莉莉, 2020. 数字经济概论[M]. 北京: 科学出版社.

中国电子技术标准化研究院, 2018. 人工智能标准化白皮书（2018版）[EB/OL]. (2018-01-24) [2023-07-03]. http: //www.cesi.cn/201801/3545.html.

中国信息通信研究院, 2024. 云计算白皮书（2024）[EB/OL]. (2024-07-23)[2024-12-23]. http://www.caict.ac.cn/kxyj/qwfb/bps/202407/P020240723334151523502.pdf.

朱岩, 王巧石, 秦博涵, 等, 2019. 区块链技术及其研究进展[J]. 工程科学学报, 41, 307(11): 4-16.

Blackmore D, Graham C, Singh H, et al., 2020. Market Share: IT Services, Worldwide 2019[R]. Stanford: Gartner.

De Spiegeleire S, Maas M, Sweijs T, 2017. Artificial Intelligence and The Future of Defense[M]. Hague: The Hague Centre for Strategic Studies.

Gates B, Myhrvold N, Rinearson P, et al., 1995. The Road Ahead[M]. New York: Viking Adult.

Hintze A, 2016. Understanding the four types of AI, from reactive robots to self-aware beings [EB/OL]. (2016-11-18) [2023-07-03]. https: // observer.com/2016/11/understanding-the-four-types-of-ai-from-reactive-robots-to-self-aware-beings/.

Mayer-Schönberger V, Cukier K, 2013. Big Data: A Revolution That Will Transform How We Live, Work, and Think[M]. Boston: Houghton Mifflin Harcourt.

Nakamoto S, 2008. Bitcoin: a peer-to-peer electronic cash system[J]. Decentralized Business Review: 21260.

第五章

数字经济产业

数字经济产业是数字经济的重要载体。在数字技术快速发展的背景下，数字技术与传统产业碰撞、交融，农业、制造业、金融业、文体娱乐业、教育、医疗卫生以及交通运输业等行业均受到不同程度影响，新模式、新业态不断产生，为数字经济的发展注入活力。数字经济产业本质上是将数字技术应用于传统产业，从而推动其数字化改造，通过数据采集与分析、实时反馈、万物互联等方式，实现便捷化、自动化、网络化、清洁化、智慧化等，从而降低生产成本、减少资源浪费、提高管理效率，数字技术促进了传统产业的优化升级。

第一节 智能制造

一、智能制造的定义

工业和信息化部、财政部于2016年12月发布了《智能制造发展规划（2016—2020年）》，文件中对智能制造做了如下定义：智能制造是基于新一代信息通信技术与先进制造技术深度融合，贯穿于设计、生产、管理、服务等制造活动的各个环节，具有自感知、自学习、自决策、自执行、自适应等功能的新型生产方式。

智能制造产业的发展能够有效缩短产品研制周期，提高生产效率和产品质量，降低企业运营成本和资源能源消耗。加快发展智能制造，对提高制造业供给结构的适应性和灵活性、培育经济增长新动能都具有十分重要的意义。

二、智能制造发展的背景

（一）个性化需求激增推动消费者主权崛起

不同于物质匮乏时代的市场由供应方主导，随着人类社会生产能力的不断提升，消费者能够根据自身资源和偏好对市场上的产品和服务进行自主选择，从而影响整个经济体系，消费者主权时代加速到来。从工业革命到二十世纪五六十年代，制造业发展的主要任务是解决生产能力不足的问题，以福特式大规模生产为典型代表的生产方式备受推崇，产品个性化极为不足。我国直至二十世纪七八十年代，仍有"三大件"之类的说法，意指手表、自行车、缝纫机三件商品（三大件对应的商品在各地有不同的说法，这里仅举较受认可的一种），当时我国的商品种类以及品牌均十分有限，差异化不显著。时至今日，以3D打印技术为代表的个性化制作方法在年轻人中备受欢迎，对于制造工艺的灵活性提出了更高的要求。

（二）数字技术的应用使得智能制造成为可能

传统制造受制于所处时代的技术背景，并未采用柔性生产方式。要实现柔性生产、智能制造，一方面需要使生产端与消费端之间信息互通，另一方面还需要数字技术来支撑制造环节的智能处理。随着互联网、物联网等技术的应用和普及，制造企业与消费市场的信息交流变得十分便捷，制造企业内部及制造企业之间也可展开紧密的信息交流，这使得智能制造成为可能。例如，引领力（山东）网络科技服务有限公司推出了一款邻立方一体化云系统，它将企业的ERP（企业资源计划）、MES（制造执行系统）、CRM（客户关系管理）、OA（办公自动化系统）、HR（认识管理系统）五大系统集于一体，实现各环节信息共享，帮助企业快速根据市场反应情况调整生产计划和工艺，大大增加了制造的灵活性。

（三）国际激烈竞争环境加速中国智能制造转型

中国智能制造的发展同时受到国际环境的影响。互联网、物联网、云计算、大数据等新一代信息通信技术的发展成熟和广泛应用，在全球范围内掀起了新一轮的技术与产业革命，逐渐颠覆并重塑国际产业分工格局。其中，依托先进互联网信息化技术的智能制造成为各国发展布局的核心内容，如美国的"工业互联网"、德国的"工业4.0"等，英国的"先进制造业产业链倡议"，日本的"新机器人战略"（New Robot Strategy），都强调了智能制造的重要地位（赵光辉、冯帆，2017）。当前各国均期望通过智能制造来提升其在全球产业链、价值链中的位置，我国也希望通过发展智能制造来推动国内经济转型升级，促进工业化与信息化进一步融合以提升制造能力和制造活力，为我国经济的进一步发展提供新动能。

三、智能制造的特征

根据相关研究，智能制造具有以下四个特征（赵光辉等，2017）。

（一）生产系统纵向整合及网络化

生产系统纵向整合与网络化是智能制造的首要特点。面对不断变更的订单需求、库存水平及各种突发故障，企业可借助信息物流系统（cyber-physical systems，CPS）等网络化的生产系统，实现对变更信息的快速反应和及时调整。智能制造企业也可借助数字技术实现智能化管理和个性化的柔性生产：一是企业可通过网络对数据进行充分整合，依靠智能传感技术与自动化系统等，在企业内部将生产资料与产品生产连接起来，实现将原料和部件按需运送到指定地点；二是通过生产流程的数字化改造，企业能够实时监控每个环节，便于对市场的需求变化、产品的质量波动，以及设备的故障产生等问题快速响应，这将大幅度提升企业生产效率和节约生产资料。

（二）价值链横向整合

全球价值链横向整合是智能制造的第二大特点。价值链横向整合形成的新价值链是一个能实现实时优化的价值链网络，这种整合让价值链更加灵活、透明，并能让价值链上的参与主体更迅速地对各种问题、故障做出响应。与生产系统网络化相似，价值链的整合需要借助数字系统实现网络化连接，即将生产、仓储、物流、销售、服务等环节整合到统一的系统之中，将产品的生产、销售以及运行轨迹等信息化。由此将形成覆盖供应商、生产企业、销售企业、客户等主体的价值链。在此价值链体系中，生产、组装、配送等环节均可实现个性化定制，所以价值链横向整合将推动C2B（customer to business，消费者对企业）等自下而上商业模式的发展，进而提升智能制造企业的数字化程度与柔性生产能力。

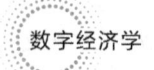

(三)全生命周期数字化

全生命周期数字化指的是数字化要用于智能制造的整个产品生命周期,要在整个价值链中体现出来。新产品经常需要配备新的生产系统或者调整后的生产系统。全生命周期数字化将使产品开发、产品设计、产品生产等环节实现无缝衔接,让产品开发与生产系统相适应、相协调。在这个过程中,企业可以获取各个阶段的数据,来打造更加柔性化的生产流程。

(四)技术应用呈指数型增长

技术应用的指数型增长能够促进柔性化生产和生产效率提升等目标尽快实现。智能制造对系统的要求较高,要求系统具有高度自控能力与认知能力。借助人工智能、传感技术和3D打印技术,系统的自动化能力将大幅提升,大规模定制化将加速实现。其中,借助人工智能,工厂和仓库能实现灵活、高效的无人运输,这将节约供应链管理成本,使数据分析和生产将更加可靠,同时企业还可利用人工智能形成与设计、建造有关的新方案,增强人机服务的协同作用;利用各类传感器,企业可以更有效地控制产品生产质量,同时传感技术的发展和应用使得智能化生产成为可能;而作为柔性化生产方式的典型代表,3D打印技术能够根据个体的需要生产商品,成为智能制造个性化生产的典范。

四、中国智能制造发展现状

根据中国电子技术标准化研究院发布的《智能制造发展指数报告(2020)》(以下简称报告),截至2020年12月,通过平台开展智能制造能力成熟度自诊断的12000多家企业呈现出以下智能制造发展特征(中国电子技术标准化研究院,2020)。

(一)智能制造能力水平显著提升

根据报告,"十三五"期间我国企业的智能制造水平不断提升,截至2020年末呈现以下结构。① 75%的企业开始部署智能制造。此阶段,企业对实施智能制造有了初步规划并开始实施,能够实现对设计、生产、物流、销售和服务等核心业务进行流程化管理。② 14%的企业处于成熟度二级,迈向数字化阶段。此阶段企业应用自动化技术和信息技术对核心装备和业务活动进行改造和提升，实现单一业务的数据共享。③ 6%的企业处于成熟度三级，网络化特征明显。此阶段企业开展网络化集成，对装备、系统、装备与系统之间开展集成，实现了跨业务间的数据共享。④ 5%的企业处于成熟度四级及以上，标杆示范效应显现。此阶段，企业能够对人员、资源、制造等进行数据挖掘，形成模型和知识，并基于模型对核心业务进行预测和优化，探索新的制造模式和商业模式。

（二）不同行业智能制造水平差异大

制造业可分为离散型制造业和流程型制造业。其中，离散型制造业的主要特征是生产过程中基本上没有物料发生物质改变，只是物料的形状和组合发生改变，即最终产品是由各种物料装配而成，并且产品与所需物料之间有确定的数量比例，如一个产品有多少个部件，一个部件有多少个零件，是精确且固定的，典型的有汽车、机械、家电制造业。流程型制造业的主要特点是管道式物料输送，生产连续性强，前后流程比较规范，工艺柔性比较小，产品比较单一，原料比较稳定；其基本的生产特征是通过一系列的加工装置使原材料发生规定的化学反应或物理变化，生产过程是连续不断的，典型的产业如冶金、化工、生物医药产业等。

报告数据显示，离散型制造业的成熟度水平略高于流程型制造业。离散型制造业在三级及以上阶段呈现明显增长趋势。汽车、家电等行业的企业在智能制造方面进行了大量探索和实践，带动了行业整体水平的提升；而流程型制造业在流程化管理、自动化改造方面具备良好的基础和优势，但其智能化过程仍需加快推进，特别是新一代信息技术在工艺优化、系统集成、服务等环节的应用。

（三）龙头企业示范引领，中小企业聚焦转型

参与自诊断的企业中，有370家是2015—2018年获批工信部智能制造试点示范或新模式项目的企业。这些企业的平均得分达到3.05分，获得重点支持的企业在人员、资源、技术等方面均具备了智能制造能力提升的基础保障，是创新智能制造技术与模式的主力军，未来将继续保持领先优势。参与自诊断的中小企业占比达87.92%，报告统计分析显示，中小企业以生产制造过程的能力提升为优先发力点，主要聚焦生产制造模式转型与装备自动化改造。

第二节 数字农业

一、数字农业的定义

数字农业比较通俗的理解是将数字技术应用到农业领域中的产业，是数字产业与农业的交叉领域。从定义上，数字农业是指将信息作为农业生产要素，用现代信息技术对农业对象、环境和全过程进行可视化表达、数字化设计、信息化管理的现代农业（智存农业，2021）。

二、数字农业的主要应用领域

数字农业主要有两个功能。一是利用数字技术对农业生产流程进行数据化改造。具体指利用计算机、无线网络、定位技术、自动控制系统等技术，对农业生产工作过程进行监控，对土地健康状况实行测度，收集农产品所需要的养分、水分、生长状况、生长环境等数据，及时对出现的问题进行反馈，对农产品质量进行自动检测等，形成一套数字化的农业信息系统。二是通过数字技术帮助管理者进行农业管理和决策。具体指通过建立农业信息系统得到农业管理所需的各项数据，再通过数据集成和应用软件接入，以图表呈现、报告生成等方式为农业管理者提供决策所需的基础信息，从而为农业决策提供帮助（胡红波，2018）。从领域上看，数字农业主要包含以下四方面（智存农业，2021）。

（一）农业物联网

农业物联网是物联网技术在农业领域的应用。它以传感器、网络技术、摄像头等数字设备为基础，对农业生产的流程、环境以及农产品的信息等进行数据采集和互通，形成农业领域的万物互联。在农业物联网技术的支撑下，农业生产的自动化监测、调控和介入能力大幅提升，从而提高农业生产效率。由于农业物联网建设所需的设备成本等较高，当前该技术多应用于设施农业生产过程的管理与操作、农产品加工、物流管理等。对于消费者而言，农业物联网技术为实现农产品的溯源提供了可行的方案，当前已有农产品二维码溯源系统出现，这即是农业物联网基础之上的再开发。

（二）农业大数据

农业大数据则是数字农业的基础系统。其主要功能是通过收集、鉴别、标识农产品和生产流程的监测数据来建立农业数据库，并在农业数据库的基础之上，通过算法、模型等来整合并处理大数据，为农业生产和经营决策提供数据基础，为农业自动化提供基础支撑。

（三）精准农业

精准农业需要农业大数据和农业物联网等技术提供支撑。精准农业主要以农业机械等硬件设施为基础，以数据为支撑，通过监测软件、自动化软件等来实现精准操作，实现如变量施肥、浇水、喷药、播种等自动化控制，并提升工作环境与场景的适配性。精准农业强调的是（单体）设备和设施操作的精准和智能化控制，是软件设施和硬件设施的共同作用的结果。

（四）智慧农业

智慧农业同样需要农业大数据等的支撑，是建立在经验模型基础之上的专家决策系统。智慧农业的核心在于智能化的决策系统，但仍需要多类型硬件设施作为辅助。智慧农业的决策系统可与其他数字农业领域结合，提升其他数字农业领域的效率。总体来看，目前智慧农业尚处于起步阶段，但随着数字技术的不断发展，智慧农业对生产效率的提升作用会越来越大。

三、数字农业的特点

数字农业具有数字化、智能化、综合性三个主要特点（葛佳琨等，2017）：

（一）数字化

数字农业的第一个显著特点是数字化。无论是农业物联网、农业大数据，还是精准农业、智慧农业，都需要以数字化为前提。农业数字化主要是指农业数据信息、生产流程、管理信息、农产品质量以及农业物流等领域均实现数字化，从而为数字农业提供基础支撑。

（二）智能化

数字农业的重要体现是智能化。农业装备及配套技术的智能化是数字农业的关键，随着智能装备的快速发展，科技含量高、性能稳定且适应性强的技

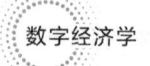

术装备不断地应用到农业生产当中，使得农业生产标准化作业程度明显提高。

（三）综合性

数字农业的第三个特点是综合性。数字农业的发展需要多学科、多层次的农业知识体系加以辅助。首先是数学、物理学、化学、天文学、生物学和经济学等学科向农业科学渗透，使其成果不断被农业科学吸收和应用。其次是数字农业研究要以单项技术和子系统的应用研究为基础，同时把软件系统的研制开发作为综合系统的集成与耦合，这样才能完成数字农业的精准化。

四、数字农业的发展现状

（一）美国数字农业发展居于世界领先地位

中国国际金融股份有限公司2020年发布的报告《数字赋能经济：产业数字化未来已来》显示，2020年全球数字农业市场规模约268亿美元，而美国占据了数字农业市场份额的31%，位居全球第一；中国位列第二位，占全球数字农业市场份额的17%，与美国的差距明显。美国是规模化、专业化数字农业发展的优秀代表，美国的玉米、大豆、小麦等作物种植的数字化、机械化水平高，其农业科技水平占据领先优势，农业生产效率高，目前美国是全球最大的农产品出口国。

（二）精准农业覆盖率较高

中国国际金融股份有限公司发布的《数字赋能经济：产业数字化未来已来》报告显示，全球数字农业的应用领域中，精准农业的覆盖率最高，达到了19%；第二为精准畜牧饲养，占比为17%；第三为收成监控，占比为10%；而后排名依次为农业无人机（9%）、智能温室（9%）、智能灌溉（8%）、可变速率技术（8%）、土壤监测（7%）、农业管理系统（7%）等。可见当前精准农业的应用在数据农业中最为普遍。

（三）中国数字农业发展稳步提升

根据2020年11月农业农村部发布的《2020全国县域数字农业农村发展水平评价报告》，在对2329个县（市、区）的数据进行测度的基础上，2019年全国县域数字农业农村发展总体水平达36.0%，较上年提升3个百分点。全国县级农业农村信息化管理服务机构覆盖率为75.5%，县域农业农村信息化建设财政总投入182.1亿元，县域农业农村信息化建设社会资本总投入478.5亿元，农业生产数字化水平达23.8%，全国县域农产品网络零售额占农产品交易总额的比重为10.0%，农产品质量安全追溯信息化水平为17.2%，行政村电子商务站点覆盖率达74.0%。可见，在国家不断支持数字农业发展的现状下，我国农村的信息基础设施不断完善，数字农业的建设和发展都在稳步推进。

第三节　数字文化

一、数字文化产业的定义

数字文化产业的产生是以文化产业为基础的，它是由文化产业与现代信息技术、数字化技术结合而成的概念，也被称为"数字内容产业"（王学琴等，2014）。根据2017年原文化部发布的《关于推动数字文化产业创新发展的指导意见》，数字文化产业的定义如下：数字文化产业以文化创意内容为核心，依托数字技术进行创作、生产、传播和服务，呈现技术更迭快、生产数字化、传播网络化、消费个性化等特点。

从内涵上看，数字文化产业的核心是文化创意内容，它包含诸多领域，如数字游戏、数字典藏、数字表演、数字出版、数字动漫、数字娱乐等。其中，网络音乐、网络游戏、网络文学、网络视频等已经成为人们日常文化消费的重要组成部分。

二、数字文化产业的发展现状

数字文化产业包含范围广、细分类型多，以下仅对数字出版、数字游戏、数字影音、网络文学等四个领域的发展现状进行详细介绍。

（一）数字出版领域

随着数字技术的持续发展，数字出版便捷、高效、成本低等优势逐渐显现，正步入发展的快车道。根据《2019—2020中国数字出版产业年度报告》，2019年国内数字出版产业整体收入规模为9881.43亿元，比上年增长11.16%。其中，互联网期刊收入达23.08亿元，电子书达58亿元，数字报纸（不含手机报）达8亿元，博客类应用达117.7亿元，在线音乐达124亿元，网络动漫达171亿元，移动出版（移动阅读、移动音乐、移动游戏等）达2314.82亿元，网络游戏达713.83亿元，在线教育达2010亿元，互联网广告达4341亿元。移动出版的规模大、发展快，重要性日益凸显。在线教育收入规模与2018年相比，其增长幅度超过50%，2020年初突发公共卫生事件使得在线教育得到快速发展，根据商务部的数据，2020年在线教育销售额增长相较于2019年同比增长超过140%，在线教育已成为数字出版产业中发展最为强劲的部分之一。

（二）数字游戏领域

数字游戏是数字文化产业中重要的细分行业，已经成为人们重要的娱乐方式之一，特别是青少年群体的参与度极高。根据《2020年中国游戏产业报告》，2020年中国游戏市场实际销售收入2786.87亿元，同比增长20.71%，用户规模更是高达6.65亿人。2020年中国游戏海外收入达到154.5亿美元，同比增长33.25%，而中国自主研发游戏海外市场实际销售收入达154.50亿美元，同比增长33.25%。中国电子竞技游戏市场收入从2019年的947.27亿元增长至2020年的1365.57亿元，同比增长44.16%。整体来看我国数字游戏产业发展较快，是数字文化产业的重要组成部分。

从不同类型数字游戏的差别来看，2020年中国移动游戏市场实际销售收入达到2096.76亿元，比2019年增加了515.65亿元，同比增长32.61%；而2020年中国客户端游戏市场实际销售收入559.2亿元，比2019年减少了55.94亿元，同比下降9.09%；网页游戏市场实际销售收入仅为76.08亿元，比2019年减少了22.61亿元，同比下降22.9%。可见，随着无线网络技术的发展和普及，中国移动游戏市场正在不断打开，而客户端游戏市场、网页游戏市场则受到挤压，呈现下滑趋势。

（三）数字影音领域

数字音乐方面，中国数字音乐发展十分迅速。根据《2020中国音乐产业发展总报告》，2019年中国音乐产业总产值已接近4000亿元，而中国数字音乐产业规模达到664亿元，同比增长8.4%；数字音乐用户规模超过6.07亿人，同比增长9.2%，网络音乐用户渗透率达到71.1%。围绕"音乐+"业态融合的转型升级，流媒体音乐下载、在线K歌、音乐演艺互动社交等成为拓展数字消费市场和盈利模式的主要途径。

网络视频方面，我国网络视频发展迅速，用户规模不断增长。截至2019年6月，中国网络视频用户规模已达7.58亿人，其中长视频用户约为6.39亿人。近年来随着抖音、快手等短视频软件的兴起，短视频用户规模实现快速增长，截至2019年6月短视频的用户规模约为6.47亿人，基本已经与长视频用户规模持平。同时网络直播行业也开始兴起，以斗鱼、虎牙这两个网络直播巨头为例，斗鱼2020年营收96亿元，月活跃人数达到1.7亿；而虎牙2020年营收109.14亿元，月活跃人数接近1.8亿。根据国家版权局网络版权产业研究基地发布的《中国网络版权产业发展报告（2019）》，2019年中国网络长视频（不含动画）的市场规模为1106.4亿元，网络短视频的市场规模为1007.0亿元，网络直播的市场规模为660.4亿元，网络动漫（含漫画动画）的市场规模为187.1亿元。

（四）网络文学领域

我国网络文学持续稳定发展，并且在国际上具有一定影响力。根据中国社会科学院发布的《2020年度中国网络文学发展报告》，截至2020年12月，我国网络文学用户规模达4.67亿，其中免费网文手机软件的用户规模约为1.44亿，网络文学拥有大量的受众。2020年初突发公共卫生事件冲击下，网络文学逆势增长，预计2021年中国数字阅读市场规模将达416亿元。值得关注的是，截至2019年，我国向海外输出网文作品1万余部，覆盖40多个共建"一带一路"国家和地区。仅2019年我国翻译输出的网络文学作品达3000余部，2019年中国网络文学的海外市场规模达到4.6亿元，中国网络文学海外用户规模达到3193.5万人。但我国网络文学的发展受到盗版的影响严重，2019年中国网络文学总体盗版损失规模高达56.4亿元，并且部分网络文学作品中存在低俗、暴力、消极等不良情绪和内容，网络文学的发展需要我们进一步加强规范，促进其良性发展。

三、数字文化产业的发展趋势

根据2019年8月国务院发展研究中心·东方文化与城市发展研究所、中国社科院中国文化研究中心，联合腾讯社会研究中心等单位共同发布的《中国数

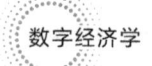

字文化产业发展趋势研究报告》，中国数字文化产业发展有以下四大趋势。

（一）商业模式逐渐从消费互联网向多领域拓展

当前数字文化产业的盈利模式相对单一，成熟的商业模式主要侧重于消费互联网（消费互联网的特征是以个人为用户，满足消费者在互联网中的消费需求），但正在向包括产业互联网（产业互联网的特征是运用互联网技术对产业链和价值链进行重塑）在内的更多经济领域拓展。未来，与产业互联网的融合发展，尤其是以文化旅游融合为代表的产业互联网，与以电竞等为代表的文化和体育及相关产业融合发展，将是中短期内数字文化产业发展的重要方向。

（二）大数据和人工智能等技术的影响越来越大

随着数字技术的快速发展，数字文化产业也受到数字技术的深刻影响。特别是大数据和人工智能等技术在数字文化产业领域的应用，它们对数字文化产业的影响极为明显。当前新技术的应用更多地体现在渠道端的精确匹配上，但未来，如人工智能创意助手等技术的出现将会对数字文化产业的生产端产生重要影响。整体上，当前数字文化产业的科技含量不高是制约该产业发展的重要瓶颈。

（三）内容原创能力成为驱动产业发展的核心要素

数字文化产业发展的核心在于内容原创能力，好的原创内容是保障该产业发展的根本驱动力。一方面，内容原创能力的提升需要充分发挥用户原创内容的力量，进一步挖掘用户的内容生产与转化能力，如抖音、起点中文网、新浪微博等平台十分重视用户原创内容的挖掘和利用。另一方面，内容原创能力的提升离不开专业用户内容生产能力的提高，传统文化机构与数字文化企业的合作是数字文化产业发展的重要方向，这样能够更好地向全社会开放数字文化资源。

（四）数字文化出海成为重要的发展方向

数字文化出海已经从政府被动要求变成了领军企业的主动需求，并呈现出从资本出海向产品出海、技术出海和规则出海转变。根据《2019中华数字文化出海年度观察报告》，2018年中国自研网络游戏在海外市场获得22%左右的份额，海外市场为中国游戏企业提供了重要的盈利空间；网络文学输出表现良好，2019年中国网络文学海外用户规模达到3193.5万人，中国网络文学与好莱坞大片、日本动漫、韩国偶像剧被并称为"世界四大文化奇观";以李子柒为代表的视频创造者也受到海外观众的欢迎,2021年2月2日李子柒YouTube平台订阅量达到了1410万,创下新的"YouTube中文频道最多订阅量"的吉尼斯世界纪录。上述成就说明部分我国数字文化产品和服务已经在国际市场上有一定竞争力,但我国整体的数字文化影响力仍与美国相差巨大,且价值观输出落后于产品和服务,我国的数字文化出海任重道远。

第四节　智慧教育

数字技术的发展为教育领域注入了新的活力,教育与数字技术相结合的智慧教育应运而生,新的教育模式不断涌现。2020年初突发公共卫生事件使得全国的线下教育活动被短暂暂停,基于数字技术的智慧教育迎来了一次巨大的发展机遇。如何更好地利用数字技术来服务教育成为社会各界关注的议题。

一、智慧教育的定义

智慧教育可理解为是教育信息化,是指一种将数字技术运用到教育领域,并推动教育改革和发展的智慧化教育。可从五种视角来理解智慧教育的内涵:① 从教育要素视角,智慧教育是通过智慧化的技术与方法来培养智慧型人才;② 从学习分析视角,智慧教育是一套运用数据搜集和分析来提高学习者体验、提升教学效率和内容适配性的教育行为系统;③ 从技术促进教育视角,智慧教育是利用各种数字技术来推动教育系统各要素转型发展;④ 从转型变革视角,智慧教育是运用数字技术来促进学习、教学和管理等教育领域的智慧转型发展,以满足学生全面发展的需求;⑤ 从自主学习视角,智慧教育是通过智能信息技术来改善学习者自主学习的能力与环境(刘革平等,2011)。

二、智慧教育的热点领域

2018年4月,教育部发布的《教育信息化2.0行动计划》指出,要促进教育信息化从融合应用向创新发展的高阶演进,信息技术和智能技术深度融入教育全过程,推动改进教学、优化管理、提升绩效。智慧教育则是以人工智能、大

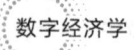

数据、物联网等数字技术为基础,依托各类智能设备,实现新技术支持下教育的模式变革和生态重构。智慧教育领域的研究热点主要集中在智慧教育资源开发、智慧教学模式设计、智慧校园生态系统建设三方面(马燕等,2021)。

(一)智慧教育资源的开发

优质教育资源共建共享是教育信息化的重点,智慧教育的最终目的是让学习者快速适应智慧环境,并利用智慧设备和数字技术提高学习者的智慧学习能力(祝智庭等,2012)。因此如何利用数字技术来促进优质教育资源的利用和开发成为关键。在开发方面,可以应用数字技术来丰富教学手段,推动教育资源的高效利用。比如线上课堂平台,目前已经广泛被应用和实践;基于数字技术的翻转课堂、跨校混合教学等新教学方式和手段不断出现,丰富的教学手段使得优质教育资源共享变得可行;日渐成熟的VR、AR等技术具有极大前景能够应用于教学领域,对提升学生体验、优化学习环境具有显著影响。在信息交互方面,教育与数字技术的结合使得智慧化、个性化的教育资源,以及信息推送和互动成为可能。通过系统设计,智慧教育能够实现教育资源和效果的自动反馈、动态调整、自适应呈现等功能,使得课程信息搜集变得简单,同时可促进教育资源的规范化和体系化(马燕等,2021)。

(二)智慧教学模式设计

教学技术的不断进步推动了人们对智慧教学模式的思考和设计。互联网连通线上线下,使得教学手段、教学反馈等更为灵活,"多屏互动""知识诊断"等交互式教学设计出现,教师可以将互动与课堂各个环节结合,获得及时反馈并调整教学内容。新的智慧教学模式更加注重根据学习者的特征进行个性化、智慧化、多元化教学,利用数字技术来加强对学习过程和学习结果的评价,实现学习者在学习效率、学习体验、创造能力等方面的提升(马燕等,2021)。

(三)智慧校园生态系统建设

智慧校园生态系统是智慧教育的高级形态,是智慧教育理念实践的体现,目前其构建尚处于初级阶段。一些领域已经开始实践智慧教育理念,比如中国大学慕课课程(MOOC)汇集了全国大学的精品课程,大大促进了优质课程资源的共享;翻转课程较好地实现了线上资源与线下课程的结合,提升了课堂学习的效率；教育大数据利用数字技术分析教育过程、效果、学习者反馈等各方面信息，提升了教育的信息化程度。智慧校园生态系统的核心是实现人与物的交叉连接，它能够协调人与物之间的关系，最终为教师和学生利用教育资源、提升教学效率提供服务（马燕等，2021）。

三、中国智慧教育发展现状

智慧教育建设是一项长期且不断更新的工程，而教育信息化则是智慧教育建设和普及的基本面。2015年5月，习近平总书记在致国际教育信息化大会的贺信中指出，中国坚持不懈推进教育信息化，努力以信息化为手段扩大优质教育资源覆盖面（新华社，2015）。华经产业研究院发布的《2024年中国智慧教育行业市场研究报告》显示，以"三通两平台"（三通指宽带网络校校通、优质资源班班通、网络学习空间人人通；两平台指以建设教育资源公共服务平台和教育管理公共服务平台）为抓手，中国的教育信息化发展迅速，2022年中国智慧教育行业市场规模达到10157亿元。

《中国教育现代化2035》等政策文件作出一系列部署和要求，指出信息化是教育现代化的重要内容，也是推进教育现代化的关键途径。要适应信息化不断发展带来的知识获取方式和传授方式、教和学关系的革命性变化，推动信息技术在教学、管理、学习、评价等方面的应用，全面提升教育信息化水平和师生信息素养，推动教育组织形式和管理模式的变革创新，以教育信息化带动教育现代化。根据教育部教育信息化和网络安全工作月报，截至2019年2季度末，全国中小学互联网接入率达97.9%，配备多媒体教学设备普通教室348万间，93.6%的学校已拥有多媒体教室，其中74.2%的学校实现多媒体教学设备全覆盖；学校统一配备的教师终端、学生终端数量分别为995万台和1469万台，同比上季度分别增长1.0%和2.1%，开通网络学习空间的学生、教师分别占全体学生和教师数量的48.5%、66.7%（新华社，2019）。

我国教育信息化建设已经取得了令人瞩目的成绩，为智慧教育建设打下了坚实的基础，而如何利用教育信息化的良好基础来推动服务教师和学生的智慧教育发展仍是未来我们需要重点思考的问题。智慧教育尚处于起步阶段，快速发展的数字技术为未来的教育模式提供了无限的可能性，智慧教育新模式、新途径仍然有待我们去探索。

第五节　智慧医疗

智慧医疗是数字技术与医疗领域的结合，医疗设备、医疗系统、医疗管理体系等都有数字技术的广泛参与。智慧医疗使得传统医疗的智能化水平大幅提高，提升了医疗服务的效率，在不同层面为医疗机构、医务人员以及患者提供了诸多便利，并能够有效帮助减少医疗事故。

一、智慧医疗的内涵

医疗是事关人民生活的重要领域，数字技术的发展也推动着医疗领域的变革。智慧医疗尚无明确的定义，各界对智慧医疗的理解也较为多样，智慧医疗可被理解为一门学科、一个体系、一种技术等。从学科上，智慧医疗是信息技术与生命科学相互交叉形成的新兴学科（糜泽花等，2019）；从体系上，智慧医疗是以医疗云数据为核心，以物联网、数据传输交换为技术，集成电子病历、健康档案、医疗物联网等以构建医疗卫生服务和最优管理的医疗体系（吴越，2011）；从技术上，智慧医疗可认为是物联网、大数据等数字技术在医疗领域的具体应用和体现。

二、智慧医疗的主要应用领域

智慧医疗主要涵盖可穿戴医疗设备、医疗大数据、医疗物联网、智慧医疗专病化、城市智慧医疗建设五方面（糜泽花等，2019）。

（一）可穿戴医疗设备

可穿戴医疗设备是指可以直接穿戴在身上的便携式医疗或健康电子设备，它可在软件支持下感知、记录、分析、调控、干预甚至治疗疾病或维护健康状态。可穿戴医疗设备的核心技术包括，医疗芯片、可穿戴材料、传感器、通讯、电路、能源采集与储存等技术（王玲等，2017）。可穿戴医疗设备的重要特点是便携，可开发成手环、脚环、马甲、项链、腰带等多种产品，形式多样。可穿戴医疗设备的开发是智慧医疗个性化健康管理的重要基础，在健康监测、疾病治疗、远程健康等方面有较为广泛的应用。

（二）医疗大数据

医疗大数据的应用在病情诊断、疾病治疗、流行病预测等方面具有重要意义。随着医疗信息化程度的不断提升，海量的医疗数据对疾病研究、预防和治疗都具有极大帮助。以新冠疫情的应对为例，基于大量病例数据，科学家快速分析出新冠病毒的传播特征，这些数据为切断新冠病毒传播链提供了科学基础；同样基于对大量医疗数据的分析，新冠疫苗才得以快速研发。同时医疗大数据的利用也是个性化医疗服务开发的重要基础，医院或者医药、护理公司可基于医疗大数据分析出患者的差异化需求，有针对性地开发新型医疗产品。

（三）医疗物联网

顾名思义，医疗物联网是将物联网技术应用于医疗领域的产物，利用物联网技术来对医疗服务进行拓展和升级。医疗物联网是智慧医疗的重要领域，当前医疗物联网主要应用在以下四个方面（万振等，2020）。

1. 院前急救系统

院前急救系统对突发性和即时性的病人具有重要意义，整个系统主要可划分为三个方面：第一，医疗物联网可通过全球定位系统对急救车辆和病人进行定位，以及助力急救调度分配、电子病历传输等环节，极大地提升了一线急救的即时性；第二，在急救过程中，医疗物联网则可以将病人的病情、生命体征数据等实时反馈至网络，为急救指挥中心提供决策依据，辅助医务人员提前制定救治方案；第三，医疗物联网实现了院前与院内系统之间的信息实时共享，这一方面为开展远程治疗指导提供了可能，另一方面可帮助衔接各环节的急救工作，极大地提升了诊疗效率和应急反应能力。

2. 院内医疗体系

院内医疗系统可通过医疗物联网来搭建智慧医疗平台，从而提升医疗工作的治疗和服务效率。该系统分为药物管理和医护系统管理两方面。①药物管理：指通过RFID等技术对药物、医疗器械等进行标识，有效提升对药物和医疗器械的监控和管理效率，实现对药物使用的跟踪和溯源，保障药物使用的准确性和规范性。②医护系统管理：医疗物联网可以通过电子病历、自动化流程等手段，帮助识别病人的信息，准确对接治疗方案，这一方面简化了流程，减轻了医护人员的工作强度，另一方面则可以提升医护系统的准确性和工作效率。

3. 家庭健康管理

医疗物联网在家庭健康管理领域的应用对慢性病患者以及老年人的健康监测和治疗具有重要意义。医疗物联网可以搜集家庭成员的健康数据，还可进一步与院内医疗系统等对接，基于对健康数据的统计分析，制定更为适合患者的治疗方案。随着智能穿戴设备的普及，家庭健康管理的数据采集和利用逐渐规范化、标准化，这对人们的健康意识提升和个人健康管理体系建设均具有直接推动作用，还可以降低慢性病、老年病的发病率，提高随诊的针对性和效率。

4. 智慧管理平台

智慧管理平台是医院正常运行的基本保障平台，包含医疗物资管理、运维管理、能源管理和安全管理四部分。在医疗物资管理上，医疗物联网可以通过RFID等技术实现物资采购、利用、废弃等全方面监控，保障物资的精细化管理和合理、高效利用。在运维管理上，医疗物联网的应用可以实现在医疗设备监管、医疗废弃物管理、消毒供应管理和医疗冷链管理等领域的实时监控和自动化管理，提升医疗设备的利用效率。在能源管理上，医疗物联网则能够通过设备能耗数据的收集，实现设备利用过程中的能源精细化供应，并有助于设备的节能改造，降低医疗设备和医院运行的能源成本。在安全管理上，医疗物联网则可以通过对安全监测设备的数据搜集，降低故障概率、提升故障解决效率，并通过系统联动等方式提高安全性。

（四）智慧医疗专病化

智慧医疗专病化主要是对某些具有大量需求的疾病进行针对性开发。比如大量患者患有高血压和糖尿病等慢性疾病，他们需要消耗巨大的医疗资源，而通过智慧医疗终端仪器可对患者进行实时监护，开发个性化、智慧化的医疗模式。同时，基于针对性开发，智慧医疗专病化可提升医疗资源的利用效率，减少医疗资源损耗，并提升治疗效果（糜泽花等，2019）。

（五）城市智慧医疗建设

城市智慧医疗建设是智慧医疗未来发展的方向，美国、日本等发达国家已开启城市智慧医疗建设。我国东部沿海城市也出现了一些城市智慧医疗的尝试，比如杭州在2016年10月推出了智慧医疗信用支付"医信付"功能，该功能连通了市民卡信息，只要市民在市民卡中开启了"医信付"，就可以享受先诊断后付费的服务，避免了患者因为反复充值、结算带来的时间浪费。整体而言，城市智慧医疗建设仍处于探索阶段，未来尚需要全社会共同推进（糜泽花等，2019）。

三、智慧医疗的发展现状与趋势

数字技术的快速发展推动着智慧医疗的不断创新，而2019年突如其来的新冠疫情则加速了智慧医疗的发展。中国信息通信研究院西部分院发布的《2020智慧医疗发展研究报告》显示，2020年中国智慧医疗行业规模已突破千亿元大关，其中物联网医疗市场规模达到725亿美元。

从个人、行业、政府和社会层面来看，智慧医疗均具有重要意义。我国政府不断出台相关文件，引领智慧医疗发展。比如中共中央、国务院2016年发布的《"健康中国2030"规划纲要》指出加强智慧医疗等关键技术突破。2018年国务院办公厅发布的《关于促进"互联网+医疗健康"发展的指导意见》指出，允许依托医疗机构发展互联网医院；允许在线开展部分常见病、慢性病复诊，允许在线开具部分常见病、慢性病处方。地方政府也积极出台相关文件，如重庆市于2020年8月出台《重庆市智慧医疗工作方案（2020—2022年）》，提出到2022年，全面建成智慧医疗基础体系，健康医疗大数据全面汇聚和标准化。相关政府文件的接连出台，预示着我国智慧医疗正处于发展的快车道。

第六节 智慧物流

数字技术在物流领域的应用极大地提升了传统物流的效率。智慧物流随着数字经济时代的到来获得了快速发展，迅速成为全社会物资流通的重要通道，对我国的数字经济发展起到了重要的基础支撑作用。

一、智慧物流的定义

我国智慧物流的概念较早见于2009年，物流技术协会信息中心、华夏物联网和期刊《物流技术与应用》共同定义"智慧物流是将物联网、传感器与现有的互联网整合起来，通过精细、动态、科学的管理，实现物流的自动化、可视化、可控化、智能化、网络化，从而提高资源利用率和生产力水平，创造更具丰富社会价值的综合内涵"（赵立斌等，2020）。可见，智慧物流与物联网技术、网络技术、人工智能、大数据、云计算等数字技术的关联极为紧密。

二、智慧物流的体系

（一）技术功能体系

智慧物流主要以物联网、大数据、云计算等三种数字技术为核心技术（图5-1）。其中，物联网通过RFID、传感、定位、识别等技术将物品与网络相连接，实现物流发展的网络化、智能化、柔性化；大数据是物流智慧化的重要基础，通过对物品、企业、客户等的信息采集和集成，我们可以利用形成的物流大数据来实现对物流各环节的监控和调节，这些数据还能为物流管理决策提供依据；云计算则是智慧物流的重要保障，云计算一方面可以降低一般企业对数据存储的要求，减少维护成本，另一方面可以为智慧物流提供强大的运算能力，提升我们对物流大数据的分析和利用效率。而智慧物流的功能体系则主要包括物品管控、供应链运营管理和业务管理：在物品管控方面，物流企业可以对企业产品进行动态把控，以实现供需对接；在供应链运营管理方面，智慧物流实现了物流产业的网络化运营，真正意义上将整个物流上下游产业进行了整合与融合；在业务管理方面，智慧物流基本实现了物流产业的智能运输、自动仓储、动态配送和信息控制等功能，提升了整个物流产业的反应速度和准确度（杨延海，2020）。

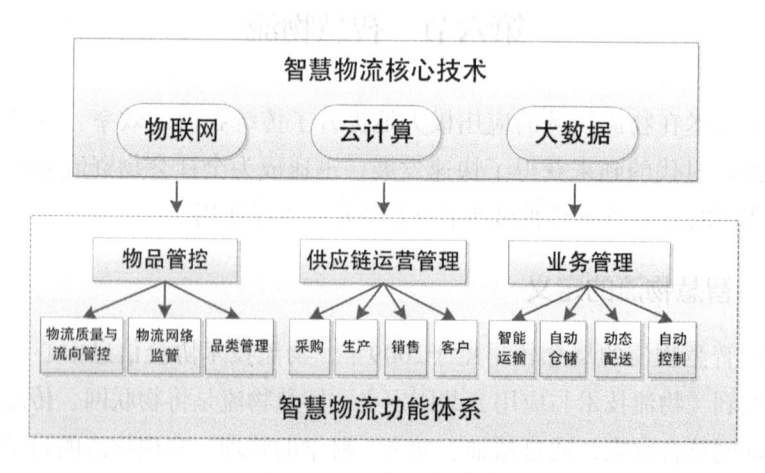

图5-1　智慧物流功能体系

（二）服务体系

智慧物流的服务体系可分为企业、行业、国家三个层面（章合杰，2011）。

1. 企业层面

企业层面智慧物流主要体现在数字技术在物流企业中的直接应用。RFID、新型传感技术、定位技术、大数据、智慧供应链、智慧包装、智慧装卸、智慧仓储、智慧配送等技术的应用使得物流企业的智慧化程度大大提升。例如，京东公司在物流分拣上就启用了智能分拣中心系统，通过RFID实现对物流包裹的信息输入，再经过智能分拣系统的计算和分拣，自动分配到对应的目的地区域，大大节省了人力成本，提升了分拣效率；在配送上，京东公司也开始研发和尝试通过机器人、无人机等运送物流包裹，未来物流配送的智慧化程度将有极大提升。

2. 行业层面

行业层面智慧物流主要在于对整个行业的智慧化服务。一是搭建智慧物流信息平台，该平台不仅需要整合商流、物流、信息流，还需要整合物流的采购、运输、仓储和配送等不同环节，形成智慧化的供应链。二是建设智慧物流园区，智慧园区是物流活动的集中场所，也是物流服务的集中提供地，智慧化的物流园区一方面能够为物流企业集中提供配套设施，降低成本并提升服务效率，另一方面能够更好地规范物流活动，制定标准，有利于相关部门提供统一服务并开展监管。三是加强预警机制建设，通过对物流大数据的采集和分析，预警机制能够从行业层面更好地发现行业潜在风险和问题，从而为行业管理决策提供支撑。

3. 国家层面

国家层面智慧物流重点在建设一体化的物流平台和体系，通过打造一体化的现代物流交通网络来支撑智慧物流发展，进而推动国家经济发展。2021年4月，中共中央、国务院印发《国家综合立体交通网规划纲要》，提出到2035年，基本建成便捷顺畅、经济高效、绿色集约、智能先进、安全可靠的现代化高质量国家综合立体交通网；并指出推进交通基础设施数字化、网联化，提升交通运输智慧发展水平。国家层面的智慧物流规划对整个物流行业的发展起到指导、规范作用，并为智慧物流行业的发展提供了基础环境。

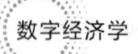

三、智慧物流的发展现状与趋势

根据创业邦研究中心发布的《2020年中国智慧物流产业研究报告》，物流云、物流设备和物流数据是当前物流企业对智慧物流的主要需求，2016年我国智慧物流行业的市场规模为2865亿元，而2019年我国智慧物流的市场规模已达到5074亿元，年均增速超过20%。2020年初突发公共卫生事件的冲击，也给中国物流行业的智慧化带来了契机，为减少直接接触，无接触物流、智能仓储、智能快递柜等快速发展，行业的智慧化水平提升迅速。

从智慧物流的发展阶段来看，将数字技术应用到物流行业，通过科技创新驱动行业的数字化变革，是智慧物流的1.0版本；通过孕育新物流模式，利用数字化变革驱动网络化协同，是智慧物流的2.0版本；通过创造智慧物流新业态，利用网络化协同驱动生态化构建是智慧物流的3.0版本。当前1.0版本的物流行业利用数字技术已经广泛出现；2.0版本的新物流模式孕育也收获了一定成绩，但仍然有待于深化挖掘；3.0版本的智慧物流生态构建是智慧物流发展的成熟阶段，2016年发展和改革委员会发布的《"互联网+"高效物流实施意见》，提出形成以互联网为依托，开放共享、合作共赢、高效便捷、绿色安全的智慧物流生态体系的发展目标。而当前智慧物流生态体系尚需社会各界的持续努力建设。

第五章 数字经济产业

> **案例分析与思考**

菜鸟网络：物流联盟的喜与忧

> **思政元素**

21世纪以来，数字技术的迅猛发展推动了许多互联网企业快速崛起。根据梅特卡夫定律，用户数量的增加将带来网络价值的指数式增长，一旦互联网企业的用户基础超过"梅特卡夫拐点"，每一单位用户数的增加将能够带来极大的网络价值。这一方面加剧了互联网相关行业的竞争程度，推动了互联网企业的快速成长和效率提升，另一方面也使得互联网龙头企业更易凭借其庞大的用户基础实现行业垄断。菜鸟网络科技有限公司是中国互联网龙头企业阿里巴巴集团在物流领域打造的重要子公司，凭借阿里巴巴的庞大用户基础和整合能力，菜鸟网络在提升物流服务整体效率的同时，利用垄断地位开展不当竞争，存在扰乱市场秩序的风险。菜鸟网络的案例说明，行业龙头企业可能带来巨大的社会效益，也可能存在着潜在的风险，我们需要根据事实基础客观评判企业的贡献和危害，辩证地看待问题。

> **案例描述**

2013年5月，阿里巴巴集团、银泰集团联合复星集团、富春集团，以及知名物流企业中通、圆通、申通、韵达，共同合作成立了"菜鸟网络科技有限公司"，菜鸟网络注册资金高达50亿元，旨在建立一个社会化物流大平台。

背景：菜鸟网络蓬勃发展

2016年3月，菜鸟网络完成首轮融资，前三期投资的合计金额达到了3000亿元，获得了大量资金支持。2017年5月，国内15家物流企业与菜鸟网络签署战略合作协议，决定推动数据开放连接，这15家企业包括中国邮政、EMS、顺丰、圆通、申通、中通、韵达、宅急送、百世、天天、优速、全峰、快捷、国通和德邦，覆盖了当时我国大多数知名的物流企业。协议还规定，协议签署企业与菜鸟网络将基于云计算服务，通过电子面单（指用电子单据取代传统面单的纸质单据）、云客服等产品上的合作来推动行业的信息化升级（中国储运，2017）。随后，2018年菜鸟网络推出产品"菜鸟语音助手"、菜鸟"星计划"，并于11月正式投入首个物联网未来园区。至2019年，菜鸟网络已经累计生成800亿个包裹的电子面单，节约纸张3200亿张，帮助行业节约成本160亿元，2019年菜鸟网络的营收也达到了223亿元。2020年，使用"菜鸟裹裹"（菜鸟网络开发的应用软件）的用户达到了2亿人，仅仅几年，菜鸟网络实现了快速发展，同时也在一定程度上实现了对部分物流企业的整合，通过规范化发展提升了行业效率、节约了成本。

争议：菜鸟网络与顺丰数据之争

推动数据开放连接是菜鸟网络主要提倡的重要领域。2017年5月，菜鸟网络要求丰巢提供与其无关订单的客户隐私信息（丰巢公司由顺丰控股），丰巢拒绝了此要求。随后，顺丰声称菜鸟网络于2017年6月1日0点切断了丰巢信息接口，同时阿里系平台将顺丰从物流选项中剔除，并封杀第三方平台接口。菜鸟网络则声称顺丰在2017年6月1日凌晨关闭了自提柜数据的信息回传，同时在2017年6月1日中午，又进一步关闭了整个淘宝平台的物流信息回传。由于菜鸟网络与顺丰均在中国快递业中有举足轻重的地位，此次数据之争造成了较大的影响。2017年6月2日晚，国家邮政局召集菜鸟网络和顺丰高层前往北京，就双方关闭互通数据接口问题进行协调，双方同意从6月3日12时起全面恢复业务合作和数据传输（寇敏芳，2017）。

数据是物流企业的核心优势之一，此次事件的本质是菜鸟网络和顺丰为取得竞争优势而展开的数据争夺。数据整合可以提升行业整体的效率，但失去数据的企业则会处于竞争的劣势地位，且行业中若出现数据垄断性企业，也会给消费者带来负面影响。2019年6月，国家邮政局、商务部发布《关于规范快递与电子商务数据互联共享的指导意见》，规定电子商务平台经营者不得通过限制数据互联共享，阻碍电子商务当事人自由选择快递服务和阻碍电子商务经营者获取为消费者提供服务所必需的快件数据。这为物流行业的数据利用定下了规范。更重要的是，2021年2月，国务院反垄断委员会发布《关于平台经济领域的反垄断指南》，平台"二选一"和"大数据杀熟"等行为将被重点监管。

第五章 数字经济产业

思政点评

市场是调节资源配置的有效手段，但市场的调节作用并不是万能的。资本是逐利的，或许资本在一开始能够发挥显著的积极作用，但如果不受约束，日渐强大的资本最终会走向失控，对人民、对社会产生危害。从菜鸟网络的发展历程来看，菜鸟网络对整合行业资源、提升行业效率起到了一定的积极作用，且使用电子签单代替纸质签单，也节约了大量的资源。但资本的特性决定了资本难以遏制通过垄断行业资源来获得超额利润的欲望，菜鸟网络与顺丰的数据之争虽然很快得到解决，但也侧面反映出数字技术催生的垄断、半垄断企业存在通过不当竞争手段巩固其垄断地位的风险，最终可能危害市场的良性运行，因此我们需辩证看待行业龙头企业做出的贡献和潜在的危害。在此背景下，政府需根据技术发展催生的业态、模式、企业的新变化，及时跟进相关领域监管，保障市场的良好运行。

分析思考

◇试分析菜鸟网络对我国智慧物流发展的作用。
◇如果菜鸟网络垄断了物流数据，可能通过哪些手段获得超额利润？

知识强化与课后习题

本章分析了智能制造、数字农业、数字文化、智慧教育、智慧医疗、智慧物流六个与数字技术紧密结合的行业。请思考以下问题。

1. 发展数字文化是增强我国软实力的重要方面，而我国数字文化在"走出去"的过程中遇到了许多困难，请搜索相关资料，总结分析我国数字文化"出海"碰到的主要困难，并提出建议。
2. 以任意一种数字产业为例，思考其在数字化转型中可能存在的风险。
3. 举例分析不同数字产业间存在的紧密联系。

参考文献

葛佳琨, 刘淑霞, 2017. 数字农业的发展现状及展望[J]. 东北农业科学, 42(3): 58-62.

胡江波, 2018. 数字农业的概念及设计技术体系[J]. 农业与技术, 38(6): 53.

寇敏芳, 2017. 顺丰和菜鸟的数据之争[N]. 四川日报, 2017-06-06.

刘革平, 刘选, 2011. 跨学科比较视域下智慧教育的概念模型[J]. 电化教育研究, 42(3): 5-11.

马燕, 郭惠芬, 张永儒, 2021. 基于知识图谱的智慧教育热点研究[J]. 数字教育, 7(1): 15-20.

糜泽花, 钱爱兵, 2019. 智慧医疗发展现状及趋势研究文献综述[J]. 中国全科医学, 22(3): 366-370.

万振, 邱丹, 刘元喆, 等, 2020. 国内医疗物联网技术发展及应用现状[J]. 医疗卫生装备, 41(11): 82-86.

王玲, 战鹏弘, 刘文勇, 2017. 互联网时代的弄潮儿——可穿戴医疗设备[J]. 科技导报, 35(2): 12-18.

王学琴, 陈雅, 2014. 国内外数字文化产业内涵比较及现状研究[J]. 数字图书馆论坛 (5): 39-44.

吴越, 2011. 智慧医疗[M]. 北京: 清华大学出版社: 46.

新华社, 2015. 习近平致国际教育信息化大会的贺信[EB/OL]. (2015-05-24)[2024-12-01]. https://www.cac.gov.cn/2015-05/24/c_1115384854.htm.

新华社, 2019. 我国将推进"互联网+教育"加快建设教育专网[EB/OL]. (2019-08-28) [2023-07-03]. http://www.gov.cn/zhengce/2019-08/28/content_5425418.htm.

杨延海, 2020. 我国智慧物流产业发展体系与对策研究[J]. 技术经济与管理研究, 292(11): 100-104.

章合杰, 2011. 智慧物流的基本内涵和实施框架研究[J]. 商场现代化 (21): 30-32.

赵光辉, 冯帆, 2017. 中国智能制造发展的国际背景与政策研究[J]. 中国市场 (31): 14-21.

智存农业, 2021. "数字农业"到底是什么?[J]. 中国农业会计 (5): 14-15.

中国储运, 2017. 15家快递企业联合作战, 推动数据开放连接[J]. 中国储运 (7): 88-88.

中国电子技术标准化研究院, 2020. 智能制造发展指数报告（2020）[EB/OL]. (2021-01-

20)[2023-07-03]. https://www.miit.gov.cn/xwdt/gxdt/sjdt/art/2021/art_fc56410069f643f7bb24ff106ea970a6.html.

祝智庭，贺斌，2012. 智慧教育：教育信息化的新境界[J]. 电化教育研究，33(12)：5-13.

第六章

数字贸易

当前，数字经济正在成为重组全球要素资源、重塑全球经济结构、改变全球竞争格局的关键力量。数字贸易作为全球数字经济发展的新趋势，正在成为拉动经济复苏的强劲引擎（黄先开，2023）。党的二十大报告强调，推动货物贸易优化升级，创新服务贸易发展机制，发展数字贸易，加快建设贸易强国。推动贸易强国建设是建设现代化经济体系的应有之义，也是全面建设社会主义现代化国家的必然要求。数字贸易将赋予贸易强国建设新动能和新优势。大力发展数字贸易，发挥我国海量数据和超大规模市场优势，对畅通经济循环，助力经济全球化发展，加快构建新发展格局，推动全球价值链变革，更好地满足人民群众的美好生活需要具有重要意义。

第一节 数字贸易的兴起

一、数字贸易的历史沿革

数字贸易是商贸活动发展的一个新阶段，其概念的产生并非一蹴而就。从传统商务到电子商务、跨境电子商务，再到现在的数字贸易，随着信息技术在商贸活动中应用的日渐深入，涌现出许多新名词、新概念，其所描述事物的内涵特征不断演进升级（中国信息通信研究院，2019）。

（一）传统商务贸易

传统商务贸易主要是指以货币为媒介的一切交换活动或行为。其活动范围，不仅包括商业所从事的商品交换活动，还包括商品生产者或他人所组织的商品买卖活动；不仅包括国内贸易，还包括国与国之间的国际贸易。商务贸易比电子商务、跨境电子商务和数字贸易的范围更大，从人们日常生活中的消费交易到企业间的跨境贸易均归属其中。

（二）电子商务

电子商务指商务活动的电子化、网络化，即借助信息技术开展商务贸易活动，如线上推广、网络零售、移动支付等。欧洲经济委员会对电子商务的定义是"参与方之间以电子方式而不是以物理交换或直接物理接触方式完成任何形式的业务交易"。美国政府在《全球电子商务纲要》中将电子商务描述为"通过互联网进行的各项商务活动，包括广告、交易、支付、服务等活动"。中国信息通信研究院在《数字贸易发展与影响白皮书（2019）》中将电子商务界定为"利用互联网、电信网络以及广播电视网等方式的生产、流通和消费等活动"。

（三）跨境电子商务

跨境电子商务是指跨越国境开展的电子商务活动，是由于电子商务活动范围扩大而衍生出的概念。跨境电子商务是指分属于不同国家（经济体）的交易主体，通过电子商务手段将传统进出口贸易中的展示、洽谈和交易环节电子化，并通过跨境物流及异地仓储送达商品、完成交易的一种国际商业活动。

（四）数字贸易

数字贸易是因信息技术对贸易影响的进一步深化而产生的概念。与"电子商务"和"跨境电子商务"两个概念相比，数字贸易更强调数字化的产品和服务贸易，但国际上对数字贸易的讨论和谈判大多仍在电子商务框架基础上展开。目前，各国对数字贸易的认识尚不统一。美国政府认为数字贸易不仅包括网上消费产品的销售和在线服务的供应，还包括使全球价值链成为可能的数据流、使智能制造成为可能的数字服务以及无数其他平台和应用。澳大利亚政府认为数字贸易不只是在线上购买商品和服务，还包括信息和数据的跨境流动。经合组织认为数字贸易是指数字技术赋能商品和服务贸易，同时涉及数字的和物理的传输。

二、数字贸易兴起的动因

数字贸易的产生、形成和发展不是简单偶然的。从其动因来看，主要有如下三个方面。

(一)经济全球化的推动

当前,经济全球化已步入新的发展阶段,呈现出新的发展趋势,经济驱动新特点突出表现在如下方面(张燕生,2014):首先是开放驱动,即世界各国之间的关税非关税措施、服务业市场准入、贸易投资便利化等措施,都在向更加开放的方向调整,从而出现有利于各国企业积极参与国际交换、国际合作和竞争的新趋势;其次是市场驱动,即市场规则和市场竞争规律正在成为支配全球资源配置格局的决定性力量,从而不断改善全球经济福利;最后是创新驱动,即知识积累、技术进步和高端人才集聚正在全球范围内扩散并产生重大推动作用。数字贸易自身的产生、形成和发展不仅得益于开放驱动、市场驱动和创新驱动,更成为了承载开放驱动、市场驱动和创新驱动的载体,并作为新兴产业为推进开放驱动、市场驱动和创新驱动的进一步发展提供了抓手和突破口。

(二)全球产业结构转型升级、新技术、新需求的协同推动

随着经济全球化和信息化进程的加快,全球产业结构不断转型升级。以信息产业为主导的高新技术产业带动服务业发展,使其在各国国民经济中比重趋增,推动服务贸易内部结构朝着技术、知识密集型发展;以信息服务业为代表的知识服务业的发展,使信息、知识等无形服务贸易的比重增加,创造了大量信息产品和服务需求,而且这些产品和服务是特殊的,不需要传统物理媒介,能以多种方式传播,更易于由信息流转化为数字流,具有成为数字产品和服务的天然优势。智能终端、云计算、大数据、移动互联网、社交媒体等新技术的不断涌现使更多有形产品摆脱了空间限制,使其转化成数字产品和服务并直接通过网络传播。同时,全球电子商务支付体系、安全认证体系等领域技术的发展,大大提高了生产、交货和支付过程的电子化程度,推动着数字产品和服务市场的形成。在产业结构转型升级、信息技术飞速发展等因素的影响下,客户对信息产品和服务的个性化、特殊化需求进一步被激发和拓展,成为互联网消费的主流。在以全球产业结构转型升级为推动力、新技术发展为保障、新需求为牵引的背景下,数字贸易的科学发展得到协同推动(李忠民等,2014)。

（三）全球贸易治理新规则的推动

为了顺应经济全球化新发展趋势，回应以全球价值链为代表的新贸易模式要求，应对新兴经济体对传统贸易治理结构提出的挑战，美国放弃依靠世贸组织来推动全球化的战略，转而主张建立排他性的自由贸易区，试图打造国际经济新秩序、新规则和新格局（东艳，2014）：一是展开跨太平洋伙伴关系协定（TPP）[1]、跨大西洋贸易与投资伙伴协议（TTIP）、双边投资协定（BIT）、服务贸易协定（TISA）谈判，突出传统规则的深化整合、自贸协定（FTA）深度一体规则、新的规则和横向议题，构建新的贸易规则体系，为未来全球治理改革建章立制；二是通过新规则对货物贸易、投资、服务贸易规则加以整合，推动贸易规则从负向一体化原则转向正向一体化原则[2]，并对世界贸易模式所涉及的新问题进行规范；三是发达国家力图成为新贸易规则的主导者。当前美国以欧盟成员国、日本等发达国家为核心力量，主导新规则的构建，从以往推动贸易投资自由化转向竞争政策和产业政策，这反映了美国等发达国家在全球价值链生产上的新模式，意欲重新打造不对称规则优势。

---

[1] TPP 是美国、日本和澳大利亚等 12 个经济体拟议的自由贸易协定，于 2016 年 2 月 4 日签署。2017 年 1 月，时任美国总统唐纳德·特朗普宣布退出 TPP。2017 年 11 月 11 日，日本经济再生担当大臣茂木敏充和越南工贸部长陈俊英在越南岘港举行新闻发布会，共同宣布除美国外的 11 国就继续推进 TPP 正式达成一致，11 国将签署新的自由贸易协定，新名称为"全面且先进的 TPP"（Comprehensive and Progressive Agreement for Trans-Pacific Partnership，CPTPP）。

[2] 由外到内，负向一体化（negative integration）简单来说意味着消除国家间限制商品、服务和生产要素流动的壁垒。负向一体化最早由欧盟提出，主要源于欧盟早期达成的各项条约以及《单一欧洲法》（the Single European Act）所做的承诺，即货物、服务、资本和劳动力的自由流动，以及整个共同体不受扭曲的竞争。负向一体化模式的重心在于限制国家的部分监管权限，倾向于采用统一的监管模式来避免监管不一致，更注重监管措施的效果而非制定过程，其主要目的是消除贸易保护主义行为。而 WTO 主要服务于传统贸易，谈判议题集中于关税、配额等边境措施，倾向于让贸易伙伴国通过互惠减让提高彼此的市场准入水平，政策变化方向为相互对等减让直至完全消除贸易壁垒，具有负向一体化的特征，为各国制定国内政策的自主权保留空间较大。
由内到外，正向一体化（positive integration），随着贸易谈判的内容由边境措施延伸至边境后措施，谈判开始更多涉及国内政策的协调与融合，要求从更多维度、以更强程度对缔约国进行约束，国际监管合作规则的模式随之从负向一体化转向正向一体化。正向一体化是以国内政策措施的制定流程和实施的协调性为焦点，例如以提升决策过程的透明度（transparency）、在规则制定过程中咨询利益相关者（stakeholder involvement）、设立拟议监管措施的影响评估机制（impact assessment，IA）等作为重点内容的良好监管实践。由于提升透明度、增强利益相关者参与度实际上对本国的进出口商也具有积极作用，因此正向一体化模式下的国际监管合作实际上也有利于成员国的单边利益。相较于负向一体化要求实施统一的监管模式，正向一体化模式倾向于对监管目标的设定和监管措施的制定与实施过程进行协调，更有利于解决非歧视性的国内监管不一致问题。

三、数字贸易概念与内涵

数字贸易是数字技术与经济社会发展深度融合的产物，是以数字技术为手段、以数据资源为关键生产要素，提供数字服务和实现数字交付的新型贸易形态。由于数字贸易的应用场景、业态和模式还在不断演进，人们对数字贸易的理解和认识不断发展变化，目前国际上对于数字贸易尚无统一定义，但对其本质特征的看法趋于一致（中国信息通信研究院，2019）。

（一）贸易方式和贸易对象数字化

数字贸易的突出特征包括贸易方式和贸易对象的数字化。其中，贸易方式数字化是指数字技术深入融合渗透传统贸易开展过程中各个环节，例如电子商务、线上广告、数字海关、智慧物流等对贸易活动的赋能，带来贸易效率的提升和成本的降低，表现为传统贸易方式的数字化升级，数字技术在贸易各环节中的广泛应用催生出贸易新业态新模式，有效降低了国际贸易中的信息不对称问题，极大地推动了跨境电子商务的发展。贸易对象数字化是指数据和以数据形式存在的产品和贸易服务，大致有三类：一是研发、生产和消费等基础数据，二是图书、影音、软件等数字产品，三是通过线上提供的教育、医疗、社交媒体、云计算、人工智能等数字服务，表现为贸易内容的数字化拓展。贸易对象的数字化使得一些产品和服务开始以数字的形式存储、传输和交易，摆脱了物理空间的束缚，其可贸易程度大大提升。

（二）数字贸易的源起

数字贸易源于数字经济的发展和全球化分工。新一代信息通信技术的发展使得不同经济主体间紧密联系，形成更高效更频繁的分工、协同和共享关系。实物商品的交易变得更加高效、有序、广泛，中小企业获得了更多参与贸易的机会；数字商品的可贸易程度大幅提升，催生出一系列新业态新模式。

（三）数字贸易的三个层次

根据数字贸易商品范围的接受程度，数字贸易涉及的贸易品可以分为三个层次：第一层，以货物贸易为主，认为数字贸易等同于电子商务；第二层，涵盖了图书、影音、软件等最常见的数字产品，开始涉及服务贸易领域；第三层，包含了"数字赋能服务"，如电信、互联网、云计算、大数据等数字经济时代的新兴产业。

（四）数字贸易的新挑战

数字贸易可能会打破现有国际贸易平衡，并对国际贸易监管模式提出新的挑战。与传统贸易相比，数字贸易的关键技术不仅包括生产制造技术、交通物流技术，还包括信息通信技术。信息通信技术的应用又带来贸易方式和贸易对象等基础贸易条件的变化。一方面，原有国际贸易的分工、分配模式发生变化，这将对各国产业发展、人民生活水平产生深远影响，国际贸易规则面临重构；另一方面，碎片化的小单货物贸易和日益复杂的数字服务的监管任务，是对传统货物贸易监管部门和新兴数字产业监管部门的巨大挑战。

四、数字贸易框架体系

根据中国信息通信研究院（2019）提出的数字贸易框架体系，其主要分为四个部分。

（一）数字技术的发展应用

数字技术广泛运用于交易流通和生产管理过程。数字技术主要包括ICT制造和ICT服务两方面：ICT制造技术提供硬件产品支持，如通信设备、存储设备、计算设备和感知设备等；ICT服务技术提供各类生产性服务支持，如通信服务、云计算服务和人工智能服务等。在交易流通环节，外贸企业、外贸服务企业和外贸监管机构越来越多地使用数字技术，广泛应用智能手机、笔记本电脑和智能机器人等数字终端，以及互联网、搜索引擎和电商平台等基于数字技术的服务，提升了国际贸易效率。在生产管理环节，企业数字化转型推动数字交付的服务外包发展，一方面人力资源、财务审计、后台支持等业务流程外包数字化水平不断提升；另一方面软件研发、平台支持、信息系统运维等信息技术外包服务需求量大幅增长，带来更多的国际分工机会。

（二）对外贸易的创新发展

数字技术应用带来贸易方式和贸易对象的数字化。从贸易方式角度来看，贸易中的产品宣传、交易对接、合约签订、物流运输、服务交付、海关通关、支付结算、结税退汇、售后服务等几乎所有环节都呈现数字化发展趋势，出现了智慧物流、海外仓、数字海关、线上展会、线上支付结算、线上财税服务等新业态新模式，以及中小外贸企业使用较多的跨境电商平台和大型跨国企业使用的供应链管理系统。从贸易对象角度来看，贸易中开始出现越来越多以数据形式存在的要素、产品和服务，出现了大数据交易市场、各类服务中介平台、云计算服务、区块链服务、数字学习、数字出版、众包、云外包、平台分包等新业态新模式。

（三）对外贸易的机遇与挑战

对外贸易变革引发了新的发展机遇和监管挑战。从机遇角度来看，数字技术在外贸中的应用，提高了贸易的效率，降低了贸易的成本，更多中小企业有机会参与国际贸易，更多产品和服务成为贸易对象，国际分工变得更精准和高效，消费者福利由此获得改善，生产企业则可以更聚焦主业。从挑战角度来看，外贸新业态新模式发展带来了新的外贸监管治理问题，传统以大额货物贸易为主的外贸监管治理体系正面临严峻挑战。这种挑战在货物贸易方面，主要体现在对小金额、大批量、分散化B2C（business to consumer，企业对消费者）跨境电商的监管，及其配套管理体系和服务体系的构建；在服务贸易方面，则更为严峻，主要体现在目前跨境数据流动和数字服务贸易的监管体系尚不健全，贸易中消费者、企业的权利义务的制度尚不完善，现有体系对算法伦理、平台垄断、数字鸿沟等新问题考虑不足。

（四）全球数字治理规则的构建

外贸监管治理体系调整推动全球数字治理规则的构建。随着数字贸易的发展，双边、区域、诸边、多边贸易谈判中出现的数字贸易议题越来越多，全球数字治理规则体系加速构建。有关数字贸易的具体谈判议题可以大致分为七类：①电子商务与配套制度，涉及议题包括无纸化贸易、电子签名和认证、改善数字基础设施、可互操作性等，意在为数字贸易开展提供必要协调和支持；②数据管理与流动，涉及议题包括跨境数据流动、数据存储本地化限制、个人隐私保护、政府数据开放等，这类议题是谈判中最基础、最核心问题；③数字贸易相关税收，涉及议题包括国际间的电子传输关税、微量允许和国内的数字服务税，这类议题对数字贸易开放和国际经济协调有着直接影响；④知识产权与数字资产保护，涉及议题包括版权和专利保护制度、商业秘密保护、源代码和专有算法强制披露规定等，意在解决数字贸易中的产权保护问题；⑤市场开放与公平竞争，涉及议题包括市场准入、互联网开放、政策透明度等，这类议题对国际市场竞争秩序进行了规定；⑥数字治理与网络安全，涉及议题包括消费者权益保护、平台垄断、网络安全、监管合作等，这类议题对数字贸易衍生的治理问题进行了规定，意在化解或降低数字贸易对国内经济社会的负面影响；⑦数字经贸发展合作，涉及议题包括弥合数字鸿沟、资金技术援助、发展中国家政策灵活性等，意在帮助经济较为落后的国家发展数字贸易。

第二节　数字贸易对传统贸易理论的影响

亚当·斯密（Adam Smith）在《国富论》中最早提出了绝对优势理论，拉开了国际贸易理论研究的序幕。经过两百多年的发展，国际贸易理论的发展主要经历了古典贸易理论、新古典贸易理论、新贸易理论和新新贸易理论四大阶段。古典贸易理论从生产技术差异的角度来解释国际贸易的起因。该理论的一个重要假设是生产要素只有劳动，因此，生产技术差异就具体化为劳动生产率差异。与古典贸易理论相比，新古典贸易理论扩大了生产要素的范围，认为在生产的过程中不只有劳动一种要素投入，还包括资本、人力、自然资源等其他要素投入。与新古典贸易理论相比，新贸易理论将市场是完全竞争的、产品是无差异的以及不存在规模报酬等假设，分别修订为市场是不完全竞争的、产品是异质性的以及规模报酬是递增的。与新贸易理论相比，新新贸易理论开始关注微观企业层面而非局限于宏观国家层面，使得国际贸易理论获得了新的微观基础。新新贸易理论主要包含异质性企业贸易理论和跨国公司内生边界理论。异质性企业贸易理论从微观层面上衡量了在贸易自由化状态下，生产率差异所引致的资源重新配置进而引起的福利变化。

可以看出，国际贸易理论是在其前提假设不断被修正的过程中得以发展的。如果现有国际贸易理论的前提假设若无法适应现实的经济基础，客观事实就会倒逼理论的变革。从古典贸易理论、新古典贸易理论、新贸易理论到新新贸易理论，理论的前提假设逐步放松。新新贸易理论因其前提假设和分析框架最接近现实基础，而被认为是目前最贴近现实贸易的理论（马述忠等，2018）。

一、贸易方式数字化的理论基础

随着数字贸易的日渐兴起，新新贸易理论前提假设的现实基础逐渐发生改变，数字贸易给新新贸易理论带来了重大挑战。相关命题及其受到的挑战如下所述（马述忠等，2020）。

（一）国际贸易的固定成本显著高于国内贸易

异质性企业贸易理论认为，由于企业进入国际市场比国内市场的难度要大，当企业选择出口时，就要付出更大的进入成本。因此，该理论包含一个重要假设即国际贸易的固定成本显著高于国内贸易。而在数字贸易中，企业可以利用互联网和数字技术快速完成原先难以完成的甚至无法完成的贸易环节。也正因为如此，越来越多的中小企业将加入国际贸易并从中获利。显然，在数字贸易背景下，上述命题将难以成立，企业开展国际贸易所需的固定成本会越来越低，不断趋近于国内贸易的固定成本。

（二）只有生产率高的企业才能从事出口活动

异质性企业贸易理论认为，只有生产率高的企业才能从事出口活动，而在数字贸易中，生产率低的企业也能够从事出口活动。企业能够通过互联网平台直接面向海外消费者，进入国际市场的门槛大幅降低。此外，借助数据分析，低生产率企业可以通过"自我选择效应""学习效应""再分配效应"，寻找从事出口活动的新驱动因素。

（三）跨国公司最基本的生产要素是资本和劳动

跨国公司内生边界理论假定，只有资本和劳动两种基本生产要素。而在数字贸易中，数据是相较资本和劳动而言更重要的生产要素。企业通过搜集数据、分析数据和应用数据，最大限度地降低生产成本和交易成本。数据获取的成本降低，可以弥补其他成本过高的劣势，满足消费者日益增长的个性化需求，不断增强企业的核心竞争力。在数字贸易中，数据正逐渐成为一种稀有的生产要素。为了获取数据、信息等稀缺的无形资产，数字贸易时代的企业会更多地选择内部化以增强企业核心竞争力。

（四）跨国公司基本生产要素可以在部门间自由流动

跨国公司内生边界理论假定，生产要素可以在部门间自由流动。而在数字贸易中，企业掌握了数据就掌握了主动权。为了建立和维持竞争优势，核心数据成为企业的商业机密，不能为公众和其他商业组织所知悉。除此之外，数字贸易下跨国公司强调的是母公司而非子公司对核心数据的控制、整合和配置能力。因此，部分数据要素无法实现在各部门间甚至是部门内自由流动，这与跨国公司内生边界理论的假设前提不符。

二、贸易对象数字化的理论基础

在数字贸易中，数字产品与服务、数字化知识与信息等特殊贸易对象大量涌现，改变了模型前提假设的现实基础，给新新贸易理论带来了挑战。相关命题及其受到的挑战如下所述（马述忠等，2020）。

（一）国际贸易存在冰山运输成本

异质性企业贸易理论假定国际贸易均存在冰山运输成本，显然这一假定不符合数字贸易的现实情况。首先，在服务贸易中，冰山运输成本就不存在。此外，数字贸易中的数字产品与服务等也不会因为在区域间进行运输而"融化"掉，因而这些产品的贸易也不存在冰山运输成本。由于冰山运输成本的存在，在传统贸易中，在越接近目标市场的地方进行商品生产就越能节约成本。而在数字贸易中，由于数字产品与服务的交易不存在冰山运输成本，从事数字贸易的异质性企业不会出于运输成本考虑而围绕目标市场出现高度空间集聚。

（二）企业边际成本服从帕累托分布

在异质性企业贸易理论中，一个重要假设是企业边际成本[1]服从帕累托分布（Pareto distribution）[2]。然而，数字贸易下的许多产品，如数字产品与服务以及数字化知识与信息等，具有虚拟性、可复制性和无排他性等特点，其边际成本几乎为零。显然，企业边际成本服从帕累托分布这一假定不符合数字贸易下的经济事实。因此，由该假设推导出的结论很有可能是错误的。

---

[1] 边际成本是指企业在生产过程中增加一单位产品所需增加的总成本。

[2] 帕累托因对意大利20%的人口拥有80%的财产的观察而著名，后来被约瑟夫·朱兰（Joseph Juran）等概括为帕累托法则(80/20法则)，后来进一步概括为帕累托分布的概念。帕累托分布可以归纳为一个非常简洁的表述：通过市场交易，20%的人将占有80%的社会财富，如果交易可以不断进行下去，那么，"在因和果、努力和收获之间，普遍存在着不平衡关系，典型的情况是：80%的收获来自20%的努力；其他80%的力气只带来20%的结果"。

三、数字贸易背景下的典型经济事实

通过以上分析可以看到,数字贸易使得新新贸易理论的现实基础发生了重大改变,进而给该理论带来了重大挑战。此外,为了进一步拓宽和完善国际贸易理论,以适应新时代下的社会经济发展,还必须关注如下经济事实(马述忠等,2020)。

(一)贸易的交易成本大幅下降

在传统国际贸易中,由于信息不对称,搜寻成本、合同成本等交易成本高昂,对生产者和消费者的决策行为产生重要影响。但是在数字贸易下,数字技术的应用使得数字贸易中的搜寻成本、合同成本等交易成本大幅降低。此外,在数字贸易平台上进行交易,用户的各项行为数据被完整记录,这为更准确地衡量搜寻成本提供了可能。

(二)产品的替代弹性越来越小

在传统贸易理论中,产品的替代弹性是贸易理论模型中的重要参数。而在数字贸易中,生产企业借助大数据技术实现柔性生产和智能制造,能够生产出差异性更强的产品以满足消费者日益增长的个性化需求。数字贸易的贸易对象的差异化程度越大,产品之间的替代弹性越小,企业就越有可能从贸易中获取超额利润。但与此同时,企业也必须处理好产品差异化与大规模生产之间的关系,在兼顾规模经济的同时,提升柔性生产水平。

(三)贸易的响应时间可被记录

贸易响应时间指的是价值链各环节从开始到结束所需的时间,包括搜寻时间、谈判时间、运输时间和装卸时间等。在传统贸易理论中,由于实际贸易时间的波动和不确定性非常大,实际贸易时间难以测度。而在数字贸易中,多数贸易环节依托互联网和数字技术实现,响应时间可以被完整记录,从而克服了传统贸易理论的技术难关。响应时间直接关乎贸易各环节的效率,对数字贸易而言具有重要意义。

第三节　数字贸易发展现状、问题与对策

一、全球数字贸易发展现状与趋势

（一）全球数字贸易发展现状

信息通信技术推动传统货物贸易方式升级改造，跨境电商平台、智慧物流、智能监管等新业态新模式给国际贸易注入了新的活力。据《数字贸易发展与合作报告2022》，2021年，全球跨境数字服务贸易规模达到38610.8亿美元，同比增长14.3%，在服务贸易中的占比为63.6%，远超传统货物贸易增长速度。从电子商务国别发展来看，发达国家电子商务发展较成熟，但发展中国家潜力巨大。一是发达国家电子商务发展环境更佳。联合国贸易与发展会议（UNCTAD）发布的电子商务指数是国际上反映经济体电子商务发展环境的重要指标，根据UNCTAD2018年公布的数据，排在前10位的国家依次为荷兰、新加坡、瑞士、英国、挪威、冰岛、爱尔兰、瑞典、新西兰、丹麦，均为发达国家，俄罗斯、巴西、中国、南非、印度、俄罗斯等金砖国家则分列第42、61、63、77、80位。二是电子商务市场规模相对均衡。eMarketer机构数据显示，2017年，中国、英国、韩国、丹麦等国家网络零售占比均已超过10%，其中中国排在第一位。三是发展中国家展现出极高的增长潜质。据Statista公司预测，2018—2022年，印度、印度尼西亚、南非、墨西哥等发展中国家的电子商务平均复合增长率约为15%，美国、加拿大、韩国、日本等发达国家则约为7%左右（中国信息通信研究院，2019）。

（二）全球数字贸易发展趋势

第一，贸易模式高度复合化。伴随全球数字贸易的发展，为了充分反映消费者的个性化需求和制造业的智能化转型需要，B2B2C（business to business to consumer，企业对企业对消费者）模式日益凸显，成为一种重要的线上复合贸易形态，其既能匹配贸易成本降低的诉求，又能契合碎片化订单集聚的趋势。与传统贸易提供标准化商品和服务不同，数字贸易能够依托全球商品供应资源，迎合不同消费群体需求。这是因为企业能够借助数字贸易平台掌握全面的数据信息，以直接反映消费者的个性化需求。因此，未来数字贸易的交易场

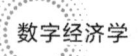

景必然出现更多非标准化、个性化的商品和服务（马述忠等，2020）。

第二，贸易系统高度平台化。数字贸易平台作为数字贸易的核心，通过数字化技术精准匹配全球数字贸易买卖双方需求，并为其提供数字化营销、交易、金融和供应链服务的一揽子数字化外贸解决方案，在这整个商业生态系统中发挥了关键的行业引领和服务作用。

第三，贸易环节高度扁平化。庞春（2008）从贸易的不同获利方式，将中间商分为佣金中间商和加价销售中间商。数字贸易能有效减少佣金中间商对贸易参与主体资质审查中的征信、审查等中间环节，提高贸易效率。数字贸易还能有效促使企业与消费者直接沟通达成交易，从而弱化了加价销售中间商的贸易中介作用，缩减了相应的中间环节。全球数字贸易使国际贸易各环节之间信息流动频率加快，在很多情况下许多中间环节丧失了存在必要性，贸易环节呈现高度扁平化趋势。

第四，贸易主体高度普惠化。全球数字贸易供应链、服务跨国化逐渐成为常态，贸易平台国别属性被进一步削弱，实现平台全球化。在全球数字贸易时代，几乎没有不可贸易的产品和服务，几乎所有在传统贸易中处于弱势地位的主体都能通过全球数字贸易共享国际分工带来的福利增长。一方面，面向世界各国的买家和卖家，贸易平台以"全球买、全球卖"为主要愿景，有利于整合和开发全球数字贸易资源；另一方面，作为多边贸易平台，全球数字贸易平台能够提供广阔的全球市场和便利的贸易服务，吸引来自世界各国的卖家入驻，有助于"全球买、全球卖"愿景早日实现。

第五，智能制造高度常态化。全球数字贸易并非只是简单的跨境交易活动，而是更强调数字技术与传统产业的融合发展，并将实现制造业智能化作为重要目标。在奔涌而来的数字时代，加快制造业智能化转型升级是推进高质量发展的必然要求，也是实现制造业核心技术自主可控的必然路径。智能制造通过将先进制造技术与新一代信息技术深度融合，推动研发设计、生产制造、物流供应、运行维护等技术变革和优化升级，提升要素配置效率，促进资源协同优化，有助于构建中高端供给体系，加速"中国制造"由价值链低端向中高端跃升。

二、我国数字贸易发展现状及主要问题

（一）我国数字贸易发展现状

党的二十大报告提出，要加快建设贸易强国。"十三五"期间，我国在19部法律法规、政策措施中提到数字贸易，包括宏观部署、网络安全、数据治理、先行先试、行业促进等多个维度，初步形成了推动数字贸易发展的政策体系框架。近年来，我国数字贸易强势崛起，发展迅猛。据我国海关发布的数据，2020年我国跨境电商进出口总额达1.69万亿元，同比增长31.1%，同期货物进出口总额仅增长1.9%。同时，可通过数字化手段交付的服务贸易增速领先。据商务部发布的数据，2020年我国可数字化交付服务进出口总额达2947.6亿美元，同比增长8.4%，同期服务进出口总额则下降了15.7%（岳云嵩等，2020）。

目前，中国数字基础设施基本框架初步形成，"数字丝绸之路"建设推进顺利，在双循环相互促进发展格局下，数字贸易成为中国贸易高质量发展的重要推动力。《数字贸易发展与合作报告（2023）》显示，2022年中国跨境数字服务进出口总值达到3710.8亿美元，同比增长3.2%，增速在规模前十国家中排名第三；跨境数字服务净出口规模达467.5亿美元，同比增长55.8%。2022年，中国将发展数字贸易的重要性提到了新高度，党的二十大报告将数字贸易与货物贸易、服务贸易一同作为建设贸易强国的三大支柱。

（二）我国数字贸易发展存在问题

首先，我国数字贸易基础设施建设水平有待提升，区域数字经济发展水平不平衡（程英春等，2024）。数字基础设施高质量建设能促进数字技术的开发和创新，提升数字贸易的效率和安全性，减少数字贸易企业的搜寻成本。近些年来，虽然我国持续加大对数字基础设施的投资力度，但受制于资金不足和数字技术创新水平不够高等因素，与发达国家仍有着明显的差距。据统计，我国的数据库连接在全球仅排在第38位（张茉楠，2018），这导致了我国数字企业在进行数字服务交易时难以形成较强的国际竞争力。我国区域数字经济发展水平呈现从东部向西部逐渐降低的态势，企业数字化转型困难，这增加了企业进入市场的不确定性和配置数字资源的成本。此外，数字贸易通过产业前向和后向关联机制衍生出产业链条，我国国内数字贸易要么是"有产无链"，要

么是链条未能有效延伸，没有充分发挥数字贸易产业所蕴含的链条经济效应；数字产品和服务主要依赖于对传统产业的简单数字化改造，核心数字技术和网络技术基本受制于人，核心技术和关键设备无法有效支撑，难以形成经济增长极和发挥推动作用，这影响和制约了数字贸易产业整体竞争力的提高（李忠民等，2014）。

其次，我国的数字贸易规制发展滞后，缺乏科学、系统和规范的法律制度和政策措施。数字技术正在重塑人们的生活方式和工作内容，变化是快速且深远的。数字商品和服务的流行对政府基于货物贸易和服务而构建的现有法律规范、政策制度、措施手段形成了挑战。直至2024年6月1日，我国首部数字贸易领域地方性法规《杭州市数字贸易促进条例》正式施行，填补了我国数字贸易基础制度的空白，但涉及数字产品服务的生产、交付、存贮、使用、监管与服务、税收征收、商业秘密与个人隐私权保护、定价、交易合同签订、版权保护、打击有关犯罪、数字贸易产品服务审查等内容的相关立法基础仍然较为缺乏；数字产品服务的标准规范发展滞后，数据流尤其是监测跨境数据流的手段、能力、标准缺乏；数字产品服务遍及全球各地，其边界看不见摸不着，我国缺乏科学有效的风险评估和控制手段措施，迫切需要制定管理数字产品和服务市场准入、商务、透明度、政府采购、网络安全规则的现代框架，为推进数字贸易协定谈判，参与国际数字贸易规则制定奠定基础。

最后，数字贸易支持性要素供给不足，未能形成良好发展环境。当前，影响和制约中国数字贸易健康快速发展的支持性要素主要是指人才、技术、资金和政策，供给严重不足。突出表现为数字贸易的高素质创新人才和管理人才缺乏，鼓励、激励数字技术和关键网络技术创新机制缺乏，研究开发数字贸易技术的资金投入不足，涵盖产业、财税、科技创新、人才等政策的配套支持政策体系尚不完善、支持力度不足。

三、促进我国数字贸易发展的对策建议

数字贸易是未来贸易的主要形式，世界各国都在加快数字贸易的扩张和升级。我国应该积极把握新一轮科技革命和产业结构升级带来的机遇，把握已有优势，做大做强数字贸易，打造经济新的增长极，促进消费升级、实现产业转型和民生改善（夏杰长，2018）。

(一)高度重视数字经济发展

数字贸易的基础和源头是数字经济,习近平总书记在中共中央政治局就实施国家大数据战略进行第二次集体学习时强调,要构建以数据为关键要素的数字经济,推动实体经济和数字经济融合发展(新华社,2017a)。研究表明,数字化程度每提高10%,人均GDP增长0.5%~0.62%(张辛欣,2017)。因此,我们要大力发展数字经济,形成具有市场竞争力的数字产业,加快数字经济与制造业各行业、服务业各领域的深度融合和互动,在制造业和服务业数字化的浪潮中,逐步提升我国经济的数字化水平,夯实数字贸易发展的根基。

(二)完善数字基础设施建设

宽带网络的速度、普及率和费用直接决定着数字贸易发展的广度和深度。具体来说,要在"宽带中国"战略稳步推进的基础上,做好以下工作。①要把数字基础设施建设的重要性上升到更高层面(蓝庆新等,2017);在国家战略投入上,要把数字基础设施建设视为同水、电、公路等同等重要的公共品,稳步推进城市网络的升级提速和农村宽带的推广普及。②要降低数字基础设施行业的市场准入门槛;既要发挥国有企业在基础设施投入方面的引领作用,也要充分调动民营企业的力量,发挥其在技术研发和国外先进技术引进方面的优势,发挥民营资本的"鲶鱼效应",不断提升我国数字基础设施建设的水平。③要不断加强新技术的研发,尤其是在移动互联网的速率和稳定性方面;要在政府层面从财税融资角度给予研发企业更多的支持,促进其成果转化以及与其他行业的融合发展。

(三)逐步完善政府对数字贸易的监管措施

数字贸易交易过程的便捷化、虚拟化给政府监管税收带来很大的挑战。美国在多个场合对数字贸易征税持反对意见,这在很大程度上促进了美国数字贸易的蓬勃发展。但考虑到我国的实际情况,一刀切的税收减免显然不太实际,我国应做好两个方面工作。①要把数字贸易纳入海关监管范围,从立法和技术两个角度对数字贸易加强监管;现阶段中国的海关法对数字贸易的监管还是空白,相关部门要及时根据时代变化进行修正;此外,网络监管部门要定期监测和对接各类跨境电商平台的数据,掌握数字贸易的真实情况。②要为数字贸易产品的出口提供更加便利的条件,如对满足条件的企业进行出口退税补

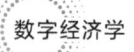

贴，增强我国数字贸易产品的国际竞争力。

（四）积极参与国际规则制定

目前，世界范围内对于数字贸易的相关规制措施，主要体现在CPTPP、TTIP及TISA这三个超大型的自由贸易协定上。WTO的相关协定包括关税及贸易总协定和服务贸易总协定，两者都涉及或能够推断出与电子商务有关的规则（龚柏华，2016）。目前，WTO诸轮谈判尚无明显进展，各方分歧较大。但从美国主导的已经夭折的跨太平洋伙伴关系协定（TPP）及一系列双边与多边协定中，已基本可以看到数字贸易国际规制的雏形。实际上，从贸易协定的相关文本来看，TPP相关规制甚至就是美国在数字领域国内商业规则的国际版本。因此，我们要对美国的主张进行深入研究，对其战略意图进行精准研判并加以吸收利用。一方面，要积极参与国际服务贸易协定谈判，发出中国声音，贡献中国智慧；另一方面，也要在现阶段和接下来的双边或多边贸易协定中，尤其是在与共建"一带一路"国家的贸易协定谈判中，加入我国主张的数字贸易条款，积极抢占先机，争取主动权。

（五）培育一批数字贸易龙头企业

从全球价值链分工的角度来看，世界范围的大型跨国公司，凭借自身强大的技术、资金和规模优势，在全球价值链分工中牢牢占据着附加值较大的生产分工环节。实际上，在数字贸易领域，全球这样的"独角兽"企业现象也同样存在。比如在美国，除了亚马逊、eBay，还有StubHub、Classifieds以及C2C的Etsy和电子游戏及软件电商平台Steam。这些行业龙头企业是美国打造数字贸易全球竞争力、形成有利于本国企业参与全球竞争国际规则的重要平台。从我国来看，虽然阿里巴巴已跻身世界十大市值最高公司行列，但与世界巨头相比，尤其是在行业细分领域，我国数字贸易企业还没有形成一批具有全球竞争力的龙头企业，这直接导致我国在参与数字贸易全球竞争时，缺乏国际竞争力与话语权。因此，对我国来说，除了继续加强对阿里巴巴等已经初具国际竞争力的相关企业给予支持外，还要通过财税、金融支持和人才引进等手段，培育一批在行业细分领域的数字贸易企业并支持其成长壮大，比如制造业的服务化和服务业企业的数字化，最终形成一批综合性大型企业带动细分行业、龙头效益明显的数字贸易企业发展格局。

案例分析与思考

"数字丝路"——全球数字经济治理的"中国方案"

思政元素

道路自信、文化自信、责任担当；坚持对外开放、建立新型国际关系、推动构建人类命运共同体。

当今世界的变局百年未有，变革会催生新的机遇，但变革过程往往充满着风险和挑战。习近平总书记在中国共产党第十九次全国代表大会上的报告指出："没有哪个国家能够独自应对人类面临的各种挑战，也没有哪个国家能够退回到自我封闭的孤岛。"（人民日报，2019）世界各国要顺应时代发展潮流，做出正确选择，齐心协力应对挑战，开展全球性合作，构建人类命运共同体。推动建设新型国家关系，是构建人类命运共同体的基本路径。"一带一路"建设强调秉承丝路精神，深化各领域务实合作，在开放中融合、在融合中发展、在发展中共赢，打造政治互信、经济融合、文化包容的命运共同体。中国将积极推动"一带一路"国际合作，积极参与全球数字经济治理，做负责任、讲道义、有担当的大国，为人类繁荣做出更大贡献。

案例描述

"数字丝绸之路"是数字经济发展与共建"一带一路"倡议的有机结合，是中国在数字时代提出的推动人类共同发展的新方案。秉承"一带一路"共商、共建、共享的原则，数字丝绸之路正在凭借大数据、互联网、云计算和人工智能等现代科技利器，实现与沿线国家数据流、信息流、技术流、人才流、物资流之间的多向移动和互联互通，助力共建国家发展数字经济，共享数据发展红利，为世界经济发展赋能。

应运而生

2020年突如其来的新冠肺炎疫情对全球供应链按下了暂停键，各国经济受到巨大冲击，世界经济陷入低迷，大国战略博弈全面加剧，国际体系和国际秩序深度调整，当今世界正处于百年未有之大变局。数字经济作为推动经济复苏的新动能、新引擎，已成为全球共识和大势所趋。如何通过数字经济建设赋能传统产业转型升级，破解传统国际贸易之危，以提升国家竞争力是当今国际社会关注的重点话题。我国作为全球第二大数字经济体，无论是网民数量、网络零售额，还是移动互联技术的场景应用等方面均保持了领先地位，数字经济已成为中国全方位对外开放中最具活力、创新力的领域之一。2017年5月14日，习近平总书记在"一带一路"国际合作高峰论坛上提出"建设21世纪的数字丝绸之路"（新华社，2017b）。2019年4月，他在第二届"一带一路"国际合作高峰论坛开幕式上继续强调："我们要顺应第四次工业革命发展趋势，共同把握数字化、网络化、智能化发展机遇，共同探索新技术、新业态、新模式，探寻新的增长动能和发展路径，建设数字丝绸之路、创新丝绸之路。"（新华社，2019）建设21世纪数字丝绸之路的实质是基于政治互信、经济融合、文化包容，将我国数字经济发展的经验以数字贸易的形式向共建"一带一路"国家进行推广，为其创造互惠互利的合作机遇，推动各国基础设施建设、产业和服务升级，创造新的经济和就业增长点，增强各国经济内生动力和抗风险能力。

进展可喜

贸易方式的数字化："丝路电商"合作蓬勃兴起。商品和人员的实体流动受到限制、全球供应链中断的情况下，商品和服务的数字化交易的优势凸显，"丝路电商"合作蓬勃兴起。截至2020年11月，我国已经与22个国家签署电子商务合作备忘录，在金砖国家等多边机制下形成电子商务合作文件，跨境电商综合试验区在"一带一路"沿线部署了超过200个海外仓。2020年中国跨境电商进出口1.69万亿元，同比增长31.1%，其中出口1.12万亿元，增长40.1%，进口0.57万亿元，增长16.5%（姜峰等，2020）。与此同时，我国与俄罗斯、阿根廷等九个国家积极构建新型电子商务合作机制，通过召开电子商务工作促进会与企业对接，帮助合作国家企业开拓国际市场。2020年5月14日晚，时任联合国副秘书长维拉·松圭、卢旺达驻华大使詹姆斯·基莫尼奥、比利时驻上海总领事馆商务领事林柏森、智利驻沪商务领事武德，纷纷走进天猫国际直播间为各国"国民商品"带货。当晚，备受疫情影响滞销的卢旺达大猩猩咖啡豆1秒卖出1.5吨，相当于过去一年的销量；智利一个红酒酒庄卖空了一年库存，以日销10倍量备货的比利时膳食纤维粉5分钟卖光……直播间里，各国代表惊呼：备货还是备少了。过去几年来，支付宝也开始在欧洲和亚洲40多个国家建立直接业务或通过当地支付平台运营业务，京东智能物流中心在泰国建成，抖音在东南亚地区广泛流行。数字技术与国际贸易各领域深度融合渗透，信息展示、贸易洽谈、支付结算、税收通关等环节向线上迁移，国际贸易的固定成本大幅降低、效率显著提升，"丝路电商"正成为推动国际贸易畅通的重要新生力量。

贸易对象的数字化：大数据铺设"数字丝路"。2020年，远程教育、网购、农业数字化、在线服务、电商物流配送等数字解决方案和工具广泛使用，使全球经济加速向数字化过渡，有效保障了特殊时期人们正常的学习和生活秩序，为企业的复工复产提供支持。借助"大数据"，搭乘"丝路"风，以阿里巴巴为代表的中国互联网企业，通过分析电子商务带来的海量数据和庞大客户，在共建国家积极布局，建设数据中心，建立14个地域节点，移植发展模式，提供在线计算公共服务，深度参与"数字丝路"建设。自2017年"数字丝绸之路"提出以来，我国对共建"一带一路"国家的信息与通信技术产品的出口呈高速增长状态，2017年到2018年从1174.16亿美元增长到1354.27亿美元，年均增长率为19.29%（姜峰等，2020）。由中国信息通信研究院发布的《全球数字经济新图景（2020）》显示，2019年我国数字经济规模达5.2万亿美元，数字经济体量高居全球第二位，占GDP的比重达到36.2%，数字经济对经济增长的贡献达到67.7%。中国企业的"扬帆出海"，深度参与了共建"一带一路"国家的经济转型发展，深刻改变了共建国家的数字经济发展格局，生动诠释了"数字丝路"的共商共建、共享共赢。

挑战不断

"数字丝绸之路"建设虽已取得显著成效，但也面临严峻挑战。近年来，美国对其警惕性越来越明显，普遍担忧它将对美国构成重大挑战。美国外交学者网站2019年7月发表文章片面地认为，通过数字丝绸之路，中国正在与美国进行战略技术竞争，并向全球输出其"数字威权主义"模式。在实践层面，美国已着手抵制数字丝绸之路建设和中国科技企业在全球的发展。一方面，美国通过实施"数字互联互通与网络安全伙伴关系"（DCCP）机制，不断加强对数字丝绸之路的制约。同时加大对美国企业以及盟国和伙伴国家企业的支持力度，针对中国支持的数字丝绸之路项目提供"替代性选择"，还要求"五眼联盟"（美国、英国、加拿大、澳大利亚、新西兰）的5G建设弃用华为公司技术，试图胁迫美国盟友与中国脱钩。另一方面，美国政府全方位压制中国科技企业。2018年8月到2020年5月，美国已6次将中国企业列入"实体清单"，超过300家中国机构受到影响。2024年12月2日，美国商务部工业与安全局（BIS）修订并公布了对中国半导体出口管制措施新规则《出口管制条例》（EAR），将140家中国半导体相关公司列入"实体清单"，分别是136家中国实体和4家海外关联企业，其中包括100多家半导体设备和工具制造商。这是美国对华芯片制裁有史以来新增"实体清单"公司数量最多、规模最大的一次。美国时任国务卿蓬佩奥于2020年8月在记者会上提出针对阿里巴巴、中国电信、中国移动、腾讯等7家中国科技公司的"净化网络"（Clean Network）计划，以"保护公司敏感信息和公民隐私"为由，阻止中国应用程序进入美国，并禁止中国公司访问美国云系统。与此同时，美国时任总统特朗普签署行政令，将禁止腾讯公司与受美国司法管辖的任何个人和实体之间进行与微信有关的任何交易。美国还污蔑中国借"一带一路"建设输出中国模式——"数字化+举国体制"，在所谓"国有企业不公平竞争"等问题上做文章，破坏数字丝绸之路建设（孙敬鑫，2020）。

除了外部干扰，全球数字规则仍处于摸索初建阶段，数字贸易的国际规则尚在博弈中。共建国家信息化发展不平衡、传统硬件基础设施薄弱、数字金融服务体系不完善等问题使"一带一路"数字经济合作面临巨大挑战。与此同时，网络诈骗、数据滥用、被他国监控数据、窃取商业机密和侵犯隐私等问题时有发生，网络犯罪和网络恐怖主义逐步向世界蔓延，这使得共建国家饱受数据安全保护不力的困扰。

未来可期

数字丝绸之路以深化数字经济国际合作为基本内容，通过与共建国家和地区共建信息基础设施、推动信息共享、促进信息技术合作、推进互联网经贸服务和加强人文交流，携手共建"网络空间命运共同体"。世界潮流浩浩荡荡，构建"数字丝绸之路"，顺应了数字经济的时代潮流，适应中国新时代高水平对外开放和坚持创新驱动发展的战略定位，符合共建国家人民对共享发展机遇、创造美好生活的强烈愿望和热切期待。毋庸置疑，在后疫情时代，"数字丝绸之路"将进一步彰显出强大的生命力和创造力。《全球贸易》杂志刊文称，在中美关系趋紧和新冠疫情的双重背景下，数字丝绸之路在中国创建了新贸易生态系统，在深化与发展中国家的贸易关系的过程中扮演了重要角色，并将重塑全球经济。

中国已成为全球领先的数字技术投资大国、数字应用创新大国和数字产品开发大国，中国有意愿也有能力为构建全球数字经济治理新模式贡献中国智慧、提供中国方案、贡献中国力量。"数字丝路"必将点亮和平与发展之光，构建共享与繁荣之道，塑造开放与创新之途，彰显文明与智慧之美。源于中国、属于世界的"一带一路"倡议必将被书写在构建人类命运共同体的历史上，辉煌卓著。

思政点评

全球新冠疫情大流行使得世界经济深度衰退，国际贸易和投资大幅萎缩，新一轮科技革命和产业变革带来的激烈竞争前所未有。"数字丝绸之路"秉承"一带一路"共商、共建、共享的原则，以平等为基础，以开放为特征，以信任为路径，以共享为目标。它依托互联网技术，以跨境电商为桥梁推进数字基础设施、智能支付和物流体系建设，进而推动合作机制建立。数字丝绸之路已经成为"一带一路"国际合作的新引擎。"大数据"结盟"一带一路"，共同奏响"数字丝路"的时代最强音符，不仅能深度诠释大数据与"一带一路"结合所迸发出的"惊天动地"，还将深刻改变经济全球化和世界数字经济发展的态势与局面。

分析思考

◇查找资料，简述我国发展"一带一路"数字贸易的机遇、挑战与未来方向。

◇如材料所述，数字贸易是激发"一带一路"沿线经济增长的新引擎，是建设数字丝绸之路的重要抓手。然而，推动"一带一路"数字贸易发展仍面临数字贸易规则碎片化、数字基础设施发展不平衡、数字安全标准不一以及关税壁垒等问题，我国应如何加强与关键"一带一路"国家的数字贸易？谈谈你的看法。

知识强化与课后习题

本章揭示了数字贸易产生的时代背景，阐释了数字贸易理论的内涵，并以此盘点了数字贸易的概念特征、发展历程、与传统贸易差异、典型应用场景，以及我国数字贸易的发展概况。结合本章内容，请回答以下问题。

1. 简述数字贸易的概念内涵及特征。
2. 对比数字贸易与传统贸易之间的区别与联系。
3. 以任意数字贸易应用场景为例，简述我国发展数字贸易的优势与劣势。

参考文献

程英春，任泽睿，2024. 我国数字贸易发展的问题与对策研究[J]. 商业经济(3): 97-100.

东艳，2014. 全球贸易规则的发展趋势与中国的机遇[J]. 国际经济评论 (1): 45-64.

龚柏华，2016. 论跨境电子商务/数字贸易的"eWTO"规制构建[J]. 上海对外经贸大学学报 (6): 18-28.

顾阳，2019. "数字丝路"建设将成全球发展新引擎[N/OL]. (2019-09-09)[2023-07-03]. http://www.gov.cn/xinwen/2019-09/09/content_5428411.htm.

黄先开，2023. 推动数字贸易开放发展 加快建设贸易强国[N/OL]. 光明日报. (2023-05-16)[2023-07-03]. http://www.nopss.gov.cn/n1/2023/0516/c219544-32687229.html.

姜峰，蓝庆新，2020. 数字"一带一路"建设的机遇、挑战及路径研究[J]. 当代经济管理, 43(5): 1-6.

蓝庆新，窦凯，2017. 共享时代数字经济发展趋势与对策[J]. 理论学刊 (6): 55-61.

李忠民，周维颖，田仲他，2014. 数字贸易: 发展态势、影响及对策[J]. 国际经济评论 (6): 131-144.

刘梦，2018. 大数据铺设"数字丝路"[N/OL]. (2018-5-30)[2023-07-03]. https://www.yidaiyilu.gov.cn/zgsg/slsb/89446.htm.

马述忠, 房超, 梁银锋, 2018. 数字贸易及其时代价值与研究展望[J]. 国际贸易问题 (10): 16-30.

马述忠, 潘钢, 2020. 从跨境电子商务到全球数字贸易——新冠肺炎疫情全球大流行下的再审视[J]. 湖北大学学报: 哲学社会科学版, 47(5), 119-132

庞春, 2008. 专业中间商的出现：基于西方经济史与超边际经济学的解释[J]. 制度经济学研究 (4)：49-63.

人民日报, 2019.推动构建人类命运共同体（习近平新时代中国特色社会主义思想学习纲要）[N/OL]. (2019-08-14)[2023-07-03]. http://www.qstheory.cn/llwx/2019-08/14/c_1124872953.htm.

孙敬鑫, 2020. 后疫情时代, 数字丝绸之路价值将更为彰显[EB/OL]. (2020-08-14)[2023-07-03]. https://www.yidaiyilu.gov.cn/p/142960.html.

夏杰长, 2018. 数字贸易的缘起、国际经验与发展策略[J]. 北京工商大学学报: 社会科学版, 33(5): 1-10.

新华社, 2017a.习近平在中共中央政治局第二次集体学习时强调 审时度势精心谋划超前布局力争主动实施国家大数据战略 加快建设数字中国[EB/OL]. (2017-12-09)[2023-07-03]. https://www.chinacourt.org/article/detail/2017/12/id/3104079.shtml.

新华社,2017b.习近平在"一带一路"国际合作高峰论坛开幕式上的演讲[EB/OL]. (2017-05-14) [2023-07-03]. https://www.yidaiyilu.gov.cn/p/13208.html.

新华社, 2019.习近平出席第二届"一带一路"国际合作高峰论坛开幕式并发表主旨演讲[EB/OL]. (2019-04-26) [2023-07-03]. https://www.gov.cn/xinwen/2019-04/26/content_5386560.htm.

岳云嵩, 李柔, 2020. 数字服务贸易国际竞争力比较及对我国启示[J]. 中国流通经济, 34(4): 12-20.

张茉楠, 2018. 全球数字贸易战略:新规则与新挑战[J]. 区域经济评论(5): 23-27.

张辛欣, 2017. 数字改变中国——从数字经济看中国经济新高地[N/OL]. (2017-12-17) [2023-07-03]. https://www.gov.cn/xinwen/2017-12/17/content_5247881.htm.

张燕生, 2014. 适应经济全球化新形势, 构建开放型经济新体制[J]. 当代世界 (3): 5-8.

中国信息通信研究院, 2019. 数字贸易发展与影响白皮书(2019)[EB/OL]. (2019-12)[2023-07-03]. https://adc.fzu.edu.cn/__local/C/F6/85/C7A3D6E5A3A727F2CD4920B9805_F1FD7821_1CA841.pdf?e=.pdf.

第七章

数字金融

金融是现代经济的血液和核心。在当前我国经济转向高质量发展的背景下，发展数字普惠金融，提高各类群体的金融可得性，不仅能从整体上促进金融供给侧结构性改革，推动金融业高质量发展，还能通过增加高质量产品供应、激发内需活力促进数字金融与实体经济深度融合，助力我国经济高质量健康发展。

第一节 数字金融的兴起

一、数字金融兴起的时代背景

我国金融体系发展的经验和经济理论均表明，科技与金融的结合，在提高金融服务效率的同时，也推动着金融体系的变革转型。20世纪80年代，我国商业银行业务由手工记账向电子自动化转变，实现了跨区域的通存通兑。进入21世纪后，金融机构的网络化转变实现了业务网上审批和资金异地实时汇转，这使得金融机构的资金清算、风险控制和内部管理效率大幅提升。近年来，大数据、区块链、云计算、人工智能等数字技术快速发展。这些数字技术与金融业务不断融合，在催生新兴数字金融业态、提高金融服务效率的同时，也深刻影响着我国的金融机构和金融市场体系。许多学界和业界人士把2013年余额宝（支付宝平台上推出的线上货币市场共同基金）的推出看作是数字金融在我国快速发展的起点（黄益平等，2018）。短短几年时间内，我国新兴的数字金融业态已与居民日常生活密不可分，在移动支付等领域更是走到了世界前列。虽然金融科技的概念最初在美国被提出，但无论是广度还是深度，金融科技在我国的发展比在其他大多数国家都要快得多。

我国数字金融领先发展的驱动因素主要有以下三个方面。

（一）数字技术和数字经济快速发展

数字技术和数字经济快速发展为解决传统金融中介面临的信息不对称痛点提供了可能性。金融机构作为金融中介其关键作用是获取和处理信息，降低信息不对称程度以甄别和监管借款人。随着互联网技术和智能设备的成熟和普及，"互联网+"时代人们的工作、生活和学习等行为习惯正向着移动化、数字化改变，连接用户的入口从传统物理网点向数字终端转变，同时越来越多更容易获取的"数字足迹"产生了。这些"数字足迹"包含的预测违约率的有效信息与信用机构评分相当，甚至超过信用机构评分（Berg et al., 2020）。美国的赞斯特金融（Zest Finance）和网贷公司安耐德（Earnest）、新兴市场中的信用技术公司（Kreditech），以及我国的新兴互联网银行（如网商银行、微众银行、新网银行等）都公开宣称在授信决策中使用了借款人的"数字足迹"信息。与此同时，我国数字技术与金融相融合的自主创新发展快速，金融科技研发成果已处于全球领先地位。世界知识产权组织（WIPO）专利数据库数据显示，2020年，我国金融科技专利申请量超过全球40%，全球金融科技专利排行榜前10名中我国企业占据八席，阿里巴巴、平安科技和壹账通位列前三名。

（二）传统金融领域供给不足的矛盾相对突出

在普惠金融方面，数字技术的最大贡献恰恰是帮助降低信息不对称的程度，尤其是对那些传统金融机构难以触达、难以服务的中小微企业和低收入人群。由于传统的金融部门普惠性和包容性相对较低，我国在数字金融方面的后发优势依然明显。我国的数字金融创新为解决普惠金融发展中普遍存在的"获客难""融资难"等问题提供了一条可行的路径。我国经济的发展长期由投资驱动，因而国有银行主导的传统金融体系更倾向于为国有企业和大型企业提供信贷及其他金融服务，面向中小企业和居民家庭的支付、转账、财富管理、保险、融资和征信等金融服务仍有较大发展空间。为有金融服务需求且可负担成本的所有社会阶层和群体提供有效的金融服务是普惠金融发展的目标。因此，对于低收入群体和中小微企业而言，普惠金融在我国仍有巨大的需求和发展空间。

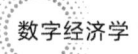

（三）传统金融机构强监管与新兴数字金融弱监管的差异化

监管当局为了维持金融稳定，对金融机构采取强金融监管政策。这些监管政策在通过限制准入、存款保险等保护现有金融机构利益的同时，也约束了其发展速度。相反，金融科技企业虽然难以获取金融机构牌照，但在无需牌照的领域则更具竞争性，受到的监管约束更小（Stulz，2019），尤其在数字金融发展的初期。例如，银行在开展信贷业务时受制于资本金监管，这大大增加了银行金融服务成本，而金融科技企业则不受此约束，因而能降低金融服务成本。金融科技企业的出现和竞争，也促使传统银行等金融机构拥抱数字技术，在金融监管边界内降低金融服务成本、提高金融服务效率。更为重要的是，政策红利进一步保障了数字金融平稳快速发展。

二、数字金融的概念内涵

数字金融作为金融与科技紧密结合而产生的新兴领域，其内涵在发展中不断变化，开始侧重于具体环节和产品业务的技术创新，目前已扩展至金融行业投融资、货币支付、咨询等全范围内的各类技术创新（陈胤默等，2021），并先后产生了"金融科技""电子金融""在线金融""互联网金融""数字金融"等概念（王定祥等，2023），目前文献和政府文件较多地将其称为"数字金融""金融科技"或"互联网金融"。

（一）互联网金融等相关概念的定义

中国人民银行等十部委发布《关于促进互联网金融健康发展的指导意见》，定义"互联网金融是传统金融机构与互联网企业利用互联网技术和信息通信技术实现资金融通、支付、投资和信息中介服务的新型金融业务模式"。金融稳定理事会将"金融科技"定义为"是技术带来的金融创新，能创造新的模式、业务、流程与产品，包括前端产业也包含后台技术"。舒菲尔总结了已有文献中关于"金融科技"定义的共性，认为金融科技是一种运用技术手段改善金融活动的新兴金融产业（Schueffel，2016）。

（二）数字金融的定义

数字金融是指将以云计算、大数据、人工智能、物联网和区块链等为代表的数字技术应用于金融领域，它推动了传统金融服务模式不断变革和创新，进而使传统金融服务价值得以提升（周永林，2017）。黄益平等（2018）认为，数字金融是金融服务与互联网（移动互联和物联网）、大数据、分布式技术（云计算和区块链）、人工智能、信息安全（生物识别和加密）等数字技术结合的产物，其与互联网金融、金融科技等是一系列金融创新的谱系概念，提供普惠且精准的金融服务是其核心属性。

（三）数字金融与数字普惠金融

数字金融所展示的最大的优势是支持普惠金融的发展。数字技术为克服普惠金融的天然困难提供了一种可能的解决方案。一方面，互联网平台通过建立一些诸如淘宝或微信这样的"场景"，紧紧地"粘"住数千万甚至上亿的移动终端；另一方面，通过对来自社交媒体和网购平台等的大数据进行分析，可以做信用评估。数字金融就是这样在不见面的情况下降低获客和风控的成本，普惠金融发展的可行性大大提高。目前驱动金融发展的关键技术主要包括大数据、云计算、区块链和人工智能等，关键驱动技术主要从规模、速度和准度三个维度提升数据处理能力，并通过降低成本、提升风控能力和促进竞争，提升金融普惠性。

三、数字金融的理论基础

（一）二元经济结构理论

从理论上看，英国经济学家刘易斯提出了二元经济结构理论，他提到在一般的发展中国家同时存在着两种截然不同的经济体系：一种是传统的农业体系，另一种是现代工业体系（Lewis，1954）。在后者蓬勃发展、生产效率突飞猛进的同时，前者却常陷入生产效率不高、发展停滞不前、乡村居民收入来源单一的局面。两种经济结构之间的差异使得城乡居民收入差距呈现进一步扩大的趋势。在对二元经济结构进行研究的过程中，刘易斯还指出，要想改变城乡居民收入差距扩大的发展趋势，推动产业协调发展，最有效的办法就是直击要害，直接对准从事农业生产的乡村居民，采取适当的措施实现增收。要想真正拓展其收入来源，一方面，乡村居民可以改变单一种植模式，选择经济价值高的产品种植，或者采用集中规模化种植模式，以提高收入；另一方面，从事农业生产的乡村居民可以到城镇就业，从事收入较高的非农生产从而增加收

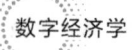

入，这同时也能够促进城镇经济的发展。我国目前仍处于二元经济结构状态，缓解二元经济结构问题的关键就是要做到城乡区域协调可持续发展。

从作用机制上看，数字金融促进经济增长的主要机制是降低交易成本和提高金融服务的触达性，将被传统金融体系排斥在外的中小客户群体纳入进来，从而发挥其促进存贷业务和消费增长的作用。因此，数字金融覆盖了较传统金融体系更为广泛的客户群体，在一定程度上成为传统金融服务的补充。

（二）金融排斥理论

低收入等弱势群体缺乏与金融机构接触的渠道和方式，即使能够接触到自身所需的金融服务及产品，要想很好地利用也会存在多方面的阻碍。整体来看，金融资源不能得到最优配置这个问题的源头就是金融排斥，金融排斥表现为金融机构为其提供的金融服务及产品设置了门槛。这种门槛指的是在金融市场不成熟发展的情况下，缺少金融基础设施造成银行及其他金融机构经营成本过高，而这些传统金融机构有着"嫌贫爱富"的特性以及追求利润最大化的目标，高成本使传统金融机构偏向为"优质客户"即高收入群体提供所需金融服务及产品，而一些低收入群体则无法获得正规金融服务。即使在向低收入群体提供他们所需的产品及服务时，这种门槛也存在于无形之中。低收入群体因其自身禀赋以及资产较少等因素依旧不能越过这道无形门槛，无法方便快捷地获取信贷资金，而高收入群体因其自身条件的优越，可以通过金融杠杆用少量的已有资金撬动更多的资金来投资升值，获取更多的收益。

金融排斥使得金融资源无法得到最合理有效配置，最需要这种资源的乡村居民等弱势群体无法获得所需金融资源，从而进入恶性循环，穷的更穷富的更富，导致两极分化的马太效应，这也会进一步拉大城乡居民收入差距。由此可见，乡村金融排斥现象由来已久，而且很有可能会持续很长时间。数字普惠金融的兴起打破了金融机构与乡村地区之间的壁垒，搭建起桥梁，金融排斥得到缓解，使乡村居民等弱势群体也能够方便快捷地获取所需金融服务，进而拓宽了他们的增收渠道，使城乡居民收入差距呈现缩小趋势。

（三）包容性增长理论

包容性增长又称包容性发展，指在经济快速发展的前提下，把更多的精力放在社会领域，将目光聚焦乡村居民等低收入弱势群体，使他们也能从经济全球化发展中受益，确保普惠金融政策顺利实施，实现各地经济协调发展，让社会所有群体都可以公平地享受社会经济的发展成果。包容性增长理论指出，我们不仅要追求经济的发展，更要追求发展均衡，并主张建立一个机会平等、分配公平的社会。数字普惠金融的发展使机会平等、分配公平有了实现的可能，促进了社会公平，包容意味着将以往被金融机构排斥在外的群体纳入服务对象中，数字普惠金融的包容性应着眼于扩大覆盖范围，真正做到普惠群体，提高所有居民获得相应金融产品及服务的公平性。换言之，不仅要向经济基础好的高收入群体提供相应的金融服务，更要让乡村居民等低收入群体也能够得到低成本、高质量的金融产品及服务，从而在城乡之间实现金融资源的均衡分配，使乡村居民增收，改变我国目前城乡收入差距过大的现状，扎实推进共同富裕目标的实现。

（四）二八定律与长尾理论

二八定律，也被称为帕累托法则，参见第六章。他在研究意大利社会财富分配时发现，大约20%的人口掌握了80%的社会财富，这种现象在许多国家的社会财富分配中都存在。同样，在企业管理中，20%的员工创造了80%的产值；在销售中，20%的客户贡献了80%的销售额。金融界的"二八定律"是指对金融机构来说总是那些20%的客户带来了80%的利润，只要将目光锁定在这20%的客户身上并为其提供优质金融服务及产品，就能为金融机构带来更多的价值，但是这会导致经济发展不均衡。要使经济高质量发展就必须打破二八定律，被传统金融机构忽视的80%的长尾群体也应得到优质高效金融服务，数字普惠金融使之变为可能，它充分考虑到了这80%群体的需求。

第二节 数字技术推动传统金融机构商业模式转型

金融机构是指从事金融业相关的金融中介机构，包括银行、证券公司、保险公司、信托投资公司和基金管理公司等。金融中介的实质是资金的融通，实现期限、规模、风险的转换。数字技术则是对数据进行运算、加工、存储、传送、传播和还原的技术，金融领域应用最为广泛的数字技术是数字平台、大数据和云计算。中国传统金融机构不断增加金融科技方面的技术研发和改造投入。2019年，中国金融机构的技术资金投入达1770.9亿元，其中投入大数据、人工智能、云计算等前沿数字技术的资金占比达到20.5%，预计今后会稳步上升（艾瑞咨询，2020）。目前从数字化技术投入和转型程度看，银行机构快于保险机构，保险机构领先于证券、基金等机构。数字技术正推动中国传统金融机构以主动转型和与新型金融机构合作的方式向数字化迈进。

一、数字技术推动传统金融机构商业模式转型的机制

金融机构商业模式数字化转型的核心是以数据为基础、以技术为驱动、以场景为切入，在渠道布局上实现"线上+线下"融合互通发展，风控模式上加强数字化风控提高风控效果，服务范式上实现精细化差异化，运营模式上促进智能服务，生态构建上实现共建共赢发展。

（一）营销渠道转型

数字技术发展使得传统金融机构打破了原来线上、线下相互独立的模式，逐渐实现线上和线下渠道融合互通发展、优势互补。随着数字技术发展和互联网经济金融的渗透，线上渠道优势被进一步扩大。线上服务具有触达广泛且精准、服务高效且便捷、用户反馈及时等优点，能够提高获客效率、运营效率和金融产品创新附加值。在公共卫生事件管控期间，线上服务的独特优势和重要意义更加凸显。银保监会及时发布通知要求银行和保险机构积极推广线上业务，强化电子渠道服务管理和保障，优化丰富"非接触式"渠道，提供安全便捷的金融服务，切实做到应贷尽贷快贷、应赔尽赔快赔。数字技术也可以为金融机构线下物理网点优化布局提供决策依据。例如，银行可以借助数字化技术监测物理网点的排队、业务量、业务类型，及时捕捉线上用户位置、需求信息、用户特征，进而裁撤和新增线下网点，实现优化布局，同时提供更契合网点服务客群实际需求的特色化、智能化服务，促进网点精细化管理，提高线下运营效率。

（二）风控机制转型

金融机构应用大数据、人工智能等数字化技术能够实现内外部数据多维连接、数据动态交互和数据深度挖掘，建立高效、实时的全流程金融风险控制模型，提高风控效率。传统金融风控模式主要依靠有限、维度单一、可靠性

难保障的用户线下数据以及专家经验主观判断等风险评估技术，难以平衡风控成本和风控效果（黄益平等，2021）。尤其是对于缺乏信息的小微企业，运用传统风控方法无法对其风险进行有效识别，只能依靠抵押品，但这类企业一般缺少可以抵押的资产，由此导致传统银行无法很好地服务小微企业。数字技术的发展则能够实现大数据多维连接和动态交互，特别是可以利用用户的数字足迹、行为数据，对用户进行精准画像和实现实时动态监测，更有效地解决信息不对称问题。例如，微众银行依靠海量数据和数字技术搭建的个人经营贷的额度评估模型，解决了对企业的风险核定问题，其推出的基于舆情的贷中风控平台，能够辅助识别贷中用户画像，帮助其更好地实现风险监测。这种风控模式也逐渐被传统银行采纳，例如中国工商银行目前就与政府部门、大型企业、电商平台和数据公司合作建立了全场景的融资服务，以打通目标客户采购、生产、销售等各个环节，打破"数据孤岛"，形成场景融资服务的新模式。金融机构还可以利用数字技术提供差异化金融服务。因为传统金融产品特别是银行信贷、保险、基金等金融产品，标准化、同质化程度较高，具有产品开发、风险控制成本低的优势，但也难以兼顾满足不同客户群对金融服务的共同需求和个别需求。

（三）降本增效机制

数字技术有助于提升金融机构运营效率，降低运营成本。银行、保险等传统金融机构存在的大量重复性工作，例如客服、柜台等直接面对用户的前台业务，正不断被人工智能替代。这不仅大幅降低出错率、提高工作效率，同时有助于金融机构减少对人力的依赖，降低人力成本。其中，银行业在应用人工智能客服降低成本中受益最大，保险业次之，证券业和基金业则受益非常小。与此同时，数字技术极大地降低了金融机构获客成本、风控成本，技术投资支出在其成本结构中的地位将越来越重要。研究表明，美国金融中介机构的成本费用率在过去一个世纪多的时间里保持在2%左右不变，而这一比率在过去10年则显著下降（Philippon，2015）。导致金融中介成本下降的关键因素则是科技进步。我国的银行金融机构已开始将贷款申请、审批、放贷、还款全流程全部或部分迁移到线上，以缩短响应时间，优化审批流程，提高审批效率。其中比较有代表性的是，华夏银行利用生物识别、电子签章等技术，将小微信贷业

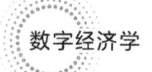

务的线上审批时间由7个工作日缩短至1分钟。

二、我国商业银行的数字化转型模式

我国商业银行正积极推进数字技术与金融业务的深度融合。未来的银行服务将无处不在，而非仅在银行网点（布莱特·金，2018）。目前，我国商业银行是金融科技投入的主力军。传统大型银行逐步加大金融科技投入，构建直销银行，实现交易流程线上化、数字化。例如，中国工商银行推出"小微中心+实体网点+自助渠道+电子银行"的贷款模式，客户可直接在客户端线上查询、申请，系统自动审批放贷；光大银行推出"云缴费"，利用数字技术提供生活缴费服务，其已拥有几亿活跃用户；平安银行推出小微银行"了解你的客户业务"（KYB），客户只需去一次银行网点完成开户，以后很多交易都可线上完成，该银行还结合第三方数据提高了信用风险管理的效率。相对应的，传统金融机构的线下业务开始呈现不断收缩的趋势。根据银保监会金融机构许可证数据，2015年起，银行机构线下网点关闭数量迅速提升，且新设线下网点数量显著下降（谢绚丽，2019）。这一变化不仅体现了数字金融发展对传统银行依托线下网点发展业务的冲击，也体现着传统银行正着力向线下线上渠道融合发展转型。

与此同时，数字技术发展也推动了传统商业银行与新型金融机构合作。数字技术的快速发展和应用，催生了国内外一批科技公司、互联网银行进入金融领域，且它们在服务低收入群体和中小微企业等长尾客户方面发挥了明显的优势。在长尾客户市场上，传统商业银行寻求与金融科技公司加强合作，形成新的金融业务增长点。金融科技公司的加入和普惠金融理念让传统金融机构注意到长尾客户的价值。除了四大行开始与主要的金融科技集团进行战略合作之外，中小银行也越来越多地选择与大型金融科技公司开展合作。

联合贷款是新型互联网银行与传统银行间较为成熟的合作模式。在该模式下，互联网银行先进行线上获客和风控评估，当客户发起信贷提款申请时，传统银行再进行二次风控，并根据约定的比例与互联网银行共同为客户提供贷款、承担风险和分享利息收入，同时传统银行支付互联网银行一定的服务费以覆盖其获客成本和技术成本。这一模式在解决互联网银行自有资金短缺问题、解决"资金从哪来"问题的同时，还能够为传统银行信贷业务的线上获客引流，为传统银行解决线上获客困难的问题。

互联网银行也在积极探索与传统银行信用卡中心合作进行联合风控的模式。在这种模式下，传统银行信用卡中心先对申请信用卡的客户进行风险评估，之后将被拒绝的客户资料交由互联网银行利用其丰富多维的数据源和风控体系进行二次风控。对二次评估中给予授信的用户，由互联网银行和传统银行联合发放贷款，或由传统银行完全发放贷款并支付互联网银行一定额度的技术服务费。联合风控模式不仅让互联网银行向传统银行输出了在线风控能力，为其风控系统进行"数据赋能"，而且扩大了传统银行的信贷服务范围和客户群，有助于其服务覆盖面和普惠性的提升。

三、保险业金融机构的数字化转型模式

保险公司利用人工智能、大数据、云计算和区块链等前沿数字技术，在精准营销、产品创新、风险管理和用户体验等方面提高服务效率。保险行业的变革已经由渠道变革转向运营和服务模式变革阶段。全球来看，早期的互联网保险公司自2000年开始，将产品报价、投保、保费支付、保单变更、续保以及理赔服务等用户体验服务迁移到互联网，提供在线服务。2014年，基于数字技术的保险科技初创企业开始发展，保险分销商通过开发智能手机应用程序，将用户参与保险的主要模式发展为移动操作系统（王媛媛，2019）。数字技术的应用使保险公司的经营模式、风险管控模式和用户体验模式发生变革。

在经营模式上，保险公司基于数字技术进行差异化、个性化产品创新，助力保险代理人精准营销，实现自动保单和理赔服务，优化保单定价，极大地提高了保险公司的盈利能力。例如，中国人寿寿险公司构建新"睿运营"模式，搭建寿险APP、小程序、官微所构成的线上服务平台矩阵；2023年寿险APP注册用户数近1.5亿人，是五年前的2.3倍，个人长险无纸化投保率已达99.99%，核保智能审核率达94.98%，个人业务承保时效提速至0.13天。

在风控模式上，以往保险公司主要依靠人力和历史经验管理承保和理赔风险。数字技术应用背景下，保险公司通过人工智能、大数据、物联网和区块链技术开启智能风控模式，提高风控精度、实现智能预警和多维核验，降低保险公司的运营风险。例如，截至2019年末，中国平安人工智能图片定损技术及精准客户画像技术已为90%车险出险客户提供在线服务，其中近25%案件可通

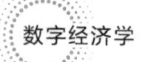

过智能定损完成。

在用户体验上,以往保险公司主要依靠保险代理人推介产品,保险代理人业务水平参差不齐,容易出现销售误导,引起理赔纠纷,用户体验差。数字技术的应用增加了用户与保险公司的直接互动次数,为用户提供了在线保单自助服务的渠道,有效提高保险服务的便捷性。例如,截至2019年末,中国平安智能语音机器人全年累计服务量达8.5亿次,已经覆盖该集团83%的金融销售场景、81%的客户服务场景。

四、证券业金融机构的数字化转型模式

《中国证券业发展报告（2019）》强调,证券市场是信息信用市场,科技运用是证券业发展的生命线,数据生态是证券业实现高质量发展的重要基础设施。证券行业已进入崭新的金融科技时代,数字技术的创新发展在给证券行业带来冲击的同时,也为其引入了新的产业元素、服务业态和商业模式,拓宽了证券行业的业务边界,其引发的创新、转型和变革将对证券行业的发展格局产生深远影响。近年来,证券行业对信息技术的投入力度呈稳步增长之势。然而,2019年,我国的98家证券公司中信息技术投入额在1亿元以下的有46家,占比为47%,其中有17家信息技术投入额在5000万元以下,我国证券行业对信息技术的投入力度相比较我国的银行和保险业以及国际同行仍显不足。证券业协会开展的关于金融科技在证券行业中的应用调查显示,2018年,我国79家证券公司通过全部外购、合作开发或自主研发方式至少落地了一项新型数字技术,绝大部分券商已落地云计算、大数据和人工智能技术,仅11家券商落地了区块链技术。从数字技术应用的业务领域来看,人工智能、云计算和大数据技术应用已覆盖券商各业务领域,区块链技术的应用尚处于探索阶段。其中,人工智能主要应用于证券经纪业务,如算法交易的人工智能优化和人工智能云平台；云计算集中应用于证券经纪业务和系统运维,如自动化构建和部署平台；大数据在证券经纪业务中应用最多,在系统运维、风险管理和运营决策中应用广泛（如数字化运营平台）。

第三节 "数字化+普惠金融"为实体经济赋能

普惠金融在全球的实践可以追溯到20世纪70年代，东南亚和拉美地区的一些非政府组织用公益的方式向贫困人口发放小额贷款。其中，最著名的例子当属孟加拉国的穆罕默德·尤努斯（Muhammad Yunus）教授以27美元起家向赤贫家庭发放小额贷款，历经磨炼最终成立了客户达数百万之多的格莱珉银行（Grameen Bank），他本人也在2006年荣获诺贝尔和平奖。格莱珉银行之所以为人称道，是因为它以公益为目标，经营却完全是商业化的，比如它的贷款利率绝不是享受政府补贴的优惠利率，而是实实在在的市场利率。从早期的微型金融到如今的普惠金融，它能起于滴水穿石之力，终汇成江河潮涌之势，盖源于其社会目标和商业目标的同时实现。据世界银行估算，截至2016年，全球大约还有将近20亿成年人仍然处于没有金融服务或缺乏金融服务的状态。自2005年联合国提出"普惠金融"的概念后，人们对普惠金融充满了期待，同时也不乏疑虑。

一、数字技术提升支付效率

数字技术正在改变金融服务效率。从居民消费的支付金额来看，移动支付已经超过现金消费和银行卡支付，成为我国居民消费最主要的支付方式。数字金融在服务中低收入人群，解决民营企业、中小微企业融资难等问题方面，已经开始发挥信息和技术优势，促进了普惠金融发展。"无支付，无金融"，形容的是支付对金融服务的基础性作用。支付是商品交易的终点，同时也是货币流动的起点，更是金融活动的起点。当前"以支付为手段、以流量为入口、以数字为目的，进而提供金融服务、精准营销等其他增值服务"是数字支付相关机构变现"流量"的主要逻辑。为顺利实现支付，金融机构与其他相关机构共同建立起关于债权、债务结算和清算的金融服务支付体系，支付体系是当前经济活动运行中最重要的金融基础设施之一。

现代支付体系一般包括支付服务主体、支付系统、支付工具和监管制度等要素。同样，数字普惠金融的起点和基础也是支付。支付是金融和经济社会的基础设施，同时也是金融科技发展应用的先锋兵（京东数字科技研究院，2019）。目前现金支付手段已经基本消失，信用支付和电子支付成为现代支付体系的主要构成部分。其中，电子支付中的数字支付是现代支付体系的主要创新方向（贝多广等，2017）。数字支付即借助计算机、智能设备等硬件设施，以及移动通信、信息安全等技术手段实现的数字化支付方式。

数字支付兴起之初，主要应用于零售端的"小额支付"。在零售端，数字支付的发展历程可以划分为两个时期："流量战争"时期和"场景战争"时期。"流量战争"时期，数字支付相关机构凭借二维码低廉的部署成本和"红包返现"等营销手段的刺激，迅速培养了人们的数字支付习惯和支付方式。当前以移动支付为主的数字支付对传统的现金支付和卡基支付替代效应明显，深刻改变了原有的支付体系。得益于金融科技和数字技术的迅速发展，我国在数字支付尤其是移动支付领域实现"弯道超车"，领跑全球。未来，随着该行业的发展和技术的成熟，数字支付还将实现由表及里、由小而大、由内而外的跃迁，最终成就一个数字支付"大时代"。

二、数字技术促进普惠金融发展

我国数字金融发展领先世界的突出贡献之一是促进普惠金融发展（Huang et al.，2020）。其中，首创于我国的大科技信贷是具有突破性的普惠金融创新。大科技信贷是一项国际前沿的普惠金融创新，指大科技公司利用大科技生态系统和大数据风控模型这两大工具提供信贷服务，创新信用风险管理框架，提高信用风险管理效率。这项具有突破性的信贷业务2010年最初诞生于我国，目前已经在许多国家落地，它为发展中小微普惠金融服务提供了一个相对稳健的解决方案。

中小微企业"融资难"是各国均面临的一项严峻挑战。为中小微企业提供信贷服务，既要解决"获客难"的问题，又需克服"风控难"的障碍。过去十年间，中国一些大科技公司率先利用大科技平台获客，并积累客户数字足迹，再以大数据支持信用风险评估，走出了一条为中小微企业提供信贷服务的成功道路。根据国际清算银行估计的数据，我国是全球最大的大科技信贷市场。几家新型互联网银行，比如微众银行、网商银行，每年分别要发放一千万笔以上的贷款，平均不良贷款比率不超过2%，远低于传统商业银行同类贷款的不良率。在新冠肺炎疫情流行期间，这些新型互联网银行发挥"无接触交易"的优势，持续为中小微企业提供融资服务，发挥了宏观经济稳定器的作用，受到了国际货币基金组织（IMF）、国际清算银行（BIS）等国际机构的关注和肯定。

大科技信用贷款依靠大科技平台及相关的生态系统、大数据信用风险评估两大支柱，有效降低信息不对称的程度，减少信贷服务中的逆向选择和道德风险问题。其中，大科技平台的主要功能是海量、快速、低成本获客以及积累数字足迹。目前，微信支付和支付宝的用户总数均已突破10亿。对我国金融科技公司逐笔贷款数据的实证分析表明，与传统风控模型相比，大数据风控模型具有突出的信息优势和模型优势，能够更加准确地预测违约。同时，通过技术输出等方式，大科技平台正在与传统商业银行进行合作，实现风控和客户共享。数字技术也更有助于为中低收入群体等长尾客户提供普惠金融服务。长期以来，我国传统金融机构在对低收入群体和乡村居民提供金融支持方面，存在较大缺口。一方面，我国长期的增长模式以投资拉动为主，有限的金融资源优先支持了企业部门尤其是国有企业和大型企业的融资需求；另一方面，我国征信体系建设相对落后，多数低收入群体和乡村居民并没有征信记录，且他们的工作和收入不稳定，往往不是银行等传统金融机构青睐的客户。数字普惠金融的快速发展为居民家庭特别是低收入和乡村居民家庭，提供了有效规避和平滑风险的渠道（王勋等，2022）。移动支付也有助于促进居民创业从而增加家庭收入。利用我国家庭金融调查数据开展的研究显示，由于移动支付交易的便利性和安全性，农业家庭使用移动支付后，除农业生产外，其开始从事个体经营活动的概率提高了2.5%，家庭人均年收入增加近3000元；使用移动支付之前已经从事个体经营活动的家庭，家庭人均年收入增加更多，超过了4000元（Huang et al.，2020）。

三、数字普惠金融支持实体经济发展

金融的本质是服务实体经济，科技进步是推动金融创新的重要力量（胡滨等，2020）。在数字金融中，我们可以利用数字技术从实体经济的物流、信息流和资金流等大数据中挖掘出新的有价值信息，从而将其应用于企业的信贷融资环节，这对完善金融体系、降低融资成本、实现经济结构优化和技术升级都具有十分重要的意义（Sarma et al.，2011）。

(一)降低金融服务的门槛和边际成本,提高金融服务的可获得性

普惠金融的核心是通过可持续的方式为低收入人群和中小微企业提供可负担的金融服务,为扶持企业和家庭的经济增长、消除贫困和不平等提供金融支持。在过去的十几年中,我国在发展普惠金融方面做出了诸多努力,但是由于服务成本和信息不对称等原因,传统的金融体系对实体经济的支持力度仍然不足,同时缺乏商业可持续性。而数字普惠金融利用数字技术,凭借"成本低、覆盖范围广、可获得性高"的优势,为我国的普惠金融带来历史发展的机遇。

(二)替代非正规民间借贷,改善金融生态

P2P(peer to peer,个人对个人)网络借贷在发展的初期,主要是替代民间借贷等非正规金融业务,作为商业银行在个人和中小微企业信贷市场缺口的有效补充。正规持牌的小额贷款公司由于规模、地域及获取存款方面的限制,难以满足这方面庞大的借贷需求。而且由于缺乏识别贷前风险和管理贷后风险的有效工具,以及明确的法律和金融监管细则,民间借贷很容易出现高利贷,其借贷的年化利率动辄达到50%甚至超过100%,暴力催收的现象也很常见。同时,民间借贷中的非法集资、"卷款跑路"现象也屡见不鲜,投资人的本金和收益难以保障,产生许多社会问题。P2P网络借贷市场的快速发展有效缓解了个人和小微企业的借贷需求,同时显著降低了民间借贷成本,净化了金融生态。

(三)推动传统金融体系深化改革,提高对实体经济的服务效率

数字金融给传统金融体系带来三个层面的提升和革新。第一,数字金融技术提高了传统商业银行的服务效率,降低了商业银行对线下网点的依赖性,提高了其金融服务的覆盖和触达能力,对改善我国金融资源配置的区域不均衡性具有重大意义。第二,数字金融给传统商业银行带来技术进步、更加丰富的应用场景和更多金融产品创新;借助信息技术、互联网络、大数据等技术手段,银行降低了成本和风险、优化了客户体验、提高了服务效率,数字技术增加了金融产品、金融服务乃至金融机构的多样性。第三是对金融生态和契约关系的重构。新的金融体系吸收了互联网的开放、共享精神,借助数字技术使服务群体获得更广泛的自由选择权和参与权。

（四）推动利率市场化进程，促进金融资源的市场化配置

利率是资金的价格，是引导金融资源有效配置的重要市场信号，在金融体系中居于核心地位。互联网货币基金等金融产品的出现，使大量中低收入人群的闲余资金享受到了真实市场利率的收益，极大激发了普通民众利用小额闲置资金参与投资的热情。在这类互联网金融产品的冲击下，各商业银行也纷纷推出各式超活期和期限灵活的理财产品。激烈的市场竞争缩小了活期存款利率的巨大利差，在事实上加快了我国存款利率市场化的步伐。更重要的是，数字金融平台通过低成本的网络渠道和技术创新带来的便利性，极大地降低了普通投资者的投资门槛，提高了社会资金的流转速度，加强了银行在负债端的竞争激烈程度，使利率及时地反映资金供求。

（五）催生互联网消费金融模式，推动社会消费升级

我国经济正处于结构转型中，以往投资驱动的粗放式发展模式正在逐渐改变，居民消费增长将在国家GDP增长中发挥更重要的支柱作用。作为刺激和扩大消费并推动消费升级的重要工具，消费金融的黄金时代正在来临。其中，互联网消费金融成为带动消费金融发展的主力。目前，互联网消费金融主要有三类代表性模式。第一类是以蚂蚁金服和京东金融为代表，从电商平台起步的综合平台；第二类是以趣分期、分期乐为代表的分期购物互联网消费平台；第三类是以百度金融为代表的基于教育、家装等消费场景的分期贷款平台。目前国内结合消费场景推行消费金融服务已十分常见，例如，蚂蚁金服和京东金融分别在为阿里巴巴和京东的电商平台提供"蚂蚁花呗"和"京东白条"等消费金融服务。

（六）催生新的商业模式，促进企业创新创业

进入21世纪以来，以数字经济和共享经济为代表的新经济发展拉开帷幕，各类新的商业模式出现，开始超越传统的制造业成为经济发展的新引擎。创新创业的大力推进和新经济的快速发展，离不开恰当的资金支持。一方面，新经济企业不像传统制造业一样有庞大的固定资产或土地，无法以其作为抵押品从银行处获得贷款；另一方面，一些高速成长的新经济企业在初创和成长早期没有利润，也无法满足传统商业银行的风控标准。因此，国内的创业企业面临的"融资难，融资贵"问题更为突出。2015年，《政府工作报告》首次提出

"互联网+"行动计划。让互联网与传统行业进行深度融合，创造新的发展生态。这一战略为解决中小企业融资难、推动创新创业发展提供了新的机遇。互联网科技与金融结合，以数字技术为支撑的数字金融在减少信息不对称、降低交易成本、推动创新创业方面也大有可为。党的二十大报告强调，"加快发展数字经济，促进数字经济和实体经济深度融合，打造具有国际竞争力的数字产业集群"。2022年中央经济工作会议强调，要大力发展数字经济，提升常态化监管水平，支持平台企业在引领发展、创造就业、国际竞争中大显身手。这些政策为我们推动数字经济高质量发展、促进数字经济与实体经济深度融合指明了前进方向。

第四节 我国数字金融的新发展

一、我国数字金融发展现状

近年来，数字金融在我国快速发展并取得了显著成就，成为我国经济社会发展的重要驱动力。根据毕马威发布的《2018年全球金融科技100强》，中国公司占据了前五名中的三个：蚂蚁金服、京东金融和度小满分别位居第一、第二和第四。但是我们也会发现我国的与北美和西欧国家的数字金融公司存在着明显的差异：第一，我国领先的数字金融业务是移动支付、在线贷款、数字保险和在线投资，而几乎没有加密货币和跨境支付业务；第二，虽然我国有大量的数字金融公司，但该领域是由大型科技公司所主导的，以"BATJ"（百度、阿里巴巴、腾讯、京东）为代表的互联网巨头进入数字金融领域较早，布局较全，同时凭借自身的技术、流量、用户、数据、品牌等优势，快速构建起数字金融平台生态，各自旗下的数字金融"独角兽"也日益强大；第三，我国数字金融的发展具有促进金融普惠的显著特征，发展普惠金融是推动金融普及、提升金融服务公平性、增强金融服务实体经济覆盖面的重要途径。

北京大学数字金融研究中心发布的中国数字普惠金融指数（PKUDFIIC）

对数字金融的发展趋势给出了可量化的比较[①]。该指数反映出我国数字金融发展的第一个特点是普惠金融飞跃式的增长，普惠金融的省级指数中位数在2011年仅为33.6，而在2018年升至294.3，意味着平均年化增长率为36.4%（郭峰等，2020）；另一个特点是普惠金融在地区间的差异收敛化，普惠金融省级指数在最发达与最落后地区的差异从2011年的50.4%下降到2018年的1.4%，市级层面的数据进一步显示，其间全国各地区普惠金融的差异收敛程度也在不断提高。

1935年，我国著名地理学家胡焕庸先生在中国地图上画了一条线，从黑龙江的黑河市到云南的腾冲市，线以西56.3%的领土面积仅养育了5.6%的人口，这条线后来也被称为胡焕庸线，地广人稀的现实困难使得中西部区域经济发展水平长期落后（胡焕庸，1935）。然而，近年来，随着电子商务、移动支付等的发展，数字金融公司首次越过了胡焕庸线，并迅速进入了中国中西部的许多地区。借助数字技术的超地理性，数字金融特别是移动支付以其独特的优势推动"胡焕庸线"东西两侧地区的平衡发展，为西部地区提供了更充分的发展机遇和红利。此外，从分类的角度来看，金融科技的发展在移动支付、在线贷款、数字保险和在线基金投资方面更为成功，而出于对洗钱和金融稳定的担忧，目前我国的监管部门禁止交易加密货币和初始货币产品（ICO）。

二、数字金融产品

从业务发展看，数字技术的发展对传统金融行业的影响极大，推动传统金融不断产生新业态新模式，如大数据风控与传统银行风控结合，既可以提升风控的精准度，还能扩大金融服务的覆盖面。从业务领域看，数字金融将从目前的移动支付、互联网贷款、数字保险扩展到智能投顾和央行数字货币等新领域（赵立斌等，2020）。

（一）移动支付

移动支付是深入百姓日常生活的重要领域。移动支付通过应用大数据、云计算、物联网和区块链等技术，大大提升了用户支付的便捷程度，如支付

[①] 数据说明：北京大学数字普惠金融指数是由北京大学数字金融研究中心与蚂蚁金服合作开发的，该课题组从数字金融覆盖广度、数字金融使用深度和普惠金融数字化程度等三个维度来构建数字普惠金融指标体系，具体包括支付、投资、保险、货币基金、信用服务等共计33个指标。

宝、微信支付等移动支付产品已经成为国民级应用软件，以四大行为代表的银行也纷纷推出移动支付功能，截至2020年12月，我国网络支付用户规模达8.54亿人，其中手机用户占比高达99.84%。

（二）网络借贷

通过应用大数据、人工智能、云计算等技术，可对资金需求方快速进行信用评级，网络借贷新模式不断产生。新型的网络借贷对资金需求方的借贷门槛要求大幅下降，借贷方式也更加灵活，能够实现资金需求方和供给方的直接对接。但网络借贷的潜在风险不容忽视，由于网络交易存在虚拟性，网络借贷中欺诈、违约等情况大量存在，部分违法活动隐藏其中，比如"校园贷"就曾经被曝出过诸多恶性事件，"多多理财""爱钱进"等P2P平台爆雷（平台停业导致用户权益受损）事件则直接推动了国家对网络借贷的监管和立法。

（三）财务管理

数字技术的发展促使以往由银行等金融机构从事的财富管理业务向数字企业转移。以智能投资顾问为例，通过相关模型计算以及对个人偏好、理财要求等信息的分析，智能投资顾问可以为客户提供资产配置建议，降低用户的投资门槛和交易成本（赵立斌等，2020）。当前著名的咨询公司大多包含该项业务，例如普华永道的财务咨询服务包含财务目标运营模式设计与财务转型、财务共享中心建设、财务绩效管理、司库与资金管理等四块内容。

（四）互联网保险

数字技术的发展和应用直接推动着保险业务模式的不断转型升级。数字技术对传统保险业的影响是颠覆性的。一方面，它促进传统保险公司开始布局互联网保险业务，如早在2000年太平洋保险和平安保险就开通了网站，推出互联网保险业务；另一方面，大数据技术的应用使保险公司对潜在客户的识别和对风险精准计算的效率有极大提升，新的保险业务和模式不断涌现，当前互联网保险不仅覆盖了原有的保险业务，还催生了许多新型保险业务，如物联网技术的应用促进了车联网保险的诞生，云计算技术则大大提升了互联网保险的效率。近年来，政府与保险公司开始合作推出普惠性质的保险业务，这类业务成为互联网保险发展的重要方向之一。例如，2021年在杭州市医保局指导下，中国人寿、人保财险、泰康人寿、平安产险等保险公司共同推出了医疗保险产品

"西湖益联保",将个人补充医疗保险的保费门槛降低到了150元;宁波等城市也推出了"天一甬宁保"等类似产品,这类产品大大提升了个人补充医疗保险的覆盖率。

(五)数字银行

数字技术的发展同样推动着传统银行业不断创新。数字银行是指银行所有活动、计划和职能的全面数字化。数字银行的发展需经历三个阶段。第一阶段为银行自动化。20世纪70年代花旗银行开始利用ATM机来满足客户的一部分日常事务,这就是银行自动化的开端;当前银行已开始大量应用具有更多功能的银行智能柜台机,大大提高了银行的自动化程度。第二阶段为银行电子化。银行电子化的代表性产品即网页版和手机版的电子银行,用户能够在线上处理银行业务,大大提升了业务办理效率。第三阶段为银行数字化。银行数字化是指银行机构利用数字技术对业务数据进行分析,从而提高银行内部的运营效率,改善服务模式。在传统银行开始加快金融科技领域布局的情况下,一些科技公司也开始进军银行业,比如阿里巴巴发起成立网商银行,成为首批五家民营银行之一,加快了银行数字化进程。

三、数字金融风险

数字金融发展关乎国家金融安全,从整体来看,数字金融至少包含以下五项风险(赵立斌等,2020)。

(一)系统性金融风险

数字金融的便捷属性和普惠属性一定程度上建立在降低用户门槛的基础之上,虽然数字金融对个人和小微企业提供了一定资金上的便利,但一方面用户可能存在抗风险能力较弱的问题,另一方面部分数字金融企业存在风险意识淡薄的问题,近年来P2P平台爆雷等事件就是实证。因此我们应当防范系统性金融风险的出现。

(二)投资与信用风险

由于当前数字金融的立法还不完善,一些金融机构片面追求收益最大化,使得网上借贷行为中存在着大量资金发放给信用等级较低用户的情况,从而使得借贷行为存在较高风险。同时,一些"套路贷""校园贷"等违法行为

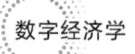

也侵害了借贷人的合法利益，滋生了许多恶性事件。因此我们要加快健全数字金融立法，防范投资和信用风险。

（三）银行监管风险

由于数字金融形式多样，存在大量混业经营的情况，数字金融平台常集数字银行、网上与移动支付、互联网保险和网上证券等业务于一体，监管难度大。而当前分业监管是银行监管的常用手段，这就容易导致很多数字金融新业态新模式得不到有效监管，相关法律法规也存在滞后性。

（四）货币政策效果降低风险

传统货币政策主要的管控对象是银行体系，而数字金融中大量资金不在银行体系内，如区块链技术催生的比特币，常成为不法分子洗钱的途径，这极大打击了货币政策效果。如果不加强对数字金融新业态的了解和管控，可能会产生中国人民银行不能准确估计货币供应等问题，以及打击其他政策的管控效果，不利于我国银行系统的健康发展。

（五）个人信息泄露风险

数字金融线上业务需要用到大量且重要的个人信息，但目前从事数字金融业务的不仅限于正规的银行，部分新成立的理财、投资公司热衷于炒作甚至诈骗，并不重视对用户个人信息的保护，缺乏敬畏之心。因此个人信息保护问题是数字金融发展过程中的核心问题之一，我们需要通过新的技术手段来应对新的风险，并且要从政策、立法等多方面采取行动。

四、对数字金融行业的监管

为了实现鼓励金融创新、有效防控风险和保护消费者权益三者的均衡，黄益平等（2019）建议从以下四个方面对数字金融行业进行监管。

（一）金融交易的全面监管

目前我国的金融监管框架由四个核心机构组成：中国人民银行、国家金融监督管理总局、中国证券监督管理委员会和地方性金融监管部门，每个监管部门负责监管一组金融机构，由国务院金融稳定与发展委员会进行总体协调。这种分业监管体系通常会遗漏许多不属于传统金融机构的金融活动，如影子银行等，而金融风险具有传染性和巨大破坏力监管部门需要及时、准确地判断风险的来源、强度及其传导网络，并采取合理有效措施化解金融风险。为此，我们可以通过将以机构为中心的监管体系，转变为以机构和职能为中心的监管体系，建立起数字金融行业的统一的监管规则和长效监管机制，实现金融风险监管的全覆盖，避免监管漏洞。

（二）监管框架的系统重构

构建新的监管框架，以应对数字金融趋势下金融风险跨行业传递可能引发的系统性风险。例如，我国数字金融行业的主导公司（如蚂蚁金服、京东金融、百度和腾讯）均拥有多个金融业务的许可证，这可能会产生金融业务交叉所带来的风险传染和转化。因此，统合监管体系已经成为国际监管改革的重心。例如，美国通过建立"金融稳定委员会"来改善多头监管下的监管碎片化问题，而英国则通过改进型的"双峰模式"来应对当前的金融发展趋势。我国也应该继续推动监管协调方面的改革，统合当前碎片化的监管体系，提高监管的覆盖率和有效性。

（三）监管科技助力风险监测

数字金融的相关服务在被复杂结构化处理和技术编程后，其风险变得更加隐蔽，这给监管的及时性和准确性带来了挑战。此外，数字金融的开放性和延展性也使得信用风险、操作风险和市场风险等金融风险存在显著的外溢性和传染性。在传统监管技术下，金融机构的常规报告或监管部门的现场或非现场检查不足以及时发现并解决问题。2017年，金融科技委员会成立，明确提出强化监管科技应用实践，积极利用大数据、人工智能、云计算等技术丰富金融监管手段，提升跨行业、跨市场交叉性金融风险的甄别、防范和化解能力。

（四）金融创新与金融稳定的平衡

为降低监管不确定性给数字金融发展带来的限制，许多发达国家的监管部门都转变了传统的监管思维，尝试采用监管沙盒的评估方法。英国金融行为监管局于2015年推出的"监管沙盒"对监管科技的应用具有典型意义。"监管沙盒"最早是用于分离正在运行的程序的安全机制，通常用于执行未经测试或不受信任的程序或代码，防止其直接运行对主机或操作系统造成损害。"监管沙盒"通过提供一个"缩小版"的真实市场和"宽松版"的监管环境，在保障消费者权益的前提下，鼓励数字金融初创企业对创新产品、服务、商业模式和交付机制进行大胆操作，能够减少时间和成本以及使初创企业有更多的融资渠道，从而有助于形成更有效的行业竞争。我国或许也应采取"监管沙盒"制度来合理评估数字金融行业创新的成本和收益，及时发现金融创新的过度行为以及监管过度限制可能对消费者福利产生的损失，从而平衡金融创新健康发展与监管合理到位的关系，在适度监管、包容性监管的框架下，保证数字金融行业的合理有序发展。

2019年1月，国务院批复同意北京市在依法合规的前提下探索"监管沙盒"机制。2019年12月，中国人民银行支持在北京市率先在全国开展金融科技创新监管试点，探索构建符合我国国情、与国际接轨的金融科技创新监管工具，引导持牌金融机构在依法合规、保护消费者权益的前提下，运用现代信息技术赋能金融提质增效，营造守正、安全、普惠、开放的金融科技创新发展环境。通过开辟监管沙盒这一片试验田，在其中对金融创新产品进行测试，既实现了政府的弹性监管，促进了政府与监管对象之间的合作，同时也保护了金融创新产品的消费者，防范了金融风险。监管沙盒作为一种新型的监管框架，可以说是监管者智慧的体现。日益新颖、层出不穷的金融创新产品也对我国金融监管工作形成了很大的挑战。监管沙盒的出现促使我们进一步思考未来的金融监管理念和监管策略该如何转变。

第七章 数字金融

> **案例分析与思考**

数字农贷为乡村振兴注入科技力量

> **思政元素**

乡村振兴：随着农业生产规模化、现代化及产业化程度逐年提高，金融"活水"支持对乡村振兴的意义不言而喻。"十四五"规划纲要特别指出要健全农村金融服务体系，完善金融支农激励机制。2021年中央一号文件也指出，要发展农村数字普惠金融。大力开展农户小额信用贷款、保单质押贷款、农机具和大棚设施抵押贷款业务。鼓励开发专属金融产品支持新型农业经营主体和农村新产业新业态。

> **案例描述**

当前，越来越多的城商行、农信社在与科技公司合作推动农村数字普惠金融方面开始发力。例如，东北某农村信用合作社联合社与京东科技集团（以下简称京东）旗下京东金融云平台携手，通过创新智能信贷平台——京东智贷云（MORSE），为当地农户提供了高效便捷的数字农贷服务，大幅缓解了农户耕种阶段的资金压力，助力农业生产有序推进，为东北黑土地的乡村振兴引入金融"活水"。

"通过App或小程序，在家就能申请农贷，3分钟就完成了信息录入，2分钟后钱就到账了，向银行贷款也容易了许多。有了农贷支持，今年手头宽裕多了。"回忆今年的春耕，张大爷一展笑颜，他在去年底贷款了12万元，用于购买农作物种苗和化肥等开销。依托京东智贷云，不仅农户获取金融服务便捷快速，农信社客户经理的工作效率也大幅提升。该农信社客户经理介绍道，"以往为农户评估贷款，一天下户只能采集5户，并且一个客户的纸质材料多达16份，还需要手动录入信管系统，现在采集信息实时提交系统，轻松多了。"

京东智贷云自2020年11月与上述农信社合作以来，已服务当地农户3000多户，数字农贷业务总量规模达8亿元，覆盖了种植和养殖农户，有力地缓解了

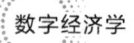

农户们在农业生产中的资金压力,为乡村振兴贡献金融科技力量。

京东金融云的核心定位是"联结产业供应链的数智化金融云",包含智贷云、信用卡云、资管云、支付云等多个行业云解决方案。京东金融云作为金融科技领域的第三代金融云,助力金融机构在数字化转型中建立起符合自身特色和未来需求的云原生底层能力、数据智能能力、业务创新能力、场景拓展能力、产融结合能力、智能风控能力以及全场景营销与运营能力,在实现技术自主可控的同时实现模式的全面升级。其中,京东智贷云是京东金融云的重要模块之一,它采用了SaaS平台结合本地化部署的方式,聚合了京东金融云的敏捷IT架构能力、数据中台搭建能力、智能风控能力、智能营销运营能力,可为农信社等金融机构提供获客、营销、运营、风控等全流程金融数字化解决方案。农信社等金融机构可轻松便捷一站式拎包入住京东智贷云,实现业务增长,更高效地智能化服务于"三农"产业升级,服务乡村振兴。

思政点评

目前数字技术应用在农业领域十分广泛,如农机自动化、智慧养殖、智慧水产、数字乡村建设等等。数字金融从广度和深度两个层面为农村带来普惠性金融服务。从广度上,数字金融将为农业、农村、农民提供银行、保险、基金、融资租赁等多元金融产品或服务,改变传统农村金融模式单一、产品匮乏的现状;从深度上,数字金融的兴起使大规模量身定制金融产品成为可能,增强了金融灵活性、适应性和可获得性,有效弥补了农村金融的短板。数字金融的去中心化特点大大缩短了信贷流程,效率大大提升。同时,数字金融创新金融模式,提高农村金融的稳定性,为农业提供可持续金融解决方案。

京东利用科技优势,助力金融机构围绕乡村振兴和普惠金融开展金融业务,从支持农户到支持小微商户,再到支持粮食生产、加工、销售等全产业链,践行普惠使命,科技赋能农业供应链场景,帮助各类农业企业、物资企业和农户降低成本、提高效率、增加收入,实现从金融供应链向产业供应链的发展,为农业产业数字化升级贡献力量,助力实现乡村振兴。

分析思考

◇查找资料,简述为什么我国在数字普惠金融方面能独占鳌头,领先世界各国甚至很多发达国家。

◇结合上述材料，简述数字金融是如何缓解个体及小微企业融资难题，助力实现乡村振兴的。

知识强化与课后习题

本章揭示了数字金融兴起的时代背景、概念内涵、理论基础及发展现状等。结合本章内容学习，请回答以下问题。

1. 简述数字金融的概念内涵及特征。

2. 简述数字金融是如何推动传统金融机构商业模式转型的。

3. 虽然数字金融拥有巨大的普惠价值，同时也存在实实在在的风险，比如有大量个体网络借贷平台出现问题。那么现行的监管政策应如何做出调整，才能更好地支持数字金融的健康发展，同时防范系统性金融风险，确保金融稳定？

参考文献

艾瑞咨询, 2020. 2020年中国金融科技行业发展研究报告[R].

贝多广, 李焰, 2017. 数字普惠金融新时代[M]. 北京：中信出版集团.

布莱特·金, 2018. 银行4.0：移动互联网时代的银行转型之道[M]. 施轶, 张万伟, 译. 广州：广东经济出版社.

陈胤默, 王喆, 张明, 2021. 数字金融研究国际比较与展望[J]. 经济社会体制比较 (1): 180-190.

郭峰, 王靖一, 王芳, 等, 2020. 测度中国数字普惠金融发展: 指数编制与空间特征[J]. 经济学(季刊), 19(4): 1401-1418.

胡滨, 程雪军, 2020. 金融科技、数字普惠金融与国家金融竞争力[J]. 武汉大学学报: 哲学社会科学版, 73(3): 130-141.

胡焕庸, 1935. 中国人口之分布——附统计表与密度图[J]. 地理学报 (2): 33-74.

黄益平, 黄卓, 2018. 中国的数字金融发展: 现在与未来[J]. 经济学(季刊), 17(4): 1489-1502.

黄益平, 邱晗, 2021. 大科技信贷：一个新的信用风险管理框架[J]. 管理世界, 37(2): 12-21.

黄益平, 陶坤玉, 2019. 中国的数字金融革命：发展、影响与监管启示[J]. 国际经济评论 (6): 24-35.

京东数字科技研究院, 2019. 数字金融[M]. 北京: 中信出版社.

王定祥, 胡小英, 2023. 数字金融研究进展：源起、影响、挑战与展望[J]. 西南大学学报: 社会科学版, 49(1): 101-110.

王媛媛, 2019. 保险科技如何重塑保险业发展[J]. 金融经济学研究, 34(6): 29-41.

王勋, 王雪, 2022. 数字普惠金融与消费风险平滑：中国家庭的微观证据[J]. 经济学(季刊), 22(5): 1679-1698.

谢绚丽, 2019. 新网银行调研报告[R]. 北京大学数字金融研究中心.

赵立斌、张莉莉, 2020. 数字经济概论[M]. 北京：科学出版社.

周永林, 2017. 金融科技 新金融生态下的机遇、挑战与应对之策[J]. 当代金融家 (2): 107-111.Berg T, Burg V, Gombović A, et al., 2020. On the rise of FinTechs: Credit scoring using digital footprints[J]. The Review of Financial Studies, 33(7): 2845-2897.

Huang Y, Zhang L, Li Z, et al., 2020. FinTech credit risk assessment for SMEs: Evidence from China[J]. IMF Working Papers, 20(193).

Lewis A, 1954. Economic development with unlimited supplies of labour[J]. The Manchester School of Economic and Social Studies, 22(2): 139-191.

Philippon T, 2015. Has the US finance industry become less efficient? On the theory and measurement of financial intermediation[J]. The American Economic Review, 105(4): 1408-1438.

Sarma M, Pais J, 2011. Financial inclusion and development[J]. Journal of International Development, 23(5): 613-628.

Schueffel P, 2016. Taming the beast: A scientific definition of FinTech[J]. Journal of Innovation Management, 4(4): 32-54.

Stulz R, 2019. FinTech, BigTech, and the future of banks[J]. Journal of Applied Corporate Finance, 31(4): 86-97.

第八章

数字经济评价

客观评价数字经济发展是了解数字经济发展现状、制定数字经济发展策略的重要工作。本章通过介绍国内外具有代表性的数字经济评价指标体系，总结其规律和经验，进而构建新的数字经济评价指标体系，对我国数字经济发展进行总体评价，阐释数字经济发展的空间差异和时空特征，并结合其国际比较，加深对数字经济发展规律的认识。

第一节　国内外数字经济指标体系概览

作为新的经济形态，国内外各界根据自身需求和具体情况，对数字经济进行了相关评价，推动了科学评价数字经济的进程。数字经济评价指标体系的构建参考和借鉴了国内外研究机构、政府等的相关指标体系研究成果。由于指标体系背后所隐含的观念、定义及方法因国情及发展阶段不同而有所差异，数字经济评价指标体系的构建既要从国外相关指标体系中吸取有益经验，同时也要符合自身社会、经济及环境特色。下面对国内外相关指标体系进行介绍，以期发现指标体系之间的共性。

一、国外数字经济指标体系

（一）欧盟数字经济与社会指数

欧盟历来重视数字经济的发展与统计，从2014年起发布欧盟数字经济与社会指数（Digital Economy and Society Index，DESI）（表8-1）（European Commission，2019）。DESI是刻画欧盟各国数字经济发展程度的合成指数，该指数由欧盟根据各国宽带接入、人力资本、互联网应用、数字技术应用和公共服务数字化程度等五个主要方面的31项二级指标计算得出。该指标的合成方法参照了经济合作与发展组织的《建立复合指数：方法论与用户说明手册》，具有较高的理论水平、科学性和可延续性。并且，该指数兼顾评价数字经济对社会的影响，是我们探析欧盟成员国数字经济和社会发展程度，比较、总结其发展经验的重要窗口。该指标体系的另一大优势是，大部分指标数据来源于欧盟家庭ICT调查、企业ICT调查等专项统计调查，具有充分的研究积累和数据支撑（徐清源等，2018）。

表8-1 欧盟数字经济与社会指数（DESI）指标体系

一级指标	二级指标
宽带接入	固定宽带
	移动宽带
	速率
	可支付能力
人力资本	基本能力和使用情况
	高级技能及发展
互联网应用	内容
	交流
	交易
数字技术应用	企业数字化
	电子商务
公共服务数字化程度	电子政务

（二）经济合作与发展组织衡量数字经济指标体系

作为对数字经济研究起步较早的机构，经济合作与发展组织（OECD）官方出版物《互联网经济展望》（*Internet Economy Outlook*）（2017年更名为《数字经济展望》（*Digital Economy Outlook*）、《衡量数字经济——一个新的视角》对数字经济有长期的跟踪和前瞻研究。OECD对数字经济的测度兼顾两种方法，《衡量数字经济——一个新的视角》中主要采用了对比法，其构建的数字经济指标体系涵盖具有国际可比较性的38个指标（表8-2），但是并未选取固定的样本国家进行全面的数据采集，也没有汇集成总的指标，未对世界各国的数字经济发展情况做出对比和评价。然而，该指标体系详细列出了数字经济的关键领域和评估要素，仍具有重要参考价值。

表 8-2　经济合作与发展组织数字经济指标体系

一级指标	二级指标	一级指标	二级指标
投资智能化基础设施	宽带普及率	赋权社会	互联网用户
	移动数据通信		在线行为
	互联网发展		用户复杂性
	开发更高速度		数字原住民
	网络连接价格		儿童在线
	ICT 设备及应用		教育中的 ICT
	跨境电子商务		工作场所中的 ICT
	网络安全		电子商务消费者
	感知安全和隐私威胁		内容无边界
	完善网络安全和隐私证据基础		电子政府应用
			ICT 和健康
创新能力	ICT 和研发	ICT 促进经济增长和增加就业岗位	ICT 投资
	ICT 行业创新		ICT 商业动态
	电子商务		ICT 附加值
	发挥微观数据的潜力		信息产业劳动生产率
	ICT 专利		测度经济服务质量
	ICT 设计		电子商务
	ICT 商标		ICT 人力资本
	知识扩散		ICT 工作岗位及 ICT 行业工作岗位
			贸易经济与全球价值链

在理念层面，OECD 也从直接法的角度对数字经济进行了前期研究，提出建立新的测量标准应重点关注的六大领域：一是提高对 ICT 投资及其与宏观经济表现之间关系的度量能力；二是定义和度量数字经济的技能需求；三是制定度量安全、隐私和消费者保护的相关指标；四是提高对 ICT 社会目标及数字经济对社会影响力的度量能力；五是通过建立综合性和高质量的数据基础设施来提高度量能力；六是构建一个可将互联网作为数据源使用的统计分析框架。

（三）世界经济论坛网络准备度指数

世界经济论坛（WEF）从 2002 年开始发布网络准备度指数（NRI）（表 8-3），重点分析全球信息化领先国家和地区的排名、主要经验和做法，NRI 在信息化领域的国际测评中具有相当的权威性（徐清源等，2018）。在动力机制方面，NRI认为信息化准备度、应用情况以及大环境共同构成发展的驱动力，并产生经济和社会影响。相比其他指数，NRI重点关注信息技术领域，但是信息化能力是发展数字经济的前置条件，因此它在信息化领域选取的指标、对经济的影响机制都值得参考。

表8-3 世界经济论坛网络准备度指数（NRI）指标体系

一级指标	二级指标
环境	政治与治理环境
	营商与创新环境
准备度	基础设施
	可支付能力
	能力
应用	个人使用
	商业使用
	政府使用
影响	经济影响
	社会影响

（四）联合国国际电信联盟ICT发展指数

2017年，联合国国际电信联盟（ITU）已发布第九版《衡量信息社会报告》和ICT发展指数（IDI）（表8-4），该报告有长期的研究积淀和专业性，2017年的测评对象包括世界176个经济体。IDI针对ICT接入、使用和技能设立了11项指标，可对不同国家和不同时段进行比较。IDI虽然对经济相关的内容测量较少，但是对信息通信技术相关领域的基础设施建设、产业应用、人力资本情况都有全面的衡量，对我国数字经济的测评中衡量信息技术方面的产业定位、指标选取乃至参考值设立都有很强的经验价值。

表8-4 国际电信联盟ICT发展指数（IDI）指标体系

一级指标	二级指标
ICT接入	固定电话覆盖率
	移动电话覆盖率
	用户平均国际互联网宽带
	家庭电脑普及率
	家庭互联网接入率

续表

一级指标	二级指标
ICT 使用	互联网用户率
	固定宽带使用率
	移动宽带使用率
ICT 技能	入学年限中位数
	初中入学率
	高等教育入学率

二、国内数字经济指标体系

（一）数字经济发展水平测度评价指标

徐维祥等（2022）针对数字经济发展水平的测度，基于机制分析及结合前人研究成果，从数字基础设施、数字产业发展、数字创新能力以及数字普惠金融四个层面进行测度。对于数字基础设施，主要从宽带互联网基础和移动互联网基础两个指标进行测度，分别用每万人国际互联网用户数量（户）和每万人移动电话用户数量（户）进行表征；对于数字产业发展，它是数字经济发展的核心，该研究主要从电商产业发展、信息产业基础和电信产业产出进行测度，分别用城市电子商务园区数量（个），信息传输、计算机服务和软件业从业人员数量（万人）和电信业务总量（万元）进行表征；对于数字创新能力，它是数字经济发展的关键，该研究主要从数字创新要素支撑、数字创新产出水平和数字高新技术渗透进行测度，分别用科学技术支出（万元）、每万人数字经济相关专利数量（个）和上市公司中数字高新技术应用渗透程度进行表征；对于数字金融普惠，金融是资源配置的枢纽和发展实体经济的重要驱动力，数字普惠金融则是数字生活中的必备组成，该研究主要从数字普惠金融的覆盖广度、使用深度和数字化程度进行衡量。最终形成数字经济发展水平测度评价体系（表8-5）。

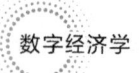

表 8-5 数字经济发展水平测度评价体系

目标层	准则层	指标层	指标说明	功效性
数字经济	数字基础设施	宽带互联网基础	每万人国际互联网用户数量/户	+
		移动互联网基础	每万人移动电话用户数量/户	+
	数字产业发展	电商产业发展	城市电子商务园区数量/个	+
		信息产业基础	信息传输、计算机服务和软件业从业人员数量/万人	+
		电信产业产出	电信业务总量/万元	+
数字经济	数字创新能力	数字创新要素支撑	科学技术支出/万元	+
		数字创新产出水平	每万人数字经济相关专利数量/个	+
		数字高新技术渗透	上市公司中数字高新技术应用渗透程度	+
	数字普惠金融	覆盖广度	数字普惠金融覆盖广度指数	+
		使用深度	数字普惠金融使用深度指数	+
		数字化程度	数字普惠金融数字化程度指数	+

（二）中国信息通信研究院数字经济指数

2017年7月，中国信息通信研究院（2017）发布的《中国数字经济发展白皮书（2017年）》中采用了直接法，对中国数字经济的总量进行估算，并用对比法提出数字经济指数（DEI），观测全国数字经济发展状况（中国信息通信研究院，2017）。与其他同类型指数有较大差异的是，DEI为景气指数，包括先行指标、一致指标和滞后指标三类，它可以通过与基期对比，反映不同时期的经济景气状态（表8-6）。

表 8-6 中国信息通信研究院数字经济指数（DEI）指标体系

先行指标	一致指标	滞后指标
大数据投融资	ICT主营业务收入	第一产业增加值
云计算服务市场规模	ICT综合价格指数	工业增加值
物联网络端用户数	互联网投融资	第三产业增加值
移动互联网接入流量	电子信息产业进出口总额	信息消费规模
移动宽带用户数	电子商务规模	
固定宽带接入时长	互联网服务市场规模	
固定宽带用户数	"互联网+"协同制造	
	"互联网+"智慧能源	
	"互联网+"普惠金融	
	"互联网+"高效物流	

该指标体系的优点在于，充分考虑了数字经济发展所必需的基础条件、数字产业化、产业数字化和数字经济对宏观经济社会带来的影响，并且选取了许多具有中国特色、时代特色的指标，是一个相对而言大而全的指数，然而其缺点在于理论框架不够完善，指标之间的逻辑联系和科学依据不够清晰，部分指标虽然是当下热点，但不一定具备长期观测的可持续性和代表性。

（三）上海社会科学院全球数字经济竞争力指数

《全球数字经济竞争力指数（2017）》于2017年12月首次发布，该报告将数字经济分为主体产业部分和融合应用部分。该指数主要采用对比法，通过大规模采集和分析全球120多个国家的数字经济发展数据，形成综合性及多维度的评价。该指数构建了由数字基础设施、数字产业、数字创新、数字治理等四个维度构成的全球数字经济竞争力分析模型，并建立了一套国家数字经济竞争力评估体系（表8-7）。其中，数字基础设施、数字产业和数字创新是一个国家数字经济竞争力的三大支柱，数字治理则是这一体系健康运行的保障。数字基础设施竞争力中又包括云、管、端三类：云是云服务，端是智能终端，而管则是连接云和端之间的各种设备（王振，2017）。

表8-7 上海社会科学院全球数字经济竞争力指数指标体系

一级指标	二级指标
数字基础设施竞争力	云
	管
	端
数字产业竞争力	经济产出
	国际贸易
	平台企业
数字创新竞争力	技术研发
	人才支撑
	创新转化
数字治理竞争力	公共服务
	治理体系
	安全保障

相比其他指标体系，该指数强化了数字治理的作用，在操作层面，选取联合国电子政务调查等统计和调查数据作为来源，测量政府服务、数据开放等

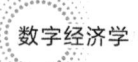

水平,在数字治理层面具有一定的前瞻性和完备性,对于我国建立数字经济发展指数有一定的参考价值。

(四)财新智库中国数字经济指数

2017年5月财新智库等机构发布中国数字经济指数(China digital economy index,CDEI)。CDEI采用对比法,主要关注数字经济对整个社会效率提升的能力,包括生产能力、融合程度、溢出能力、社会利用能力四个部分,体现为产业指数、融合指数、溢出指数和基础设施指数四个指标(表8-8)(徐清源等,2018)。

表8-8 财新智库的中国数字经济指数指标体系

一级指标	二级指标
数字经济产业指数	大数据产业
	互联网产业的劳动投入
	人工智能产业
数字经济融合指数	工业互联网
	智慧供应链
	共享经济
	金融科技
数字经济溢出指数	制造业占比
	其他行业对数字经济的利用率(共八类)
	其他行业分别占比(共八类)
数字经济基础设施指数	数据资源管理体系
	互联网基础设施
	数字化生活应用普及程度

CDEI具有创新性强、亮点突出的特点,更具备时代特征,能够反映当下的市场活力和重点领域的发展状况。

第二节 数字经济评价指标体系构建

基于上节对国内外数字经济评价指标体系的分析,本节将数字经济理念和具体指标选择均纳入数字经济评价指标体系之中,下面从领域、原则、方法三个方面详述本书的数字经济指标体系构建过程。

一、数字经济的主要领域

2016年，G20杭州峰会发布的《二十国集团数字经济发展与合作倡议》这样描述"数字经济"：数字经济是指以使用数字化的知识和信息作为关键生产要素、以现代信息网络作为重要载体、以信息通信技术的有效使用作为效率提升和经济结构优化的重要推动力的一系列经济活动。根据此定义，数字经济作为一种经济活动，至少涉及以下三个领域。

（一）数字基础设施领域

数字基础设施是数字经济活动的"地基"所在，是数字经济活动得以开展的必要条件。此领域主要表征数字基础设施的建设程度，倾向于选取表征支撑数字经济活动的指标，体现地区开展数字经济活动的便捷程度和承载能力。

（二）数字化应用领域

数字化应用是数字技术终端使用的体现，直接反映数字技术的应用情况。此领域主要表征终端客户参与数字经济活动的程度，倾向于选取表征个人、家庭和政府的数字技术应用情况的指标，体现某地区中客户开展数字活动的能力。

（三）数字化产业领域

数字化产业是数字技术与产业领域融合的具体体现，是数字经济活动的重要载体。此领域主要表征产业领域运用数字技术、开展数字经济活动的能力，倾向于选取表征产业领域数字化程度的指标，体现某地区中传统产业与数字技术的融合程度。

二、指标选取原则

（一）科学性

通过阅读分析数字经济相关文献和报告，借鉴以往研究中关于数字经济评价所使用的指标，优先选取认同度高且符合数字经济评价三大领域的数字经济指标，保证所选指标具有较强的科学性。

（二）普适性

由于本章以地区为评估数字经济发展，因此所选用的评价指标应具备普

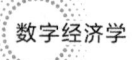

适性，能够适用于所有评价地区。那些具有地域性或特殊性的指标将被排除，以确保各地区之间具备可比性。

（三）可行性

在数字经济发展评价中，一方面，有些研究和报告通过特殊渠道获得了一些能够直接反映数字经济发展的特殊指标，但这些指标数据无法大量获取；另一方面，有些指标在某地区有统计数据，但在其他地区尚未统计，无法形成横向比较。因此选取的评价指标需要具有可行性。

三、评价方法

为客观比较数字经济发展中各指标的相对重要性，本章采用面板熵权法来确定权重。假设对T年内M个对象的N个指标进行评价，x_{tmn}为对象m在t年的第n个指标，计算方式如下。

① 无量纲化处理：为了消除不同指标单位的影响，对每个指标进行无量纲化处理，对正向指标和负向指标的处理方法分别为$x^*_{tmn}=x_{tmn}/x_{max}$和$x^*_{tmn}=x_{min}/x_{tmn}$，其中$x_{max}$和$x_{min}$分别代表该指标的最大值和最小值。

② 确定比重

$$y_{tmn}=\frac{x^*_{tmn}}{\sum_t\sum_m x^*_{tmn}}$$

③ 确定熵值

$$\theta_n=-\ln(T\cdot M)\cdot\sum_t\sum_m y_{tmn}\ln(y_{tmn})$$

④ 计算信息效用值

$$e_n=1-\theta_n$$

⑤ 计算权重

$$w_n=\frac{e_n}{\sum_n e_n}$$

⑥ 计算得分

$$S_{tm}=\sum_n(w_n\cdot x^*_{tmn})$$

四、评价指标选取结果

根据上述定义和指标选取原则，结合相关文献选取以下评价指标。在数字基础设施领域，选取移动通话保障、光缆覆盖水平、网络端口覆盖、网络服务能力四个方面，分别用具体指标"移动电话交换机容量""光缆线路长度""互联网宽带接入端口""网页数"来表征；在数字化应用领域，选取手机使用水平、宽带使用水平、网络社会水平、数字政府水平四方面，分别用具体指标"移动电话普及率""互联网宽带接入用户数""互联网普及率""在线政府指数"来表征；在数字化产业领域，选取数字企业发展、网站运用水平、电商普及程度、电商发展水平四个方面，分别用具体指标"企业每百人使用计算机台数""每百家企业拥有网站数""有电子商务交易活动的企业数比重""电子商务销售额占地区生产总值比重"来表征。进而通过面板熵权法进行权重处理，本章最终采用的数字经济评价指标体系见表8-9。

表 8-9 数字经济发展评价指标体系

综合指标	领域	表征含义	指标名称及计量单位	权重
数字经济指数	数字基础设施	移动通话保障	移动电话交换机容量 X_1/万户	0.0841
		光缆覆盖水平	光缆线路长度 X_2/千米	0.0826
		网络端口覆盖	互联网宽带接入端口 X_3/万个	0.0824
		网络服务能力	网页数 X_4/万个	0.0688
	数字化应用	手机使用水平	移动电话普及率 X_5/（部/百人）	0.0870
		宽带使用水平	互联网宽带接入用户数 X_6/万户	0.0822
		网络社会水平	互联网普及率 X_7/%	0.0857
		数字政府水平	在线政府指数 X_8	0.0866
	数字化产业	数字企业发展	企业每百人使用计算机台数 X_9/台	0.0860
		网络运用水平	每百家企业拥有网站数 X_{10}/个	0.0871
		电商普及程度	有电子商务交易活动的企业数比重 X_{11}/%	0.0853
		电商发展水平	电子商务销售额占地区生产总值比重 X_{12}/%	0.0822

在数字经济发展评价指标体系的各指标中，"在线政府指数"的数据来源于历年国家信息中心发布的《中国信息社会发展报告》。2018年以后的"在线政府指数"并未做统计，采用《网上政务服务能力（政务服务"好差评"）调查评估报告》发布的"网上政务服务能力指数"来代替。其他指标均来源于《中国统计年鉴》（2012—2022卷）和《中国信息年鉴》（2012—2022卷）。由于数据限制，本章关于数字经济评价的时间段为2011—2021年，评价范围为我国除港澳台之外的31个省（自治区、直辖市）。

第三节 我国数字经济发展现状评价

一、我国数字经济的发展现状

通过加总31个省（自治区、直辖市）的数据，下面对2021年我国数字经济发展的结构和现状进行分析。

（一）数字基础设施领域

2021年我国移动电话交换机容量已达275690.8万户，2020年移动电话交换机容量则为274567.1万户，同比增长0.41%；2021年我国光缆线路长度为54808233千米，2020年则为51692051千米，同比增长6.03%；2021年我国互联网宽带接入端口为101784.7万个，2020年为94604.7万个，同比增长7.59%；2021年我国网页数量则达到了33496371.3万个。可见，至2021年我国的数字基础设施已经实现了较快发展，成为支撑我国数字经济发展的重要基础。

（二）数字化应用领域

2021年我国移动电话用户数量达到了16.43亿户；2020年移动电话用户普及率则为112.91部/百人，2021年移动电话用户普及率高达116.30部/百人，同比增长3.00%。2021年我国互联网用户接入数达到了53578.7万户，比2020年增加了5223.7万户，同比增长高达10.80%，而2021年移动宽带接入用户数更是达到了141564.9万户，在宽带使用率上，我国居于世界前列。在互联网普及率上，2021年我国互联网普及率达73.04%，比2020年提升约3.7%，东部沿海省份的互联网普及率整体占优。在在线政府指数上，2021年31个省（自治区、直辖市）的平均得分是88.07，整体得分较高，说明数字技术在我国政府层面的应用水平较高，其中北京市、上海市、江苏省、浙江省、广东省和贵州省等连续多年保持全国领先水平，发挥了很好的引领和示范作用。

（三）数字化产业领域

2021年全国31个省（自治区、直辖市）企业每百人使用计算机数为36台，比2020年增加了2台，同比增加了5.88%，计算机在企业的应用愈加广泛。2021年，每百家企业拥有网站数达到了48个，占比接近50%，企业建立网站的意愿较强。2021年，有电子商务交易活动的企业数量达到了139074个，占比重为11.2%；电子商务销售额则达到了227611.3亿元，占地区生产总值的比重为18.06%。上述指标可见，我国企业的数字化水平较高，并且以电子商务为代表的新形式已经融入中国企业生产、销售等各环节之中，成为中国数字经济发展的重要组成部分。

二、中国数字经济发展的结构

通过面板熵权法计算2011—2021年我国数字经济各领域的得分（表8-10）。由表8-10可见，至2021年，数字化应用在三大领域中的得分最高，达到了0.2327分；其次为数字化产业，达到了0.1455分；最后为数字基础设施，得分为0.1015分。从得分分布来看，我国在数据技术应用上的水平较高，而在数字化产业和数字基础设施上存在较大进步空间。

从进步程度来看，2011—2021年我国数字经济发展进步最大的是数字基础设施，数字基础设施领域的得分从2011年的0.0355分增至2021年的0.1015分，年均增幅高达11.08%；其次为数字化应用，数字化应用领域的得分从2011年的0.1116分增加至2021年的0.2327分，年均增幅为7.63%；最后为数字化产业，数字化产业领域的得分从2011年的0.1025分增加至2021年的0.1455分，年均增幅为3.57%。

从整体的数字经济指数来看，我国数字经济指数的平均值从2011年0.2496上升至2021年的0.4797，年均增速达到了8.38%，说明整体上我国数字经济处于稳步快速发展阶段，发展势头强劲。

表8-10 2011—2021年我国数字经济各领域得分

年份	数字基础设施	数字化应用	数字化产业	数字经济指数
2021	0.1015	0.2327	0.1455	0.4797
2020	0.0970	0.2208	0.1425	0.4603
2019	0.0929	0.2130	0.1387	0.4446
2018	0.0870	0.1894	0.1379	0.4143
2017	0.0786	0.1757	0.1371	0.3914
2016	0.0689	0.1524	0.1409	0.3622
2015	0.0611	0.1425	0.1334	0.3370
2014	0.0515	0.1336	0.1205	0.3056

续表

年份	数字基础设施	数字化应用	数字化产业	数字经济指数
2013	0.0465	0.1196	0.1037	0.2698
2012	0.0428	0.1098	0.1068	0.2594
2011	0.0355	0.1116	0.1025	0.2496

第四节 我国各省份数字经济现状评价

一、数字经济东、中、西梯度发展格局显著

我国各省（自治区、直辖市）数字经济指数见表8-11，由表可见，我国数字经济呈现以东部地区为引领、中部地区居中、西部地区相对落后的梯度发展格局。其中，广东省、北京市、江苏省、浙江省的数字经济指数评分分别为0.7277、0.7002、0.6840、0.6514，位列全国前四，可见东部地区在数字经济中的领先优势明显；四川省在中部地区中表现最佳，评分为0.6073，排名第五；而青海省、吉林省、宁夏回族自治区、西藏自治区的评分分别为0.3657、0.3624、0.3618、0.3230，分别位列第28至第31，评分不及排名第一的广东省的一半，与发达省份的差距明显；在自治区中，广西壮族自治区的表现最佳，评分为0.4578，排名第15。在数字经济发展过程中，以阿里巴巴、腾讯、百度、京东等龙头企业为代表的互联网公司对数字经济发展提供了重要的推动作用，其总部所在地大多位于东部地区，使得东部地区数字经济发展的优势明显，数字经济东、中、西梯度差异将在一定时间内持续存在。而国家则应注重推动数字经济基础设施的建设和区域协调发展，使得中西部地区的数字经济发展得到有力支撑，未来中、西部地区的数字经济发展潜力则将被进一步挖掘。

表8-11 2021年中国各省（自治区、直辖市）数字经济指数评价

排名	地区	数字经济指数	排名	地区	数字经济指数
1	广东省	0.7277	17	江西省	0.4517
2	北京市	0.7002	18	辽宁省	0.4411
3	江苏省	0.6840	19	云南省	0.4315
4	浙江省	0.6514	20	天津市	0.4070

续表

排名	地区	数字经济指数	排名	地区	数字经济指数
5	四川省	0.6073	21	贵州省	0.4070
6	山东省	0.6042	22	山西省	0.4062
7	上海市	0.5785	23	海南省	0.4031
8	河北省	0.5329	24	内蒙古自治区	0.3993
9	河南省	0.5185	25	黑龙江省	0.3946
10	安徽省	0.5131	26	甘肃省	0.3883
11	湖北省	0.4909	27	新疆维吾尔自治区	0.3774
12	湖南省	0.4847	28	青海省	0.3657
13	福建省	0.4831	29	吉林省	0.3624
14	重庆市	0.4598	30	宁夏回族自治区	0.3618
15	广西壮族自治区	0.4578	31	西藏自治区	0.3230
16	陕西省	0.4576			

二、数字基础设施领域粤、苏、浙位列前三

我国各省（自治区、直辖市）数字基础设施评价见表8-12。广东省、江苏省、浙江省的评分分别为0.2601、0.2375、0.2056，分别位列前三。北京市、上海市虽然在行政面积上分别仅为16410.54平方千米和6340.5平方千米，在31个省（自治区、直辖市）中行政面积大小倒数，但在以总量指标为衡量标准的数字基础设施评价中，分别位列第八和第21，说明北京市、上海市作为我国的超大城市，在数字基础设施建设的质量上拥有明显优势。综合来看，东部沿海省份的数字基础设施建设领先全国，其次为中部地区，而西部地区的数字基础设施建设相对薄弱。西部的宁夏回族自治区、西藏自治区、青海省的数字基础设施分别仅得0.0164、0.0161、0.0145分，与头部省份之间的差距较大。

表8-12 2021年我国各省（自治区、直辖市）数字基础设施评价

排名	地区	数字基础设施	排名	地区	数字基础设施
1	广东省	0.2601	17	陕西省	0.0805
2	江苏省	0.2375	18	山西省	0.0804
3	浙江省	0.2056	19	黑龙江省	0.0747
4	四川省	0.1960	20	新疆维吾尔自治区	0.0733
5	山东省	0.1722	21	上海市	0.0732

续表

排名	地区	数字基础设施	排名	地区	数字基础设施
6	河南省	0.1565	22	重庆市	0.0701
7	河北省	0.1520	23	贵州省	0.0685
8	北京市	0.1341	24	内蒙古自治区	0.0683
9	广西壮族自治区	0.1208	25	甘肃省	0.0521
10	湖南省	0.1166	26	吉林省	0.0515
11	安徽省	0.1152	27	天津市	0.0322
12	湖北省	0.1082	28	海南省	0.0246
13	福建省	0.1013	29	宁夏回族自治区	0.0164
14	江西省	0.0950	30	西藏自治区	0.0161
15	云南省	0.0914	31	青海省	0.0145
16	辽宁省	0.0892			

三、数字化应用领域东高西低的格局明显

我国各省（自治区、直辖市）数字化应用评价见表8-13。相比较数字基础设施领域，发达地区的数字化应用水平的优势更为明显。表8-13显示，江苏省、浙江省、广东省数字化应用得分分别为0.3034、0.2937、0.2861，位居前三位，均属于经济较为发达的东部地区；随后中部地区则以四川省的得分最高，达到0.2636分，位列第五。河南省、上海市、福建省、河北省紧随其后，分别位列第六至第九。内蒙古自治区、黑龙江省、吉林省、青海省、西藏自治区的得分相对较低，分别为0.2071、0.2055、0.2021、0.1882、0.1704。可见，数字化应用的发展呈现显著的东、中、西部梯度差异，东部地区是数字技术应用覆盖率最高的地区，引领全国乃至世界的数字经济发展，中部地区居中，而西部地区整体上与东部地区的数字化应用水平差距明显。

表8-13　2021年我国各省（自治区、直辖市）数字化应用评价

排名	地区	数字化应用	排名	地区	数字化应用
1	江苏省	0.3034	17	山西省	0.2235
2	浙江省	0.2937	18	江西省	0.2229
3	广东省	0.2861	19	天津市	0.2194
4	山东省	0.2690	20	辽宁省	0.2194
5	四川省	0.2636	21	宁夏回族自治区	0.2158

续表

排名	地区	数字化应用	排名	地区	数字化应用
6	河南省	0.2582	22	海南省	0.2154
7	上海市	0.2575	23	甘肃省	0.2125
8	福建省	0.2563	24	新疆维吾尔自治区	0.2124
9	河北省	0.2529	25	贵州省	0.2116
10	北京市	0.2483	26	云南省	0.2093
11	安徽省	0.2420	27	内蒙古自治区	0.2071
12	湖南省	0.2322	28	黑龙江省	0.2055
13	重庆市	0.2316	29	吉林省	0.2021
14	湖北省	0.2296	30	青海省	0.1882
15	陕西省	0.2269	31	西藏自治区	0.1704
16	广西壮族自治区	0.2264			

四、数字化产业领域北京、上海的优势明显

数字化产业指数主要考察传统产业中应用数字技术的普及程度。我国各省（自治区、直辖市）数字化产业评价见表8-14。其中，北京市、上海市、广东省、海南省、山东省的数字化产业发展领先全国，得分分别为0.3179、0.2477、0.1816、0.1631、0.1630；北京市、上海市在数字化产业发展中优势明显，得分超过0.2；广东省得分为0.1816，是除直辖市外表现最好的省份。西藏自治区虽然在数字化应用上排名较低，产业的体量也较小，但国家支持西藏自治区数字化发展的政策力度大，其产业发展中数字技术应用的比例并不低；西藏自治区的四项数字化产业指标中，企业每百人使用计算机数为39台，每百家企业拥有网站数达到45个，有电子商务交易活动的企业比重达到了9.9%，电子商务销售额在地区生产总值中的比重达到了7.32%，四项指标分别位列全国的第九、第15、第19、第27，整体的数字化产业指数位列第15名。在西部地区中，重庆市也进入了前十位。而广西壮族自治区、吉林省、河南省、山西省、新疆维吾尔自治区的数字产业发展稍显落后，分别位列第27至第31。可见数字化产业发展领域中，东部沿海地区占据较大优势，并且北京市、上海市这两个特大城市的示范作用明显。

表 8-14　2021 年我国各省（自治区、直辖市）数字化产业评价

排名	地区	数字化产业	排名	地区	数字化产业
1	北京市	0.3179	17	江西省	0.1332
2	上海市	0.2477	18	辽宁省	0.1325
3	广东省	0.1816	19	云南省	0.1307
4	海南省	0.1631	20	宁夏回族自治区	0.1296
5	山东省	0.1630	21	河北省	0.1280
6	青海省	0.1630	22	贵州省	0.1268
7	重庆市	0.1581	23	福建省	0.1255
8	安徽省	0.1560	24	内蒙古自治区	0.1239
9	天津市	0.1554	25	甘肃省	0.1237
10	湖北省	0.1531	26	黑龙江省	0.1144
11	浙江省	0.1521	27	广西壮族自治区	0.1106
12	陕西省	0.1501	28	吉林省	0.1088
13	四川省	0.1477	29	河南省	0.1037
14	江苏省	0.1431	30	山西省	0.1029
15	西藏自治区	0.1364	31	新疆维吾尔自治区	0.0916
16	湖南省	0.1359			

第五节　数字经济发展的国际比较

根据王振等（2023）发布的《全球数字经济竞争力发展报告（2022）》，数字经济发展的国际比较分为数字经济国家竞争力和城市竞争力两部分。

一、全球数字经济国家竞争力比较

《全球数字经济竞争力发展报告（2022）》将数字经济国家竞争力划分为数字产业、数字创新、数字设施、数字治理等四个领域，对50个主要国家进行评价。前20名国家的评价情况见表8-15。

根据表8-15，美国得到75.12分，位列数字经济国家竞争力榜首，在数字创新、数字设施、数字治理三个领域均具有明显优势。凭借在数字设施、数字治理领域的高得分，我国位列第二，瑞士位列第三。我国虽然总得分位居第

二，但在数字产业领域表现优异，得到52.25分，在该领域排名第一。而后荷兰、日本、韩国位列第四、五、六，这三个国家在得分结构上具有一定相似性，在数字创新和数字治理领域得分优秀，在数字设施、数字产业领域表现良好。此外，排名前20位的国家基本以西方发达国家为主。

可见，在全球数字经济竞争中，西方发达国家占据着数字经济发展的领先地位。虽然我国在数字创新、数字设施、数字治理领域仍然跟西方发达国家存在一定差距，但我国能够作为发展中国家的重要代表跻身世界前二，并且在数字产业领域取得领先优势，可见我国的数字经济已在持续发展中取得了辉煌的成就。

表8-15　2022年全球数字经济国家竞争力评价及排名（前20名）

排名	国家	数字产业	数字创新	数字设施	数字治理	总得分
1	美国	52.21	72.16	89.99	86.11	75.12
2	中国	52.25	55.59	67.80	69.25	61.22
3	瑞士	28.09	58.34	70.94	83.84	60.30
4	荷兰	14.69	59.79	75.60	88.18	59.56
5	日本	31.94	58.89	66.15	77.94	58.73
6	韩国	22.36	55.26	79.97	75.45	58.26
7	丹麦	21.00	44.37	70.49	93.30	57.29
8	爱尔兰	50.62	42.18	58.53	76.36	56.92
9	瑞典	31.13	54.34	61.61	78.41	56.37
10	以色列	39.63	51.00	60.61	68.93	55.04
11	德国	29.53	46.70	63.35	80.57	55.04
12	芬兰	24.06	48.94	65.77	80.93	54.92
13	英国	25.92	40.34	67.33	76.01	52.40
14	新加坡	17.29	36.08	63.45	89.58	51.60
15	法国	29.58	40.32	59.29	76.46	51.41
16	挪威	28.96	35.30	61.81	78.04	51.03
17	奥地利	22.99	39.40	58.97	79.04	50.10
18	加拿大	20.21	35.21	64.34	78.75	49.63
19	澳大利亚	19.83	34.46	65.60	78.08	49.49
20	比利时	26.19	43.01	57.03	68.49	48.68

二、全球数字经济城市竞争力比较

《全球数字经济竞争力发展报告（2022）》将城市数字经济竞争力分为经济与基础设施竞争力、数字创新竞争力、数字人才竞争力三大领域，权重均为1/3，而二级指标则由九个指标组成，见表8-16。

表8-16　城市数字经济竞争力指标体系

最终指标	一级指标	权重	二级指标	权重
城市数字经济竞争力	经济与基础设施竞争力	1/3	城市经济活跃度	1/9
			ICT普及度	1/9
			数据开放度	1/9
	数字创新竞争力	1/3	城市研发强度	1/9
			专利申请数量	1/9
			典型数字应用深度	1/9
	数字人才竞争力	1/3	主要大学指数	1/9
			高等教育入学率	1/9
			人口高等教育比例	1/9

2022年全球主要城市数字经济竞争力评价见表8-17，发达国家的城市占据绝对优势。其中，纽约在基础设施竞争力、创新竞争力上表现尤为突出，总得分位列第一；总得分第二的首尔人才竞争力优势明显，在人才竞争力领域排名第二；伦敦、洛杉矶、波士顿分列第三、四、五，波士顿和洛杉矶表现相对均衡，新加坡在基础设施竞争力上表现优秀；我国的北京、上海位列第九和第14，两者在三个领域的表现都相对均衡，但与领先城市相比不具备优势。

可见，引领全球数字经济发展的主要城市集中在西方发达国家，而我国主要城市的数字经济发展虽然与领先城市有一定差距，但已经成为发展中国家中唯一拥有进入全球前十位数字经济城市的国家，成绩斐然。

表 8-17　2022 年全球主要城市数字经济竞争力评价及排名（前 20 名）

排名	国家	基础设施竞争力	创新竞争力	人才竞争力	总得分
1	纽约	93.2	84.8	67.5	81.8
2	首尔	79.7	67.3	78.2	75.1
3	伦敦	75.8	75.7	70.3	73.9
4	洛杉矶	82.0	74.1	63.0	73.0
5	波士顿	80.7	70.8	64.1	71.9
6	新加坡	89.5	66.7	58.2	71.5
7	东京	80.3	76.8	55.7	70.9
8	旧金山	84.7	66.9	60.8	70.8
9	北京	81.4	74.8	52.7	69.6
10	芝加哥	80.7	62.0	63.0	68.6
10	香港	86.8	61.6	57.5	68.6
12	悉尼	63.6	54.0	84.8	67.5
13	巴黎	82.2	62.5	53.5	66.1
14	上海	77.9	69.8	50.5	66.1
15	马德里	74.3	47.9	57.6	59.9
16	多伦多	77.1	53.3	48.6	59.7
17	阿姆斯特丹	76.6	50.5	50.1	59.1
18	哥本哈根	81.4	46.4	47.1	58.3
19	斯德哥尔摩	75.6	51.3	46.9	57.9
20	莫斯科	52.2	52.7	65.8	56.9

案例分析与思考

广东：数字经济的全方面发展引领全国

思政元素

争先精神：随着数字技术的快速发展，各地区数字经济发展需要地方政府、企业、学研机构等社会各界通力合作。通过广东数字经济发展案例，我们可以看到广东在数字经济基础设施、数字经济产值、数字经济高新技术企业、产业数字化、数字产业化以及地方数字经济法规的制定上均具有争先精神，勇于探索，不甘落后。

广东省数字经济发展的领先优势，不仅体现在数字经济行业的规模领先，还体现在政府的高效有为、企业的奋发自强。2018年以来美国单方面挑起对华贸易战和科技战，大力打压我国数字经济龙头企业——华为，而华为通过加大自主研发力度的方式来积极回应，自强不息、奋勇争先，一步步突破美国的封锁。

案例描述

广东省作为中国改革开放的排头兵，不仅在数字经济发展上具有雄厚基础，更是在制度保障上具有引领示范作用。

地区：数字经济全面快速发展

根据我国数字经济发展现状，广东省常年在我国各类数字经济相关报告中名列前茅。2020年，广东省数字经济增加值规模约5.2万亿元，占GDP比重46.8%，规模居全国第一。在数字基础设施建设方面，截至2021年7月底，广东省已累计建成5G基站13.4万座，居全国第一；并在全国率先开通工业互联网标识解析国家顶级节点，已建成33个行业/区域标识解析二级节点，累计标识解析量33.4亿个（冯芸清，2021）。

2020年，广东省数字产业化增加值规模约1.73万亿元，数字经济高新技术企业达2.2万家，居全国第一。从数字核心产业看，广东省电子信息制造业营业收入4.29万亿元，同比增长3.3%，规模连续30年居全国第一；广东省软件业务收入1.36万亿元，同比增长14.8%，规模居全国第二；广东省的超高清视频、大数据、人工智能、区块链等新兴产业走在全国前列，拥有一批高水平的国家级示范区、先导区。在产业数字化方面，广东省产业数字化增加值规模约3.47万亿元，居全国第一。截至2021年8月，广东省以工业互联网推动制造业数字化转型，已累计推动1.7万家工业企业"上云上平台"、55万家中小微企业"上云用云"。此外，广东省数字贸易、电子商务持续全国领先，拥有13个跨境电商综试区、10个国家电子商务示范基地。2020年，广东省网络零售额约3.02万亿元，同比增长11%，占全国25.7%，数字金融、互联网医疗、线上办公等新业态新模式蓬勃发展。（冯芸清，2021）

政府：出台首个数字经济地方性法规

广东省的数字经济发展不仅在技术、产业发展上具有领先优势，在法规保障上也走在全国前列。2021年7月，广东省第十三届人民代表大会常务委员会第三十三次会议通过《广东省数字经济促进条例》（以下简称《条例》），该文件是国内首个数字经济地方性法规，并于2021年9月1日开始正式实施。《条例》从数字产业化、工业数字化、农业数字化、服务业数字化、数据资源开发利用保护、数字技术创新、数字基础设施建设、保障措施八方面展开，系统性地为数字经济发展提供全方面保障。

企业：行业龙头坚持自研突破封锁

2018年以来，美国单方面对华挑起贸易战，并逐步演变为科技战，意图扼杀我国的高新技术发展，限制我国长期的经济繁荣，其中总部位于广东省深圳市的行业龙头企业华为就是美国重要的打压对象。代表性的制裁措施包括但不限于以下几项：

①2019年5月，特朗普政府将华为列入实体清单，限制美国企业供货给华为；

②2020年5月，美国商务部禁止芯片代工厂利用美国设备为华为生产芯片，也禁止华为使用美国的软件和技术来设计芯片，给予供应商宽限期到9月中旬停止出货；同年11月，美国公司高通获得向华为出售4G芯片的许可，但严格禁止华为购买5G芯片；

③2020年8月17日，美国商务部工业和安全局（BIS）进一步升级了对华为及其在"实体名单"上的非美国分支机构使用美国技术和软件在国内外生产的产品的限制。

华为总裁任正非以"一架千疮百孔但仍旧坚持飞翔的飞机"比喻此时的华为，"没有伤痕累累，哪来皮糙肉厚，英雄自古多磨难。"面临美国的高压制裁，华为公司坚持通过自主研发来突破技术封锁，2020年、2021年、2022年华为的研发费用分别高达1418亿元、1427亿元、1615亿元，不仅开发自研系统——鸿蒙，还逐步攻克手机制造的一项项关键技术。深圳市政府对华为的研发活动给予大力支持，如2023年8月深圳市工业和信息化局发布《深圳市推动开源鸿蒙欧拉产业创新发展行动计划（2023—2025年）》，其目标是率先将深圳建成为核心技术领先、产业高度集聚、应用场景丰富、生态支撑完备、全球辐射引领的鸿蒙欧拉产业高地。2023年8月30日，华为公司正式开售携带国产5G芯片麒麟9000S的5G手机Mate 60，正式宣告了美国对华为5G芯片封锁失败，华为Mate 60手机也被央视誉为"争气机"。

思政点评

数字经济是继农业经济、工业经济之后的又一新的经济形态。作为一种经济形态，其发展需要技术、产业、模式、业态、政策、法规等多方面综合支持。广东省数字经济能够取得领先地位，既得益于广东省数字经济发展的优越物质基础，比如拥有雄厚的产业基础和完善的数字基础设施；更得益于广东省具备数字经济发展所需的"软实力"，比如广东精神可高度概括为"敢为人先、务实进取、开放兼容、敬业奉献"，广东省政府高效有为、积极作为，广东省企业自强不息、奋勇争先。通过广东省的案例，我们可以学习到不畏困难、自强不息、奋勇向前的争先精神。

分析思考

◇查找资料，简述美国对华为的打压可能会对我国数字经济发展带来怎样的影响。

◇简述广东省数字经济发展具备哪些优势，哪些方面经验值得推广？

知识强化与课后习题

本章从构建数字经济评价指标体系出发，对我国整体以及31个省（自治区、直辖市）的数字经济发展进行了评价。请思考以下问题。

1. 简述东部地区在数字经济发展上具备的优势。
2. 以任意一省（自治区、直辖市）为例，简述其发展数字经济的优势和劣势。
3. 举例分析数字技术、企业与区域发展的关联。

参考文献

冯芸清, 2021. 剑指10万亿！数字经济粤引擎[N]. 南方都市报, 2021-08-25（EA01）.

王振, 2017. 全球数字竞争力指数（2017）[R]. 上海：上海社会科学院.

王振, 惠志斌, 徐丽梅, 2023. 全球数字经济竞争力发展报告（2022）[R]. 北京：社会科学文献出版社.

徐清源, 单志广, 马潮江, 2018. 国内外数字经济测度指标体系研究综述[J]. 调研世界 (11): 52-58.

徐维祥, 周建平, 刘程军, 2022. 数字经济发展对城市碳排放影响的空间效应[J]. 地理研究, 41(1): 111-129.

中国信息通信研究院, 2017. 中国数字经济发展白皮书 (2017年) [R/OL].(2022-12-15) [2017-07]. http://www.cac.gov.cn/files/pdf/baipishu/shuzijingjifazhan.pdf?eqid=ffa3e4e200636061000000026429374c&eqid=ed8a22bb000091350000000364924b46.

European Commission, 2019. DESI 2018: digital economy and society index[EB/OL]. (2018-05-18)[2022-12-15]. https://ec.europa.eu/digital-single-market/en/desi.

第九章

数字经济治理理论

云计算、大数据、物联网、区块链和人工智能等数字技术的快速发展，正在引领人类文明的第四次工业革命。2020年，全球新冠疫情的暴发，更是加速了整个人类社会的数字化进程。传统的治理体系和管理模式正面临严峻挑战，公共治理体系和治理模式急需转变。在此背景下，加快形成"即时感知、科学决策、主动服务、高效运行、智能监管"的新型治理形态和治理模式，由"智治"迈向"善治"，正成为基于数字化的智慧治理发展新要求。本章将从数字经济治理的时代背景、理论内涵及特征、治理体系构建等方面展开论述。

第一节 数字经济治理时代背景

随着数字技术的创新和飞速发展，人们正迈入数字时代。2020年，突如其来的新冠疫情打破了全球经济发展的节奏，但间接促使数字经济发展驶入了快车道。在"战'疫'"进程中，我国对数字技术的应用创新能力令人瞩目，完美展现了科技赋能、由传统治理模式向现代化治理体系转变的光明前景。但数字信息技术在给人类经济社会注入活力的同时，也催生了一系列的系统性变革，数字鸿沟、网络安全、信息保护和平台垄断等问题给各国的经济治理带来了新的挑战，因此，我们也亟需治理理念的创新和治理方式的转变。

一、数字信息技术带动社会形态演变

历经蒸汽机时代、电气化时代和信息化时代三次工业革命之后，人类社会已步入利用信息化技术促进产业变革的"工业4.0"时代，即数字化时代或智能化时代（图9-1）。而每一次的社会形态演变过程，都伴随着系统性的社

会变革。在数字化时代到来之际，不管是对个人、企业、产业还是国家，这种变革带来的影响往往都是颠覆性的。

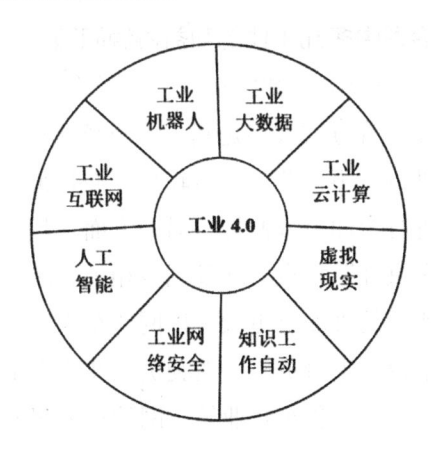

图9-1 基于数字信息的工业4.0时代

从人类社会发展实践看，社会治理是随着经济社会的发展和技术的革新而不断变化的。一方面，时间维度上，工业革命带动了产业分工、生产专业化和规模化，相应地，科层式组织管理方式应运而生；而在互联网和信息革命时代，自主治理和协商治理等多元化治理方式则成为主要的治理模式。另一方面，从空间维度看，由于所处的社会发展特定阶段不同，各个国家所采取的治理方式也存在较大差异。当前，随着云计算、大数据、人工智能等数字技术的飞速发展，云制造、共享经济、互联网金融等新业态不断发展，网约车、电子商务、私人定制等新模式不断涌现。可以说，数字经济正在重塑整个社会生态，并成为国民经济的重要组成部分。但与此同时，诸如网络安全、隐私保护、消费维权、舆论攻击等问题也屡见不鲜，造成的社会影响往往也会被无限放大，而现有的治理体系对其实施监管的有效性则大打折扣，因此，我们亟需构建与数字经济发展相适应的治理体系和治理模式。

二、数字经济时代传统治理模式面临诸多挑战

数字技术的创新发展和快速普及，给社会结构带来了全面、系统的冲击。随着数字经济的快速发展，一大批新的市场主体、客体、载体和交易规则不断涌现，传统的行政管理模式和社会治理手段面临严峻挑战，已难以适应数

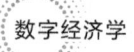

字经济发展需要，甚至在某种程度上对数字经济释放活力还产生了抑制作用。治理能力的不足或缺失成为当前数字经济发展面临的最大障碍。

（一）数字经济治理中多元主体的利益协调问题

数字经济的治理是一个综合性的过程，涉及多元主体的利益诉求。一方面，政府的监管理念和监管方式大多是基于传统经济模式设计的，监管人员的监管方式也多是线下进行，不仅监管成本较高，而且很难对体量大、变化快、技术性强的数字经济进行全面有效监控。另一方面，数字经济不同于其他经济形态，具有典型的"多重性"特点，涉及利益相关者的数量更庞大，类型也更复杂，这使得协调和治理的难度也更大。以网约车为例，单一网约车公司直接的利益相关者就包括平台、平台员工、驾驶员以及广大乘客，间接利益相关者包括其他网约车公司、传统出租车企业等。网约车公司的治理难度比较大，主要原因是相较传统出租车，网约车司机身份复杂，平台监管机制不完善，相关法规滞后等；参与主体类型发生变化，协调治理的难度增大了。相较传统经济从业者，互联网企业特别是头部平台凭借其在技术和资金上的明显优势，可以通过巨额补贴"跑马圈地"占领市场，影响传统行业从业者的利益。因此，在数字经济中，众多的利益相关者必然存在利益冲突，而为了协调各方利益，传统的简单管理模式必须发生改变，政府应该积极协调各利益相关方，以促进实现各利益相关方的目标价值。

（二）网络和数据信息安全监管难题

首先，网络安全是发展数字经济的关键保障，但在大数据背景下，传统的网络安全技术受到前所未有的挑战，高危漏洞、黑客攻击、木马病毒等网络安全问题不断在政府机构、金融行业、居民生活等不同领域出现。并且，在大数据时代，越来越多的传统能源、电力、交通基础设施与网络互联，成为广泛的关键信息基础设施的有机组成，因此，网络安全也直接关乎国家安全。其次，在数字经济市场中，数据平台往往积累了海量数据信息，监管一旦不到位就容易发生信息泄露、数据滥用、电信诈骗等一系列问题，这些问题给经济社会稳定带来极大隐患。

在监管实践中，一方面，数字经济是伴随互联网、云计算、大数据、人工智能等新一代信息技术的发展而产生的新经济业态，是一种知识、技术、人才密集型的经济模式。而传统的政府监管工具和监管手段是相对落后的，在面对数字经济监管时往往表现出技术手段和人员知识结构的不足。另一方面，以电子商务为代表的数字经济活动普遍具有跨区域交易、各领域相互融合的特点，而现有的政府治理体系在职能设置上主要面向特定区域或领域，这就给政府职能部门的监管带来巨大挑战。比如，数字技术进入金融领域，催生了许多新的金融产品，传统的金融监管是建立在非数字化信息基础之上的，且为事后监管，新型数字金融产品很容易游离在传统监管或管理范围之外，政府部门监管手段需及时跟进和更新。此外，虽然全球各国都明确保护数据信息安全并出台了相关法律规定，但各国对数据信息的定义、保护力度和具体保护措施存在差异，全球性的治理机制尚未形成，这也使跨国网络犯罪有机可乘。

（三）数字鸿沟

数字鸿沟（digital divide）主要是指在数字化进程中，不同国家、地区、行业、人群或阶层之间，由数字技术的拥有程度、应用程度以及创新能力的差别而造成的信息落差及贫富进一步两极分化的趋势。因此，数字鸿沟具有经济属性、技术属性和社会属性，主要成因是数字基础设施建设和数字素养的差距，主要表现为国家间或区域间数字鸿沟、行业数字鸿沟、性别和阶层数字鸿沟等。

当前，发达国家与发展中国家之间的数字鸿沟不断扩大，这也加剧了全球经济增长和治理格局的进一步分化，成为全球发展的一个不稳定因素。根据国际电信联盟统计数据，2019年，发达国家互联网普及率高达86.6%，北美地区甚至达到95%，同期发展中国家的普及率为47%，而欠发达国家只有19.1%。在5G网络技术逐渐成为主流技术之时，有些地区仍在使用3G或2G网络。而且，数字基础设施、资金、专业人才储备、教育水平等的巨大差距还可能进一步拉大不同国家间的数字鸿沟。另外，即使在一个国家内部，由于区域经济发展不平衡，不同区域之间也存在数字鸿沟。此外，传统企业与新兴企业、年轻人群与老年人群、不同性别人群之间往往也存在着数字鸿沟。在数字全球化迅速发展的当下，数字鸿沟已成为制约各国或地区发展数字经济的主要障碍，如何弥补数字鸿沟成为全球数字经济发展的一个关键议题。

（四）平台垄断治理难题

数字技术的不断更新助推数字经济的快速发展，在此过程中，许多新业态、新商业模式应运而生，并提供了新的产品和服务，如电子商务、移动支付、社交媒体网络、短视频、直播带货等都是这一时期的新生产物，由此形成了许多各自领域的平台型企业。根据工业和信息化部的数据显示，2021年我国以互联网平台企业为核心的规模以上的互联网和相关服务收入，相较2020年增长了21.2%，达到15500亿元；其中，平台服务收入相较上一年增长32.8%，达到5767亿元，在互联网整体业务收入占比为37.2%。电子商务领域的平台企业数目最多，成为平台经济的主导产业。与此同时，头部平台企业的数量和规模也在不断增长。根据中国信通院数据，我国市场价值10亿美元以上的数字平台企业从2015年的67家上升至2020年的197家，总价值规模也由2015年的7702亿美元上升至2020年的35043亿美元，2020年是2015年的4.5倍多（王招治等，2022）。但平台经济自身带有极强的网络外部性效应，并逐渐改变了市场结构，形成垄断市场或高寡占市场。平台企业利用自身垄断势力不仅占据高市场份额，占有巨大的用户规模和流量，还持续强化对用户注意力的争夺，在此过程中产生了不正当竞争、价格歧视、消费者选择受限、创新阻滞、信息隐私暴露等诸多问题（刘妍等，2023）。

然而，当前世界主要经济体对大型互联网平台企业的监管和反垄断规制仍多聚焦于传统垄断情形，对"数据垄断"的判断和监管还处于探索期。即使在学术界，大家对平台治理的理解也存在不少分歧。数字经济时代，第一生产要素已转变为数据，而随着数字技术的发展，数据的积累速度已完全超出工业时代的生产要素积累速度，这也为平台垄断的快速形成提供了良田沃土，为数字经济市场的快速变化提供了条件。并且，由于网络的开放性、用户的无边界性、算法共谋等，数字经济时代的平台企业垄断行为比以往更加难以识别和监管，加之法律法规制定、实施的滞后性特征，这些都给数字经济时代的平台垄断治理带来极大挑战。

（五）数字经济治理中的法治建设难题

为了避免市场治理中的"人治"现象和政府规制俘获的发生，数字经济治理也应该做到有法可依、执法必严。但是，由于数字经济产生了大量新兴业态，传统法律法规在执法过程中表现出落后性和不适应性，存在大量监管真空和模糊地带。法治体系的不健全，也间接造成了诸多数字经济领域违法犯罪活动的产生，如虚假宣传、隐私数据泄露、网络传销等，这些犯罪活动表现出高发性、快速性、隐蔽性、扩散性等特征。因此，数字经济治理应更加注重法治建设，加强数字经济立法、普法、用法，为数字经济发展营造良好的市场环境。

（六）全球治理体系受到冲击

数字经济给全球经济增长带来了巨大活力，但与此同时，也引发了世界政治经济形势的新一轮剧烈变化。当前，数字经济在全球发展不平衡，加之贸易保护主义、单边主义有抬头之势，使得传统的全球治理体系受到极大冲击，已无法适应数字全球化的发展需要。

具体来看，一方面，当前的全球治理体系在促进全球合作协调上乏力，取而代之的更多是国家间的双边或多边协议，全球治理体系面临碎片化风险。另一方面，新一轮的数字经济治理规则主要由美国等发达国家主导，广大发展中国家的发展诉求得不到有效回应，这使得数字战略竞争成为地缘政治经济变动的新诱因。再者，即使一些国家和地区试图在双边或多边框架下进行谈判，由于数字经济发展阶段、国家制度体系和文化理念差异等原因导致其在具体规制制定上产生较大分歧，难以形成真正意义上的多边共识（表9-1）（王璐瑶等，2020）。在新冠疫情对全球经济的剧烈冲击下，世界各国纷纷加快数字化转型步伐，与之相适应的全球治理新机制亟待重塑，否则，治理制度供给的缺失必将成为未来全球数字经济发展的制约因素。

表9-1 全球数字经济治理呈分化趋势

治理主体	美国	欧盟	中国
治理目标	跨境信息和数据自由化	数字融合和监管保护	数字竞争力和电商规范
治理规则	数字产品零关税、非歧视性待遇、电子验证和电子签章、个人信息保护、无纸化贸易、访问和使用互联网原则、跨境数据自由流动、禁止本地化要求等	电子验证和电子签章、个人数据信息保护、中间服务提供商责任、视听例外等	电子交易免征关税、电子认证和数字证书、个人数据信息保护、在线数据保护、无纸化贸易等

续表

治理主体	美国	欧盟	中国
政策支撑	"数字政府战略"(2014)、《数字经济议程》(2016)、《网络安全国家行动计划》(2016)、《国家宽带研究议程》(2017)等	"数字化单一市场战略"(2015)、《通用数据保护条例》(2016)、《数据治理法案》(2020)等	《中国制造2025》(2015)、《促进大数据发展行动纲要》(2015)、《国家网络空间安全战略》(2016)、《中华人民共和国数据安全法》(2021)等
治理影响	澳大利亚、新西兰等效仿引入数字规则	协定谈判方电子商务规则设置为"欧盟模式"	众多发展中国家仍在适用WTO电子商务基础性规则
代表性协定	CPTPP(2018)、美加墨协定(2018)	欧-加CETA(2017)、欧-日EPA(2018)	中-韩FTA(2015)、中-澳FTA(2015)

注：本表内容主要以数字经济发展主要国家或地区的治理现状为例。

三、数字经济时代政府治理的数字化转型

目前传统的政府治理模式面临时滞、低效、精准化程度低等困境，数字信息技术和智能技术的发展促使政府的社会治理和服务不断地在数字空间领域前进。尤其是互联网平台、大数据、人工智能等技术的发展和应用，进一步凸显了数据的核心关键地位，极大推动了广泛建设数字政府的进程，加速了传统政府治理思路和模式的数字化转型（任保平，2022）。一段时期以来，作为数字化转型的重中之重，数字政府建设越来越受到世界各国的重视，各国政府积极利用数字技术创新政府的运作模式，转变政府职能部门进行信息共享、政府决策、市场治理、公共服务的方式方法。当前，在全球范围内，已有超过145个国家和地区设置了信息主管部门或类似职能部门。虽然基于不同的分析视角、发展水平，各国对数字政府的认识和概念界定略有不同，但可以肯定的是，加强政府治理的数字化转型建设已成为推进国家治理体系和治理能力现代化的必然要求，数字政府建设是加快推动社会治理精准化、公共服务高效化和社会互动信任化的迫切需要，是对政府自身进行全方位、全领域、全时空系统性改革和数字化重塑的战略支点。

第二节 数字经济治理理论基础

随着数字经济的不断发展，数字经济治理的相关理论也在不断优化扩充，适时为数字经济治理提供了理论基础。

一、治理理论

治理理论是对传统公共管理理论的重要突破，它突出强调治理过程中的多元共治和社会参与理念，这些理念对传统管理理论和管理模式产生了极大冲击。"治理"一词最早可以追溯到古希腊时期，其核心思想是为了维护社会秩序的稳定而施加的相关措施。20世纪80年代，现代治理理论得到广泛关注并取得快速发展，并开始出现在公共行政管理领域。1992年，全球治理委员会（Commission on Global Governance，CGG）成立并于1995年发表了《我们的全球伙伴关系》（*Our Global Neighborhood*），该报告较为系统地阐述了全球治理的概念、价值以及全球治理与全球安全、经济全球化、全球法治的关系。

按照CGG的界定：治理是个人和制度、公共和私营部门管理其共同事务的各种方法的综合，是一个可以使冲突或多元利益得以协调并使各方采取联合行动的持续的过程，它既包括正式的制度和规则安排，也包括非正式的制度安排。多元化参与、协调、过程化是治理的重要特征。该委员会还创办了《全球治理》杂志，使得治理理论迅速成为政治学、公共管理学、经济学等众多学科探讨的热点，也由此引发了延续至今的研究热潮。

二、多中心治理理论和网络治理理论

在治理理论的基础上，多中心理论和网络治理理论将治理研究向协同治理方向进行了延伸。

（一）多中心治理理论

多中心治理理论是对以政府为中心的传统单中心治理模式的批判发展。该理论起源于经济学领域，随着理论发展，其研究范式和理论框架被应用到政治学、管理学等学科研究中，并取得了一定的研究成果。该理论的代表学者美

国政治经济学家文森特·奥斯特罗姆（Vincent A. Ostrom）认为，在公共资源的治理中，应由许多形式上独立的决策中心通过一定的合约或机制共同合作，以解决彼此冲突。他主张在公共资源配置治理活动中的自主治理承担主体性功能，而高层次的行政治理主要承担辅助性功能。

多中心治理理论认为，在管理公共事务时，政府、私营机构、社会组织和个人都是参与者，政府不再大包大揽，各参与主体通过一定的约束机制和工作机制发挥主体作用，以一定形式行使治理权力。随着社会环境的变化，特别是在网络信息时代，政府独自治理的条件和效果都受到极大制约，多中心治理理论的多元化主体、多样化手段的治理体制为公共事务管理提供了新的路径，对社会协同治理也具有重要的理论指导意义。

（二）网络治理理论

网络治理是在网络经济条件下，特别是在数字经济和经济全球化时代背景下，治理环境的变化使治理任务所依赖的路径发生改变，进而形成的一种新的治理形式。网络治理理论的核心是"网络"，强调公共事务的不可分割性和跨部门或机构性，治理应建立在部门联系和互动的基础上，即网络治理是正式组织、非正式组织和个体，通过经济合约的联结和社会关系的嵌入所构成的参与者间的安排关系。网络治理的实质就是为实现公共利益，政府和非政府部门（包括私营部门和公民个人）等多元主体通过建立合作共治的治理体制参与社会公共事务的治理过程。与传统治理模式相比，网络治理更加强调多元主体合作共治治理形态的构建，以确保治理权在治理主体之间共享；重视多层次、多维度的公私合作，建立良好的多元主体合作共治关系。

三、互联网治理理论

数字经济时代互联网技术扮演着重要角色，互联网治理也已经成为当前社会治理中的重要组成部分。互联网治理概念的正式提出是在1998年的国际电信联盟（International Telecommunication Union，ITU）第15届全权代表大会上，该理论主要是指如何对互联网发展进行协调、管理和应对，包括互联网领域的一系列政策制定及其效果，其核心内容在于对互联网基础架构和协议的界定和操作。经过一段时间发展，2005年，联合国互联网治理工作小组（Work

Group of Internet Governance，WGIG）在一份研究报告中将互联网治理定义为"政府、私营部门或行业组织和民间个体根据各自的作用，制定和实施的旨在规范互联网发展和使用的共同原则、规范、规则、决策程序和方案"。此后，学界和业对互联网治理的概念阐述也大都与其类似，也有学者将互联网治理定义为是由互联网协议联系在一起的网络拥有者、运营商、开发商以及网民，通过集体决策方式，就网络技术标准、网络资源分配、网络用户行为规范，制定政策、规则和争端解决程序。

由此可见，互联网治理也是一个"过程"，涉及治理主客体、规则制定、政策执行和争端解决机制等多个方面。互联网治理的治理主体具有包含政府、网络服务商、开发商等私营部门以及普通网民等公民个体在内的"多元主体"特性，实质上包括互联网使用过程中的所有参与者。互联网治理的内容涉及技术、经济、文化、管理和法律等多个领域，不只是技术层面上的网络标准制定和网络资源分配，还包含用户行为的规范和矛盾争端的解决。

从互联网产生至今，互联网治理历经了从技术治理模式到网格化治理模式、联合国治理模式和国家中心治理模式的变迁。在具体治理过程中，因研究对象、研究范围不同，互联网治理的具体界定也不同。从国家层面而言，互联网治理应更多考虑网络安全问题和互联网规则制度的建立。因此，在国家层面下的互联网治理被定义为以政府为主导，在服务运营商等私营部门和全体网民的共同配合下，对互联网技术标准、网络资源的分配进行界定，以及制定互联网运维政策和应对网络安全事件的行为（王传宝等，2018）。从全球互联网治理的角度出发，治理要素主要包括主体、客体、规则、价值和效果五个方面，其中，治理制度和组织被认为是全球互联网治理的核心要素，而全球互联网治理则被认为是为应对互联网全球性问题而采取的，由多元行为主体合作提供全球公共物品的集体行动机制（王明国，2015）。

总体来看，随着互联网技术的飞速发展及其与传统产业的不断融合，互联网治理将更加强调平衡多元主体的利益诉求，发挥多元主体的治理作用，探索构建多元主体共同参与协作的互联网治理体系。同时，互联网治理也将推动互联网技术的进一步创新发展，并更加强调互联网治理的国际合作。

四、协同治理理论

协同治理（collaborative governance）这一概念源自西方公共行政领域研究。在协同治理理论概念最初的研究中，学者们往往是按照"协同治理=协同+治理"的范式来开展研究的。由德国理论物理学家赫尔曼·哈肯（Hermann Haken）创立的协同学强调系统内各子系统或各种相关要素之间相互合作的过程，进而实现"整体效应大于个体效应之和"。协同的实质是多行为主体的集体行动，它是一种状态，但也并不是简单的分工合作，而是基于一定的制度、程序和规则，实现资源与力量的整合，从而达到影响系统整体的效果。协同治理则是在治理理论的基础上强调合作治理的协同性，指的是处于同一治理网络中的多元主体间通过协调合作，形成相互依存、共同行动、共担风险的局面，生成有序的治理结构，以促进公共利益的实现。协同治理的基本要素包含协同主体、协同对象、协同机制、保障制度和协同目标等，研究内容则包括治理主体的多元性、治理权威的多样性、子系统的协作性、系统的动态性、自组织的协调性和社会秩序的稳定性等诸多内容（张仲涛等，2016）。

随着时代背景变化，有学者试图打破"协同+治理"的传统研究视角，从历史和多学科维度重新梳理，将协同治理与公私伙伴关系、民营化、网络治理、协作性公共管理等相似概念进行比较，提出协同治理新论述，即协同治理是这样一种过程：政府与企业、社会组织或者公民等利益相关者，为解决共同的社会问题，以比较正式的适当方式进行互动和决策，并分别对结果承担相应责任（张仲涛等，2016）。总体来看，协同治理理论仍具有整体性、互动性和效用性三个典型特征。

我国当前正处于市场化改革和社会转型的关键时期，在社会活力不断增强的同时，诸如环境破坏、贫富差距加大、信息安全等社会问题也不断出现，社会治理任务更复杂、更具难度，传统的以政府为中心的一元式社会治理体制已经无法适应社会发展需求，社会治理主体多元化及多元主体协同配合必然成为社会治理实践的最终选择。因此，我们应在实践中不断探索，特别是在数字经济快速发展的当下，不断拓展治理理论的广度和深度，为我国构建国家治理体系和推进治理能力现代化提供有益理论支撑。

第三节 数字经济治理内涵特征

数字经济的蓬勃发展,给经济社会带来了颠覆性的变化。无论是从生产组织形式,还是生产要素方面来看,数字经济都是一种与农业经济、工业经济截然不同的经济形态。数字经济具有数据化、智能化、平台化、生态化等特征,对经济社会形态进行了深度重塑,这也将引发数字经济治理的根本性变革。传统的治理理念、治理工具和治理体系,在数字经济时代都将面临前所未有的挑战。因此,正确认识数字经济治理,构建与之相适应的治理体系,对我国实现经济形态转型并参与全球治理,都具有重要的理论和实践意义。

一、数字经济治理内涵

从数字经济的发展历程看,它是依托于现代数字技术、以互联网和大数据应用为主要特征的新经济形态,历经了从网络化阶段到数字化阶段的转变,因此,数字经济治理的发展也是随之变化的。总的来看,数字经济治理的演进先后经历了信息技术经济治理、网络经济治理和数字经济治理三个阶段。

信息技术经济具有知识密集型和高行业集中度等特征,因此,信息技术经济治理更多地体现出政府主导和企业自治的特点。一方面,政府主要从扶持发展、保护知识产权、破除垄断几个方面开展治理。比如,上世纪90年代美国的"信息高速公路"战略、美国建立的完备的知识产权保护体系和执行体系、各国出台的反垄断法等。另一方面,企业则主要是通过制定技术规范和建立行业联盟来实现自治。比如,微软公司与思科、甲骨文、易安信等众多企业建立了的联盟关系,通过结盟战略推动信息技术纵横联合(杜庆昊,2019)。

其后,随着互联网信息技术的快速发展,网络经济应运而生。通过互联网等载体,网络经济将各类信息技术、资源和知识等作为生产要素,反映了网络、信息与传统经济的深度结合。在网络经济治理中,新的治理理念和治理手段也随之出现。一方面,互联网技术使得公司治理结构日益扁平化,公司治理过程也逐渐公开化,非传统公司管理团队的债权人、普通职工和社会公众等逐渐参与到公司治理中。另一方面,互联网直接改变了国与国、企业与企业之间的经贸和金融往来方式,也催生了经济治理中的一系列新规则。并且,信息网络的互联互通加剧了各主体间的相互影响作用,促进了网络经济治理中各主体间的协商和合作机制构建。在网络经济治理中，政府不再是单一的管理治理主体，企业的自律作用和市场的共治作用得到发挥，公共事务的治理效果也得到改善。

随着互联网技术的进一步发展成熟以及云计算、大数据、人工智能等数字技术的快速发展，数字技术与各行各业深度融合，社会数字化程度逐渐提高，数字化应用水平不断增强，智能汽车、网约车、互联网金融等一系列新产品、新产业和新业态不断涌现，由此便催生了数字经济以及与其相应的治理理论和实践。与传统经济、信息技术经济和网络经济相比，数字经济及其治理具有以下鲜明特征。首先，数字经济具有生态性特征。在数字经济时代，竞争不仅存在于技术、产品和服务，更是生态体系的竞争，由硬件、软件、平台、跨界融合等综合构成的生态体系成为数字经济竞争的核心。其次，数字经济具有平台化特征。在数字经济发展过程中，众多社会化的网络平台成为市场结构的主要载体，承载着供需双方的经济往来。最后，数字经济具有创新性特征。随着数字技术的不断发展，每时每刻都有可能催生出新的技术、模式、产品和业态，传统经济社会的资源配置和组织形式正在不断改变，这就要求我们的治理思维也要不断更新，以适应数字经济的发展需要。

目前，学界和业界对数字经济治理还没有一个统一的、权威的界定，但鉴于数字经济的新特征，数字经济治理应在以下几个重要的方面有所体现。第一，过程化。数字经济治理不是一部具体法规或规则的制定执行，而是一个从主体参与到规则制定再到治理效果产生的持续过程，涉及治理主客体、规则制定、政策执行及争端解决机制等多个方面。第二，主体多元化。该特性实际上强调了治理过程中的全员参与。第三，智慧化。这也是数字经济治理与以往其他经济形态治理相比最大的区别。基于数字技术，数字经济可以充分利用海量数据，通过对数据的精准分类、深度挖掘、深入分析和有效应用，实现治理的智能化、透明化、快捷化。第四，整体化。在数字经济时代，一切关乎人类行为的事物都能够被数据化展示，利用这些海量数据，我们可以实现全量、实时甄别。与传统政府治理模式相比，数字经济治理在治理对象方面体现出更强的整体性。第五，协同化。在数字经济时代，社会公共事务的复杂度只会越来越高，这就要求数字经济治理也必须强调合作治理的协同性，治理过程必须有效整合各种社会主体，并通过协调合作加强主体内部和主体间的联系、沟通，进而提高治理效能。

二、数字经济治理特征

根据当前的数字经济治理研究理论成果，结合数字经济治理的内涵，数字经济治理主要具有以下几点重要特征。

1. 多元性

数字经济治理的多元性主要指数字经济治理中的治理主体不是单一的、垄断的，治理过程中应注重包括政府、社会组织机构、私营部门和公民个体等在内的所有参与主体的利益协调。数字经济的大数据、虚拟化、跨时空、行业融合等特征也要求其治理过程必须是多元化的。

2. 主导性

虽然数字经济治理是一个多主体参与的协同过程，政府不再是唯一的、绝对的权力主体，但在公共事务的治理过程中政府仍然需要发挥主导作用，履行其法定的治理职责。同时，为实现管理规章制度的有效落实，政府往往需要扮演法规制定者、执行者和最终裁决人的角色，且政府的主导行为主要通过议程的拟定、法治的监督等来实现。另外，数字经济治理也需要第三方评估及其他方式对政府进行监督，以避免陷入规制俘获和治理陷入传统模式的情况发生。

3. 互动性

数字经济治理是一种协同治理，不是单一主体的强行施压，治理过程需要各市场主体的主动参与，通过积极的数据信息共享、交流互动来实现经济社会的协商共治，达到社会治理效用的最大化。

4. 动态性

数字经济治理不是某时间点或某地点的静态管理执行，而是一个具有跨界性的动态过程，其治理目标、规则等也不是一成不变的，而是根据不同公共事务的特点和发展方向不断调整和完善的。

5. 公共性

数字经济治理的公共性特征指数字经济治理主要是为了解决整个市场的公共管理事务，面向的是市场整体，个体间的私人问题并不在治理范围内。

6. 正式性

数字经济治理是一个规范的过程，包括政府部门在内的各参与主体的权利、义务、关系等都要通过正式的活动安排加以明确，而这些活动安排可以有法律法规、行政授权、规章制度和合约规范等多种形式。

第四节　数字经济治理要素

在主体多元化、智能化、虚拟化的数字经济新形态中，去中心化的协同治理成为数字经济治理的核心。结合社会协同治理理论，数字经济治理的要素主要包括治理主体、治理客体、治理程序、治理动力和治理目标等。这些要素共同构成数字经济治理过程，并且各要素之间紧密联系，不可分割，共同形成了社会治理功能性整体。

一、数字经济治理主体

数字经济治理主体指参与协同治理的所有行为个体，主要包括政府、企业、社会组织和公民个体等。广义的政府主体包括立法、行政和司法机关，以及执行社会公权力的相关机构；而狭义的政府主体则主要指承担相应监管职能的政府部门。数字经济治理中的政府主体一般指广义的概念。企业作为最重要的市场主体，承担了产品生产、服务供给、商品流通和市场交易等职能，是数字经济治理的重要主体。社会组织也称"第三部门"，主要包括社会团体和行业协会等各类非政府组织，具有中立性、非营利性等特征，往往在市场治理中扮演沟通者的角色，在数字经济治理中发挥重要作用。另外，随着公民整体素质的提高和网民基数的增加，其参政意识、维权意识和监督意识也在不断增强。而且，在数字经济时代，公民个体往往不再是单一的消费者，也可能是产品或服务的生产者，具备准企业特征。因此，公民个体也逐渐成为数字经济治理中的不可忽视的重要新生力量。

根据主导主体的不同，存在政府主导型和行业自律型两种治理模式。具体来看，政府主导型治理模式是指政府在实际治理中具有主导地位。该模式强调政府在处理治理内容和控制公民网络行为等方面的作用，主要通过自上而下的政府规制或网络过滤等技术手段对互联网进行管理。特别是在考虑数据信息和网络安全因素时，更加强调政府部门的领导责任。在具体实践中，新加坡在互联网治理上充分发挥政府主导作用，其媒体治理体制独特高效。在我国，党的十九大报告中指出，要"完善党委领导、政府负责、社会协同、公众参与、法治保障的社会治理体制"；2021年6月颁布的《中华人民共和国数据安全法》，用于规范数据处理活动，保障数据安全，保护个人、组织的合法权益。

行业自律型治理模式则主要是指行业内部通过制定行为规范或规章制度，实现自我规范和自我约束。该模式往往不依赖政府部门制定的相关法规，而更加侧重行业内部的自我规制。跨时空、虚拟化的数字经济时代，在内容监控、数据安全、隐私保护等方面，政府的治理手段往往存在滞后和缺陷，治理效果时常不佳，行业自律的作用就越发重要。因此，在数字经济治理中，行业自律治理模式也日益成为趋势。比如，英国的网络观察基金会、西班牙的互联网质量监管机构、法国的互联网权利论坛分别在其国内的互联网治理中都发挥了重要的作用。为促进和保障互联网行业健康发展，我国也成立了中国互联网协会并制定了《中国互联网行业自律公约》。

总的来看，在实际社会经济公共治理中，各个国家往往根据自身经济体制和经济发展阶段在政府主导型和行业自律型的社会治理模式中进行选择，但无论选择哪种治理模式，要想取得好的治理效果，都越来越离不开各主体间的协同合作、协调共治。

二、数字经济治理客体

治理客体即治理的对象，具体来说就是数字经济社会的公共事务。数字经济治理的目的在于保障数据安全并促进经济稳定发展，因此，广义来讲，能够影响到该目标的因素都是数字经济治理的对象。在互联网治理研究中，金蕊（2016）认为互联网治理的客体可主要概括为互联网行为、互联网内容和互联网资源，并集中体现在互联网行为上，在治理实践中可以概括为言论传播、网络暴力、网络谣言、个人信息隐私保护，以及网络商业欺诈和金融犯罪五个方面。而杜艳绫（2020）认为，数字经济治理的重点应主要放在数据、税收、信用和知识产权四个方面。

在数字经济治理实践中，我们往往容易存在过度依赖技术而忽视了人的主体价值的倾向。在技术治理的视角下，社会和人的向度被过度简化，信息量被逐步压缩至一个数字，成为定量标尺上的一点。如此一来，治理过程便容易出现重数据挖掘、搜集、整理，却未能传达任何价值的情况。以数字化服务为例，最多跑一次、全程数字化、零接触的公共生活服务给人们带来了很多便利，但同时也会给另一部分人带来生活障碍。受到经济发展水平、年龄、受教育程度、地理等因素的影响，数字鸿沟在国家间和一个国家内部的不同地区间普遍存在，这部分社会弱势群体因数字技能缺失而往往被边缘化，成为"技术难民"，这也将进一步拉大地区间公共服务的均等化、公平性和包容性差异。归根结底，数字经济时代，技术具有刚性而人具有自主性，无论采用何种客体分类，可以明确的是，作为一种社会公共事务治理，数字经济治理也应该落脚于对"人"的治理上。

三、数字经济治理程序

数字经济治理程序即治理的组织形式，指根据组织职能定位和岗位权责调整配置，确定治理主体的相应责任及任务，从而支撑多元主体间的沟通、互动、监督和反馈等环节。

一般来讲，治理程序包括外部程序和内部程序。外部程序强调协同主体间的外在行为，主要按照协同主体在治理中的角色分工和任务安排，遵循"主导——负责——协同——参与"的决策和实施程序，进行公共事务治理。外部程序既要明确治理过程中各主体间的"属级"关系，也要突出其相互协调、合作行动。与外部程序相对应，内部程序则主要强调治理机制内部各要素之间的联动关系。在数字经济治理实践中，外部程序和内部程序是相互渗透、相互补充的。内部程序的启动离不开外部程序的监督和催发，外部程序的组织协调也离不开内部程序的自我唤醒和自我协调。

四、数字经济治理动力

数字经济治理动力主要指促进协同主体间开展协调共治的积极推动力量。刘卫平（2015）认为，社会协同治理机制的动力主要由主体及其意向和能力、机制的自我协调和完善能力以及趋向"目的善"的能力三部分构成。社会协同治理理论主要是基于"市场失灵"和"政府失灵"的现实管理困境反思而提出的，主张通过构建包括政府部门在内的各主体间的协同合作机制来建立行之有效的社会治理模式，不仅要实现政府管理模式的现代转型，更要实现经济社会的稳定发展。在此过程中，各参与主体的协同意向是明晰的，并与其发展目标达成一致。在主体及其意向和能力的支配下，机制的自我协调和完善能力、趋向"目的善"的能力便会形成并向前发展。人的自身完善、公共利益的增长、现代治理模式的建立以及国家社会的健康发展，都属于社会治理中"目的善"的表现形式。在主体善的意向和能力的促发下，社会治理协同机制也会不断地趋向日臻完善的"目的善"。

五、数字经济治理目标

数字经济治理的目标即协同治理预期达到的目的。"数字赋能"不等于"数字万能"，数字经济治理的终极目标就是通过将技术赋能政府、社会组织、企业和社会公众等多元主体，最终重塑政府—社会、政府—市场等主体间关系，实现政府效率效能、优化公共政策制定、提高公共服务水平、扩大公众参与、推进制度转型等方面的提升，增强人民群众获得感、幸福感、安全感。例如，在国际趋势影响和本土治理需求的共同作用下，我国近二十年来不断提出了政府信息化、政府上网、电子政务、智慧政务、政府数字化转型等概念和目标；通过数据挖掘、加工和分析，京东科技助力开发了包括危化品全流程监管、群租房治理、产业链健康度分析、渣土车健康管控等十多个城市应用场景，构建了深度、闭环、高效的市域社会治理体系等。归根结底，通过技术赋能和技术赋权双重机制，数字经济治理就是要以"人"为中心，实现社会"善治"。

最后，要素是事物的基本构成，存在于事物的整体之中。而整体因其构成要素而成为一个功能性的整体，要素因其整体而发挥其独特性能。在论及数字经济治理时，不应将各要素分割讨论，只有将各要素整合于统一协同治理机制下，我们的讨论才有实际意义，制定的机制也才能真正发挥协同治理实效。

第五节　数字经济治理原则

在数字经济治理过程中，应遵循协同性、主导性、公平性、安全性和法治等基本原则。

一、协同性原则

协同性原则是数字经济治理过程中应遵循的首要原则。在数字经济治理中，"一元化"的政府治理模式已面临困境，数字经济的高技术性、创新性、跨时空性、虚拟化等特征使政府治理面临着前所未有的复杂度和难度。治理理论和实践都证明数字经济治理必然是一个主体多元化的协同治理动态过程。由于各参与主体先天资源禀赋和能力的差异性，在数字经济协同治理实际过程中它们可以在功能和作用上有效互补，这种差异和互补也使得"多元协同"成为实现数字经济市场治理整体效益最大化的理想形式。

虽然在治理实践中，各主体有不同分工和任务，但各参与主体的身份地位是平等的，没有高低优劣之分。因此，在数字经济协同治理过程中，应充分体现协商和决策的民主，一方面要注意避免治理主体结构中的身份依附关系产生，另一方面也要防止治理决策和行动过程中的不民主导致的协商和互动式微，最终致使社会整体利益发生扭曲。

二、主导性原则

数字经济治理需要多元主体协同，但在实际的治理过程中，应按照各主体的角色分工和任务安排，遵循"主导—负责—协同—参与"的决策和实施程序进行。我国提出要构建"党委领导、政府负责、社会协同、公众参与的社会管理格局"，因此，在数字经济社会治理体系中，应充分发挥政府主导作用，鼓励和支持社会各方面参与，实现政府治理和社会自我调节、居民自治良性互动。

一方面，政府公权力的公共性、法定性和强制性特征要求其在社会治理中理应起到主导作用和承担主体责任；另一方面，在社会组织规模较小、力量不强，公民整体技术素养不高、参与公共事务治理能力不强和自主性不足，企业、社会组织、公民等多元主体整合难度大的情况下，政府在社会治理中必须发挥主导作用，并协调各方利益。因此，数字经济治理的政府主导原则，既是符合我国国情和社会治理现状的必然选择，也是我国语境下将社会各类主体凝聚为社会治理共同体、实现社会治理多元主体有效协同的现实要求和重要保证。

但需要明确的是，数字经济治理政府的主导性并不代表政府成为社会治理和公共服务供给的绝对主体、单一中心，而是基于治理机制和法治理念下的以政府服务为主导、以市场经济为基础、以社会组织为中介，动员企业、公民积极参与的互动过程。在治理过程中，政府不再是官僚行政，而是服务行政和法治行政；不再是运用政治逻辑强势驾驭市场和掌控社会的管制型、全能型政府，而是社会治理多元协同主体中的服务主体、责任主体、组织主体、合作主体以及维护合作秩序的主导主体（刘卫平，2015）。

三、公平性原则

参与主体的公平性是对数字经济治理体制机制建设的最基本要求，其实质就是要求在治理过程中各种权益可以在参与主体间得到公正合理的分配，主要包括权利公平、规则公平、机会公平、分配公平等方面。

一方面，与传统经济形态相比，基于互联网、大数据、人工智能等数字技术，与传统产业深度融合的数字经济更加开放，边界更广，包含的经济主体也更多。另一方面，数字经济具有一定的知识准入门槛，对缺乏相关技术的弱势群体具有一定排他性。因此，为确保数字经济中各主体的公平机会，数字经济治理应从以下几方面着手。首先，虽然各参与主体权责有分工，能力有大小，但应保证其身份平等。例如，政府部门在数字经济治理中具有主导性作用，往往其既是立法者也是执法者，因此，必须要求其在政策制定、法律法规实施过程中充分考虑社会公平正义，注重构建效率与公平兼顾的社会治理系统，在资源分配和参与机会等方面发挥"调节器"作用。其次，应促进市场准入机会公平，努力消除技术和规模上的排他性限制。再次，应积极缩减数字鸿沟，让各类主体，特别是技术弱势群体都可以享受数字经济发展带来的红利。最后，还应保障线上、线下交易公平，使两种途径的交易都可以顺利进行。例如，随着数字经济发展，许多银行业务都发展至线上，只要通过银行官网或手机APP即可快速办理；但是，很多老年人因视听能力下降、不会使用智能手机

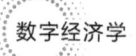

等因素而陷入"技术困境";这时,就需要银行保留人工窗口或开设老年服务专门通道保障他们的合法权利。

总之,在数字经济治理中,只有坚持公平性原则,妥善处理各协同主体的利益关系,在实现公共利益最大化前提下均衡各方利益,才能确保社会治理协同机制既运行有序又充满活力。

四、安全性原则

数字技术在各行各业广泛应用,数字经济已然成为拉动经济增长、带动就业的重要原动力。与此同时,网络数据安全、个人隐私保护等也成为数字经济的伴生问题。

首先,数字经济依赖于数字基建和网络技术,因此,网络安全便成为数字经济治理的安全底线。其次,数字经济依赖于海量大数据,一方面,数据缺失或数据篡改都会产生重大影响,因此,数字治理首先应保障数据本身的安全,实现无差别存储和获取;另一方面,数据在网络流通中的完整性、可靠性和安全性也是数字治理的重点。最后,关于数据获取的安全性治理,有些公共数据可以实现大众共享,但很多数据往往关乎个人隐私、企业机密、市场稳定,甚至是国家安全,因此,如何既保证数据的安全运转,又确保数据获取的合法性、可靠性成为数字经济治理的重难点。例如,当前许多交易都支持扫码支付、刷脸支付等,在消费者支付过程中若操作不当或不在意周边环境,可能会出现信息盗用的情况,给消费者经济或社会名誉造成极大损失;但由于网络的虚拟性和跨时空性,要找到盗用者往往不是一件易事。在国家之间,网络黑客的相互袭击也是经常发生。因此,在数字经济治理中,安全性原则是社会经济发展的前提保障,我们在提高信息技术侦察、防御能力的基础上,更应强化各主体的网络安全意识,形成多维度、全方位的数据网络安全体系,保障数字经济市场机制安全运行。

五、法治原则

法治原则是社会治理体系和治理能力现代化的必然要求和重要特征。在数字经济时代,数据的虚拟性、资源的跨时空性都给行业监管和治理带来重大挑战,这就要求数字经济协同治理必须依靠法治来凝聚主体共识、规范和约束主体行为和保障公平正义。健全的法律体系和成熟的执法能力将成为数字经济中使各治理主体规范行为、各负其责、消除特权、依法行事、有序竞争的重要保证。

具体来看，在数字经济协同治理中，只有坚持法治原则，才能明确各参与主体的权责范围划分，使监督机制达到效果，进而使各主体的协同合作落到实处。以欧盟为例，其基于自身产业发展状况，已陆续颁布了《数据治理法案》《数字服务法案》《数字市场法案》《非个人数据自由流动条例》等法律法规，它们是欧盟数字经济法律体系框架的重要组成部分，为欧盟实现对内促进数据自由流通、对外抑制大型在线平台过度扩张的制度目标，实现其数据主权、构建单一数字市场奠定了法律制度基础。当前，我国也陆续出台了《中华人民共和国反垄断法》《中华人民共和国网络安全法》《中华人民共和国数据安全法》《中华人民共和国个人信息保护法》等关键法规促进数字经济市场的公平公正。

但反过来看，虽然司法是一种确保社会公平和平衡社会主体权益的有效途径，然而在实际中并不是所有的问题都可以通过法律解决。特别是在数字经济新形态下，法律制度体系构建也应具有创新性。一方面，我们应根据数字经济发展需要，不断进行法治体系改革创新；另一方面，我们也应不断革新法治思维与法治理念，例如可以结合数字技术对处理线上纠纷在方式上进行创新，构建有效的多元化解纷机制。

第六节　数字经济治理保障机制

在数字经济治理中，治理主体和事务更加复杂多样，加之数字经济发展快速，具有技术含量高等特点，协同治理机制成为有效开展数字经济治理的总体机制体系。但为了保证数字经济协同治理的有效实施，还需要其他一些机制的保障，主要包括多元主体利益协调机制、多元主体信息共享机制、法律法规保障机制和协同治理评价机制等。

一、数字经济治理多元主体利益协调机制

在数字经济治理过程中，协同治理是总体目标，但多元主体间的个体目

标或努力方向可能有所不同，造成协同治理效果大打折扣。因此，为形成协同合力，多元主体间的有效协调和利益平衡是数字经济协同治理的基础和前提条件。

首先，根据数字经济治理的主导性原则，多元主体利益协调的关键是要建立有效的领导协调机制。因为数字经济的边界广、领域宽、技术性强、数据量大等特点，治理复杂度和难度都很大，治理过程中各主体责任分工也会不同。因此，针对具体的数字经济事务，应明确各主体主导协同角色及其职责分工、组织形式和治理规则，最大程度发挥出协同治理效能。具体来看，基于不同主体的市场定位及能力，在数字经济基础设施建设、基础资源挖掘和分配等方面，应采用政府主导的协调治理机制；在数字经济技术创新发展、产品服务供给和数据挖掘等方面，应采用企业主导的协调治理机制；在数字经济平台服务、数据安全、市场环境等治理方面，应采用政府和企业共同主导的协调治理机制；在面对数字经济市场反馈和监督等治理问题时，则应采用政府和消费者共同主导的协调治理机制。

其次，为保证各主体协调合作的积极性，还必须要实现多元主体在数字经济治理过程中的利益平衡，主要应从两方面内容着手：社会整体利益与各主体自身利益间的平衡，以及多元主体之间的利益平衡。这也要求数字经济治理应充分关注到各主体的利益诉求，并通过加强社会监督、健全法律法规体系等完善利益诉求解决途径。

二、数字经济治理多元主体信息共享机制

数字经济时代，信息技术创新、经济模式演变都是围绕数据这一核心要素展开。要实现数字经济多元主体的协同治理，就要增强多元主体间的合作信任和理性判断，必须实现主体间数据信息的开放共享。多元主体信息共享机制是数字经济协同治理的前提条件和内在推动力。

首先，应该改变政府、企业、公民等主体间信息不对称的现状。政府往往掌握了全社会的全量基础数据资源，可以积极主导构建国家、地方等不同层面的统一的信息共享平台，面向社会和市场公开收集并共享相关数据。企业往往掌握了交易数据、消费者信息等市场运行的第一手数据资料，这些数据更直观、更真实、更及时。因此，在数字经济治理过程中，具有主导权责的政府

部门应加强同企业和行业的合作联系和信息共享，及时了解市场经济运行状况并进行有效监管；信息共享平台面向社会公众开放也可以增强民众对市场的了解，对治理过程中形成有效的社会监督机制具有重要促进作用。

但是，信息数据开放共享并不是无差别、无节制开放，必须要保证数据信息获取操作的规范化和安全性。否则，就会产生国际贸易数据泄露、企业数据交易纠纷、个人数据盗取滥用等一系列严重后果。因此，信息开放共享既是数字经济协同治理的重要机制，也是数字经济治理的重要内容，我们必须构建健康、安全的数据信息共享机制，以有效治理手段保障数字经济发展。

三、数字经济治理法律法规保障机制

在数字经济治理过程中，既要实行法治手段，也要建立完善的法律法规作为治理保障。特别是政府，要基于数字经济的发展阶段特征和市场变化，构建并完善相关法治体系，对不同治理主体的权责关系进行明确，推动数字经济协同治理有效开展。

首先，通过法治机制建设，切实维护好各参与主体的合法权益，营造公平、开放、有活力的数字经济市场环境，对各种违法和侵权行为应予以严厉打击。特别地，数字经济法治保障建设要在社会群体隐私保护、知识产权保护和市场反垄断等方面发挥出应有的作用。例如，数字经济"头部效应"明显，"赢者通吃"的现象比传统经济形态更加突出，大型互联网公司在数字经济市场所占比重往往是巨大的，因此，全球各国都在通过建立反垄断法律法规对数字经济市场进行干预。以Facebook收购Instagram和WhatsApp为例，起初美国和欧盟都予以批准收购，但分别在2019年2月和2020年6月，德国联邦反垄断监管机构——联邦卡特尔办公室（Federal Cartel Office，FCO）和联邦最高法院都裁定Facebook滥用其市场支配地位，在用户不知情或"非自由"同意的情况下通过应用程序编程接口等方式从第三方网站或应用搜集用户信息，并寻求对Facebook的拆分。这说明基于数字经济市场发展的动态性，数字经济治理应适应市场变化，尽可能维护平台经济的竞争态势。

其次，数字经济法治机制建设过程中，也应有效协调各体系、各地区和各部门的法律法规间、法律法规与企业规章制度间的关系，并建立常态化的监督机制。例如，在数字经济平台企业的纳税问题上，部分地区会自行制定一

套纳税标准，但这些标准往往缺乏坚实的法律依据，对企业产生较大影响。此时，就要从法律层面对各地区、各部门进行统一，为数字经济发展提供统一、标准、透明的市场环境，从法律层面推动数字经济协同治理发展。

总之，数字经济治理过程要在法律层面予以明确，把非正式的协作关系提升到法律层面，赋予其一定的约束力，确保多元主体协同合作，这也是法律制度在数字经济治理中的重要意义所在，是确保数字经济协同治理有效实施的一项重要保障机制。

四、数字经济协同治理评价机制

社会治理的目标是达到理想的治理成效，因此，构建数字经济协同治理评价机制并对数字经济治理进行客观评价，是发现治理问题、优化治理机制的重要环节。数字经济边界广、发展快、问题多，作为市场经济的一种新兴经济形态，人们当前对其治理的认识还处在不断摸索之中。在数字经济治理实践过程中，虽然各国、各地区不断更新出台各项政策规定，但往往治理效果并不理想，很大一部分原因就在于治理主体对数字经济治理环境影响因素认识不足。数字经济协同治理效果如何？协同治理机制如何优化？这些问题需要一套科学有效、标准统一的协同治理评价体系来评判、回答。

数字经济协同治理评价机制的构建，重点在于评价指标的选取、评价方法的选择、评价原则的设定、评价的科学实施以及评价结果的分析应用等。在当前已有研究中，对与数字经济有关的评价研究是非常少的，而且基本都是关注数字经济发展的评价。例如，万晓榆等（2019）基于经济学投入产出的视角探讨了我国数字经济发展的有效测度方法，并构建了一套数字经济发展评价指标体系，在其研究中，数字化治理只是被作为指标之一来考虑。但需要注意的是，由于评价目标的显著差异化，对数字经济治理的评价是有别于对数字经济发展或其他方面的评价的。因此，在未来的理论研究和治理实践中，数字经济协同治理评价机制也必然是一个重要的研究方向。

第九章 数字经济治理理论

案例分析与思考

数字经济的协同治理

思政元素

制度自信、创新精神、忧患意识、责任担当。

在百年未有之大变局下，数字经济变革既产生了许多新的机遇，也充满着风险和挑战。在数字经济发展过程中，我国利用自己的制度优势实现弯道超车，一系列新技术、新业态、新模式不断涌现，市场活力得到空前释放。但与此同时，我们也应清楚地看到数字经济时代监管治理方面的一系列难题和挑战。作为世界第二大经济体和创新型国家，我们也应积极参与全球数字经济治理，探索建立与数字经济持续健康发展相适应的治理方式，制定更加灵活有效的政策措施。

案例描述

好活科技用数字化协同治理推动数字经济健康发展

近年来，数字经济发展迅猛，新业态、新模式不断涌现，市场活力得到释放，个人创造力被激发，同时这也对政府监管形成了挑战。好活科技"推进政企大数据协同监管，构建科技灵活就业服务平台"，通过大数据、云计算、区块链等数字技术构建数字经济协同治理生态，让政府、市场、平台企业和灵活就业者"深度融合、云化分享、智慧连接"，以"全用户、大内容、新科技、宽平台"的数字化协同治理推动数字经济健康成长，赋能城市高质量发展。

好活科技通过技术创新、应用创新和模式创新，促进灵活就业者、数字技术、数据和平台企业集聚，以数字化协同治理为重点，让各种资源和治理能力实现"云化"，打破部门信息壁垒，实现数据共享，使对接更加精准顺畅，进而增强政务服务、公共服务和社会治理等数字化智能化水平，实现智慧解决方案的精准匹配，为地方经济社会构建新发展格局、推动高质量发展提供技术支撑。

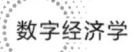

国务院：规范数字经济发展 创新协同治理模式

2021年12月国务院印发了《"十四五"数字经济发展规划》（以下简称《规划》）。《规划》提出，强化协同治理和监管机制。规范数字经济发展，坚持发展和监管两手抓。探索建立与数字经济持续健康发展相适应的治理方式，制定更加灵活有效的政策措施，创新协同治理模式。

《规划》提出，明晰主管部门、监管机构职责，强化跨部门、跨层级、跨区域协同监管，明确监管范围和统一规则，加强分工合作与协调配合。深化"放管服"改革，优化营商环境，分类清理规范不适应数字经济发展需要的行政许可、资质资格等事项，进一步释放市场主体创新活力和内生动力。鼓励和督促企业诚信经营，强化以信用为基础的数字经济市场监管，建立完善信用档案，推进政企联动、行业联动的信用共享共治。加强征信建设，提升征信服务供给能力。加快建立全方位、多层次、立体化监管体系，实现事前事中事后全链条全领域监管，完善协同会商机制，有效打击数字经济领域违法犯罪行为。加强跨部门、跨区域分工协作，推动监管数据采集和共享利用，提升监管的开放、透明、法治水平。探索开展跨场景跨业务跨部门联合监管试点，创新基于新技术手段的监管模式，建立健全触发式监管机制。加强税收监管和税务稽查。

思政点评

发展数字经济事关国家发展大局，是把握新一轮科技革命和产业变革新机遇，推动构建新发展格局，促进经济高质量发展，构筑国家竞争新优势的战略选择。但必须看到，数字经济在日益发展的过程中，也带来了很多新问题和挑战。例如，数字经济对传统经济形态的冲击、头部数字平台的垄断、隐私和数据安全问题等，都是传统经济环境下我们不曾遇到的，我国必须大力提高数字经济治理体系和治理能力现代化水平，以保证数字经济健康发展。在现有的监管制度下，相关的监管理念和监管模式更新较新经济形态发展变化仍存在一定的滞后性，现有监管体系也面临与其他国家规则相协调的复杂问题。因此，考虑到数字经济的相关特征，数字经济规范治理体系应当是一个多元协同的治理体系，既要考虑监管与治理、各利益主体之间的有效协同，也要考虑制度与技术之间的有效协同，以及不同国家或地区间的有效协同。

分析思考

◇在数字经济协同治理过程中,企业主体扮演了什么角色?数字企业如何才能在数字经济协同治理中发挥更大作用?

◇在数字经济协同治理过程中,政府应发挥何种作用?政府通常运用何种方式发挥治理效能?

知识强化与课后习题

本章从数字经济治理的时代背景、理论内涵、特征及治理体系等方面对数字经济治理理论进行了论述,结合本章内容学习,请回答以下问题。

1. 在传统的社会经济监管制度下,数字经济治理面临着哪些挑战?
2. 数字经济治理有何特征?
3. 数字经济治理的保障机制有哪些?
4. 如何理解数字经济治理的主导性原则?

参考文献

杜庆昊, 2019. 中国数字经济协同治理研究[D]. 北京: 中共中央党校.

杜艳绥, 2020. 我国数字经济协同治理研究[J]. 互联网天地 (3): 29-31.

金蕊, 2016. 中外互联网治理模式研究[D]. 上海: 华东政法大学.

刘卫平, 2015. 论社会治理协同机制的基本要素、实现形态与构建原则[J]. 邵阳学院学报: 社会科学版, 14(3): 78-86.

刘妍, 陈天雨, 陈烨, 等, 2023. 互联网平台数据垄断主要表现及治理路径[J]. 情报理论与实践, 46(11): 52-59.

任保平, 2022. 数字经济赋能高质量发展的现代化治理体系研究[J]. 学术界 (12): 24-30.

万晓榆, 罗焱卿, 袁野, 2019. 数字经济发展的评估指标体系研究——基于投入产出视角[J]. 重庆邮电大学学报: 社会科学版, 31(6): 111-122.

王传宝, 滕瀚, 2018. 互联网治理挑战及对策探析[J]. 社会治理 (3): 48-55.

王璐瑶, 万淑贞, 葛顺奇, 2020. 全球数字经济治理挑战及中国的参与路径[J]. 国际贸易

(5): 21-27.

王招治, 林寿富, 杨成平, 2022.数字经济下的平台垄断:生成逻辑、风险辨识与治理路径[J]. 经济研究参考 (11): 94-107.

张仲涛, 周蓉, 2016. 我国协同治理理论研究现状与展望[J]. 社会治理(3): 48-53.

第十章

数字经济治理实践

数字经济时代，各国、各组织都在积极推进与数字经济发展相适应的治理模式的转变，当然，基于不同的发展水平、发展定位和对数字化治理转型的不同理解，各治理主体的治理举措往往也具有一定差异性。本章将重点介绍全球重要国际组织、数字经济发达国家和地区和我国的数字经济治理相关政策及实践，进一步了解数字经济治理的实际举措。

第一节 国际组织数字经济治理实践

联合国、二十国集团（Group of 20，G20）、世界贸易组织（World Trade Organization，WTO）、经济合作与发展组织（Organization for Economic Co-operation and Development，OECD）、亚太经济合作组织（Asia-Pacific Economic Cooperation，APEC）等国际组织在全球数字经济发展和经济治理中都扮演着重要角色，本节即探讨这些重要国际组织的治理实践。

一、联合国数字经济治理实践

作为全球治理主体中政府间国际组织的典型代表，联合国通过倡导建立国际机制、组织体系和实施制度等方式在全球治理中发挥着不同寻常、十分重要的作用。在数字经济飞速发展的今天，联合国也认识到数字经济给人类发展带来的巨大改变，并希望营造共享、共治的国际数字经济治理环境。但在当前的联合国框架内，独立研究讨论数字经济发展和治理的机制设计尚未形成，而是涵盖在国际互联网治理机制中。自20世纪90年代开始，随着互联网的快速发展，人们便致力于创建一个全球性的互联网协调和决策框架。在过去的二十多年间，互联网的国际治理机制议题讨论主要通过互联网名称与数字地址分配机构（The Internet Corporation for Assigned Names and Numbers，ICANN）、国际电信联盟（International Telecommunication Union，ITU）、世界知识产权组织（World Intellectual Property Organization，WIPO）、信息社会世界峰会（World Summit on the Information Society，WSIS）和联合国互联网治理论坛（Internet Governance Forum，IGF）等机构、组织或论坛展开，其中，国际论坛在构建全球合作协商共治机制中发挥了特殊、直接、重要的作用。

早在2001年12月，联合国大会便通过决议要举办WSIS。在2003年12月于瑞士日内瓦召开的WSIS上，通过了《行动计划》，该文件认为互联网是信息社会基础设施的核心组成部分，但世界各国对互联网管理、政策制定机制还未形成共识；但是，此次会议授权联合国秘书长设立了互联网治理工作组，对相关治理问题进行研究。2005年11月，主题为"缩小数字鸿沟和互联网国际管理"的WSIS在突尼斯召开，通过了《信息社会突尼斯日程》，该文件提出互联网的治理应包括技术和公共政策两方面，并且治理过程应由各利益相关方、政府和国际组织共同参与；此次会议还成立了国际上第一个关于互联网治理的专业论坛——IGF。其后，WSIS陆续召开多次，在2020年6月瑞士召开的WSIS上，"促进数字转型"首次作为议题进行讨论。虽然WSIS还并未就数字经济治理达成国际共识成果，但该机制仍被认为是一个有效的全球多方利益相关者平台，是通过交流互通增强国际协作的最佳实践。

IGF是在WSIS上提出成立的，IGF第一次会议于2006年10月在希腊雅典召开，主要关注互联网治理以及互联网相关新技术发展，其宗旨是为各国政府、组织、私营部门、学术界和科技界等利益相关方在互联网相关公共政策方面提供讨论和对话平台。从2016年第11届IGF开始，数字经济发展及治理都是该论坛的主要议题（表10-1）。

第十章　数字经济治理实践

表 10-1　2016 年以来 IGF 与数字经济治理相关主要议题

时间	届数	地点	论坛主题	与数字经济相关议题
2016.12	第 11 届	墨西哥，哈利斯科	促进包容和可持续增长	提升网络安全，缩小数字鸿沟
2017.12	第 12 届	瑞士，日内瓦	塑造数字化未来	数字经济、网络安全、人工智能、物联网以及区块链技术等互联网治理
2018.11	第 13 届	法国，巴黎	网络信任	网络信任和安全、数据隐私、人工智能
2019.11	第 14 届	德国，柏林	一个世界，一个网络，一种愿景	数据治理、数字融合、安全稳定与弹性
2020.11	第 15 届	线上论坛	拥抱互联网 提升人类的韧性与团结	数据治理、数据主权、数据监管
2021.12	第 16 届	波兰，卡托维兹	互联网联合	经济复苏、互联网立法、数字技术
2022.11	第 17 届	埃塞俄比亚，斯亚贝巴	弹性互联网，共享、可持续和共同未来	人权保障，避免互联网碎片化，数据治理和隐私保护，实现安全、安保和问责制，数字技术

在数字经济治理上，联合国一直致力于构建一个以人为本、尊重、包容、透明、协作、和谐的数字经济多边合作机制，促进信息技术应用的普惠化。2019 年 6 月，联合国数字合作高级别小组发布全球数字经济未来发展纲领性报告《数字相互依存的时代》，强调数字经济带来的机遇大于风险，并倡导重构数字经济治理方式，建立更适应数字时代的发展机制。报告还为全球数字经济合作提出了三种可能架构：互联网治理论坛+（Internet Governance Forum Plus，IGF Plus）、分布式联合治理架构（Distributed Co-Governance Architecture，DCOGA）和数字共同体公约（Digital Commons Architecture，DCA）（表 10-2）。目前来看，通过对三种架构的比较分析，较为符合全球数字经济治理路径的是 DCOGA（李艺铭等，2019）。

表10-2 三种全球数字经济合作架构比较

合作架构类型	共同点	主要内容
互联网治理论坛+ （IGF Plus）	多边参与专用信托基金，减少政策膨胀，强调包容性	为所有利益相关者的多边合作治理提供制度化和合法性，保证了小国和发展中国家的参与度
分布式联合治理架构 （DCOGA）		寻求数字合作治理的快速解决方案，并制定规范设计供利益相关者参考采用。本身不具有管理权或执法权，其制定的治理规范也均是自愿解决方案而非法律文书
数字共同体公约 （DCA）		旨在通过与政府、民间组织和企业协同合作，促进数字技术可持续发展并解决潜在社会风险。由多条多边合作轨道构成，牵头组织包括联合国机构、行业或学术联盟或多边组织论坛等。通过年会汇总经验教训，DCA可迅速建立规范和治理实践的资料库并为利益相关者提供指导借鉴

当前，全球数字经济发展的核心问题主要在于地区发展不平衡，缺乏整体治理机制设计。在联合国的数字治理尝试中，虽然其还未能制定具有极强约束力的治理规范，综合治理成效方面也还存在亟待解决的问题，但是，联合国设定的不同合作架构，为基于多边合作的全球数字经济共同治理提供了宝贵的协商平台，特别是为小国、发展中国家发出自己的声音提供了可能，充分发挥了联合国在网络空间国际治理中的主渠道作用，对增强全球数字信任和数字安全、深化全球数字合作、构建多边、民主、透明的国际互联网治理体系具有重要意义。

二、二十国集团（G20）数字经济治理实践

G20汇集了全球各主要经济体，是当前国际公认的经济合作主要论坛。G20机制已形成领导人峰会为引领，部长级会议和工作组为辅助的架构，是全球治理，特别是全球经济治理的重要协商平台。在数字技术飞速发展的时代，G20一直处于科技创新和数字经济发展最前沿。

2016年，G20峰会在中国杭州召开，东道国中国首倡数字经济议题，会议通过了《G20数字经济发展与合作倡议》，这是全球首个由多国领导人共同签署的数字经济政策文件，为全球数字经济发展带来了新机遇，也为全球数字治理提供了新方向、新方案。面向未来数字经济格局重塑和全球治理，《G20数

字经济发展与合作倡议》提出：①鼓励建立多层次交流，包括政府、私营部门、民间社会、国际组织、技术和学术群体等利益相关方，以及行业组织、劳工组织等其他各方分享观点，促进数字经济合作；②鼓励G20成员交流政策制定和立法经验，分享最佳实践；③鼓励通过数字经济方面的培训和研究合作使G20中的发展中国家受益；④鼓励联合国、联合国贸易和发展会议、联合国工业发展组织、国际劳工组织、国际货币基金组织、国际电信联盟、经济合作和发展组织、世界银行和其他国际组织，在重要的政策问题方面开发更好的实用、相关、适当的指标，譬如数字经济中的信任、电子商务、跨境数据流动、物联网等问题；⑤加强宏观经济统计中的数字经济测度问题研究，包括对各国统计机构开展自愿性"良好实践"调研，并组织由统计学家和数字企业参与的数字经济测度源数据研讨会；⑥与二十国集团工商界活动（B20）、二十国集团劳动会议（L20）、二十国集团智库峰会（T20）等其他团体积极互动，与工商界、民间社会、学术界交流观点，就如何推动数字经济健康发展交流意见（中国网信网，2016）。

G20杭州峰会后，后期的历次峰会不断推进数字经济议题的深化（表10-3）（中国信息通信研究院，2020），比如明确了数字政策的总体路线图和衡量指标，建立了关于转移利润应征税的共识，并在数据跨境流动等各国存在分歧的关键问题上开展了有益探索。虽然目前G20仍坚持非正式国际机制的总体架构，但在具体事务中是利用正式国际组织来发挥作用的，构建形成了"非正式国际机制+正式国际组织"的"G20+"机制复合体。与此同时，也有研究者提出，鉴于当前在数字经济关键问题上缺乏正式的全球性治理机制，G20也不排除仿照金融稳定理事会（Financial Stability Board，FSB）的发展路径，推动数字经济领域工作组向正式国际组织演变。

表10-3 G20数字经济议题进展（2016—2022）

时间	地点	数字经济议题
2016	中国，杭州	首提数字经济议题；设立数字经济任务组（DETF）；达成《G20数字经济发展与合作倡议》《G20创新增长蓝图》
2017	德国，汉堡	首次设立G20数字化部长会议；通过《G20数字经济部长宣言》《G20数字经济路线图》
2018	阿根廷，布宜诺斯艾利斯	聚焦数字政府、数字性别鸿沟、基础设施部署和数字经济衡量指标，建立G20数字政策知识库

续表

时间	地点	数字经济议题
2019	日本，大阪	通过《G20 部长会议关于贸易和数字经济的声明》《G20 人工智能原则》《大阪数字经济宣言》
2020	沙特阿拉伯，利雅得	计划将 DETF 升级为数字经济工作组；OECD 提供三份 DETF 讨论文件：《G20 数字经济测度路线图》《测量数据和数据流动方法报告》《人工智能国家政策案例》
2021	意大利，罗马	数字经济下的社会保障；把握数字化技术的机遇，促进全球数字经济的增长和发展
2022	印度尼西亚，巴厘岛	数字化转型议题；中国提出《二十国集团数字创新合作行动计划》，旨在推动数字技术创新应用，实现创新成果普惠共享，携手构建协调包容、合作共赢、共同繁荣的全球数字经济格局

三、其他国际组织数字经济治理实践

除了联合国和二十国集团外，WTO、OECD和APEC等国际组织在世界经济发展和全球经济治理中也扮演着重要角色。

（一）世界贸易组织（WTO）

被称为"经济联合国"的WTO是当代最重要的国际经济组织之一，是全球贸易体制的组织基础、法律基础和为全球贸易提供解决争端和进行谈判的场所。经济活动的日益数字化催生了全新的电子商务运作模式，也引发了新一轮的贸易摩擦和监管问题。在未来全球数字贸易规则形成和发展的关键期，WTO继续发挥重要作用对全球的贸易自由化和数字鸿沟缩减都具有重要意义。

WTO对数字化贸易变化应对还是比较早的。1998年，WTO第二届部长级会议便通过了《全球电子商务的宣言》，达成了对电子传输暂时免征关税的要求。其后，WTO总理事会又通过了《电子商务工作计划》，进一步列出不同理事会讨论议题清单。但是，受制于当时多哈回合谈判整体推进困境，并未能生成专门规范电子商务的多边协定，实际中的电子商务问题仍主要依靠《服务贸易总协定》（General Agreement on Trade in Services，GATS）、《信息技术协定》和《与贸易有关的知识产权协定》来加以协调，留下了大量监管真空地带。针对上述不足，美欧等在WTO框架下发起了有限参与者的国际服务贸易协定谈判（Trade in Service Agreement，TISA），大力推动数据跨境自由流动、源代码保护、电子传输内容非歧视、交互式计算机服务免责等一系列高标准问题上的协同。2017年12月，电子商务谈判终于被纳入WTO工作议程（表10-4）（岳元嵩等，2021）。2019年1月，包括中美在内的76个WTO成员签署了《关于电子商务的联合声明》，共同启动电子商务诸边谈判。总的来看，在谈判中各成员国在一些议题上仍存在较大分歧，如发达国家成员侧重于打造开放的数字贸易环境，主张跨境数据自由流动，注重保护知识产权和技术创新，而发展中国家成员则侧重于提高电子商务便利化水平，强调自身发展需求的重要性，重视网络安全和国家安全，对互联网开放持相对怀疑立场。尽管谈判面临分歧，多数成员国仍对WTO框架下的谈判功能抱有信心并不断送出提案，截至2020年11月，WTO已收到68份提案，其中规则性提案达到61份。

表10-4 WTO电子商务谈判主要议题

序号	分类	议题	意义
1	数据流动与管理	跨境数据流动、数据存储本地化、个人隐私保护、政府数据开放	数字贸易开展重要基础
2	数字贸易税收	国际电子传输免税、微量允许；国内数字服务税	平衡与协调数字贸易
3	知识产权保护	版权和专利保护、商业秘密保护、源代码和专有算法非强制披露	保护贸易主体产权
4	市场开放与公平竞争	市场准入、互联网开放、网络中立原则、技术标准壁垒、政策透明度	扩大数字贸易开放、竞争
5	数字治理与网络安全	消费者权益保护、非应邀电子信息、互联网中介责任、平台垄断、网络安全、监管合作等	化解数字贸易负面影响
6	配套制度	简化边境措施、无纸化贸易、电子签名和认证、电子发票、改善数字基础设施、可互操作性	提供必要政策协调和支持
7	发展合作	弥合数字鸿沟、资金和技术援助、政策灵活性	帮助落后国家发展数字贸易

（二）经济合作与发展组织（OECD）

OECD是由38个市场经济国家组成的政府间国际经济组织，旨在共同应对全球化带来的经济、社会和政府治理等方面的挑战，在全球经济治理中发挥着重要影响。早在1995年，OECD就关注到数字经济并详细阐述了数字经济可能

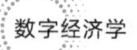

的发展趋势，提出在互联网技术革命的推动下，人类的发展将由原子加工过程转变为数字信息加工处理过程。

与世界银行（World Bank，WB）和国际货币基金组织（International Monetary Fund，IMF）等国际组织不同，OECD没有独立资金来源，不提供资金放贷和基金援助，也没有监管责任和控制工具。OECD在经济治理中以一种独特的非正式方式发挥作用，具体有以下几点。首先OECD收集和分析数据，进而发展为对政策的集体讨论，强化各方共识，然后推动决策施行。至今，OECD在数字领域已形成的重要知识谱系有衡量ICT发展的14项关键指标、人工智能原则和数字化转型工具箱等；面对数字经济治理问题的前沿性和不确定性，OECD关于分析和解决治理问题的研究可能发挥重大作用。其次，OECD通过政府间的双边审查、多边监督以及平行施压，促使成员国遵守规则或进行改革。最后，OECD日益嵌入全球多边组织，为全球经济议题提供智力支持；例如，在2020年的沙特G20峰会上关于数字经济的议题就高度依赖OECD提供的三份讨论文件，即《数字经济测度路线图》《测量数据和数据流动方法报告》和《人工智能国家政策案例》。

此外，国际税改一直是OECD关注的经济治理重要议题，在数字经济发展中，OECD也在一直大力推动全球数字税收合作。2013年，圣彼得堡G20峰会将国际税改项目委托OECD，该项目建立了税基侵蚀和利润转移包容性框架（Base Erosion and Profit Shifting，BEPS），共设置15项行动计划，为各国政府应对避税所需可采用的国际国内工具提供了指南。其中，行动计划一重点聚焦数字经济带来的税收挑战，行动计划五、六、十三、十四设定了最低标准，并要求以同行评议的方式对国家执行情况进行监督。当前，BEPS已形成针对数字经济税基侵蚀和利润转移问题明确的双支柱应对方案。其中，第一支柱聚焦征税权的重新分配，核心是解决没有实体企业存在和活动的问题，确定应在何处以何为基础缴税；第二支柱重点在抵抗全球抗税基侵蚀机制上，提出阻止利润由新技术转移到低税收或无税收管辖区的方法，确保跨国公司支付最低税率，并平衡传统企业与数字企业之间的不均衡竞争。但由于美欧等国家在企业覆盖范围、征税范围等方面存在较大分歧，OECD框架下的数字经济征税并未能够形成成员国共识，谈判前景也不容乐观。

（三）亚太经济合作组织（APEC）

APEC是亚太地区重要的经济合作论坛，也是亚太地区最高级别的政府间经济合作机制。APEC包含中美等全球主要经济体及多个新兴经济体，并与全面与进步跨太平洋伙伴关系协定（CPTPP）等多边贸易协定存在重合，因此，APEC在推动全球和地区经济增长方面的影响力远超一般的区域性组织。

1998年，APEC就在机制内启动了电子商务领域的合作，积极制定《电子商务行动蓝图》《新经济行动议程》和《数字APEC战略》等行动计划，率先将缩小数字鸿沟和电子商务便利化确定为成员国开展数字经济合作的优先领域。随着互联网和数字信息技术在经济领域的广泛渗透融合，APEC根据亚太地区经济形势变化不断开拓新的合作领域，相继通过了《APEC隐私框架》《跨境隐私规则体系》《APEC促进互联网经济合作倡议》《APEC互联网和数字经济路线图》和《APEC数字经济行动计划》等一系列成果。当前，APEC框架下的数字经济议题已逐步延伸至数字贸易、网络安全、隐私保护以及标准和规则制定等多个方面，机制成员在数字经济领域的合作不断深化。在组织结构上，APEC先后设立电子商务指导小组（Electronic Commerce Steering Group，ECSG）和数字经济指导小组（Digital Economy Guidance Group，DEGG）等重要机构，重点关注相关议题讨论、行动计划制定、内部合作协调和行动计划推动实施等。

第二节　世界各国数字经济治理实践

当前，世界各国，特别是发达国家都将数字经济作为促进本国经济增长的重要引擎，各国内部也形成了不同的、丰富的治理手段。本节将以美国、欧盟、日本和新加坡为例，对其数字经济治理实践进行梳理，以期获得启示。

一、美国数字经济治理实践

作为世界第一大经济体，美国发展互联网等数字信息技术是最早、最快的。从上世纪90年代起，美国就率先拉开了数字经济序幕，并引领全球数字经济发展进程。总的来看，在数字经济治理实践中，美国践行政府主导下的多元主体治理架构。政府在数字经济战略规划、法律法规制定、数字市场监管等方面发挥主导性作用,社会组织、企业、公民个体等其他参与主体须在政府的战略发展和法律框架下开展相关工作,美国总体呈现出政府主导、多主体分工、合作共治的数字经济治理状态。

(一)数字经济发展战略顶层设计

美国的数字经济能够得到快速发展,很大程度上得益于其数字经济战略规划和数字治理顶层设计。从克林顿政府到小布什政府,再到奥巴马政府,美国一直通过制定国家战略扶持数字经济发展和深化数字政府治理目标。1993年,美国制定的"信息高速公路"战略为其数字经济发展奠定了坚实的互联网基建基础,也给全球信息通信技术发展带来重大影响。1998年,美国商务部发布《浮现中的数字经济》,明确把发展数字经济作为驱动新发展的主要手段。其后,美国连续多年发布数字经济发展报告,持续关注数字经济发展及其影响。在2016年发布的《数字经济议程(2016)》中,美国将数字经济视为实现繁荣和保持竞争力的关键。随后,美国又相继出台《联邦大数据研发战略计划》《国家人工智能研究和发展战略计划》《智能制造振兴计划》《国家制造创新网络战略计划》《美国机器智能国家战略报告》和《先进制造业美国领导力战略》等发展战略规划,在大数据、人工智能、智能制造等领域有力推动美国数字经济发展。

(二)多主体协同治理

美国的数字经济治理注重多主体协同。除了政府主导,社会组织、企业、公民个体的多主体协同也在美国的数字经济治理体系中发挥着重要作用。其一,在美国,一些行业协会、行业联盟等社会组织倡导以行业自律方式参与数字经济治理。行业组织内部制定相关的行业规范,通过宣讲、咨询和指导等方式,引领行业企业和消费者的自律行为。并且,行业协会等社会组织还承担了数字经济市场发展保护职能。其二,美国一直以来重视市场自由竞争,因此,在其数字经济治理体系中,企业实体的参与也处于重要位置,美国鼓励赋予数字经济相关企业更大自主权。其三,在美国的数字经济治理过程中,公民个体的自律和监督也发挥着重要作用。一方面,通过政府、社会组织的教育、宣讲、咨询等活动向公民提供相关知识和服务,提高公民的自律意识并营造良好的社会环境；另一方面，公民良好的知识素养也促使其在社会监督中发挥十分重要的作用（杜庆昊，2019）。

（三）数字信息开放共享

在数字经济治理过程中，美国注重各主体间的信息开放共享。例如，美国组建国家网络安全顾问办公室，并成立跨部门的网络安全团队以处理网络安全事件，并配备专门协调员。为加强信息沟通，美国在2002年就颁布了《网络安全研究与发展法》，要求在与计算机、互联网、网络安全等数字信息技术相关的研究和建设项目中，政府部门、研究机构和产业界之间必须要信息共享、加强合作。2012年，白宫发布的《数字政府报告》中要求政府数据应当向用户开放。

（四）网络安全与法治体系建设

网络安全和法治体系建设也一直是美国数字经济治理中的重要内容。早在1996年，美国就出台了《电信法》，要求互联网全面开放。1997年颁布的《文明通讯法》则免除了互联网服务商在互联网内容提供上的限制和责任，并降低或取消对用户的行为监视，保证互联网信息内容流通自由。当然，在放宽互联网准入的同时，美国也进一步加强了行业规制，先后制定了《国家信息基础设施保护法》《计算机安全法》《电子签名法》《反垃圾邮件法》《网络安全法案》和《联邦信息安全管理法》等法律法规，加强对关键信息基础设施、网络资源和数据的安全防护。在个人隐私保护方面，美国相继制定了《隐私法》《电子通信隐私法》《消费者互联网隐私保护法》《儿童互联网保护法》和《信息自由法》等一系列法律法规用于保障公民的个人信息安全。因此，在数字经济治理的法治保障上，美国已经形成了一套比较完善的法律体系，这也保证了数字经济治理过程中的权责分明、执法有据，极大提高了美国的数字经济治理成效。

（五）数字平台反垄断

当前，数字平台的反垄断正成为美国数字经济治理的重要工作内容。一直以来，美国的市场环境都是鼓励自由，反对政府过度干涉，但2019年以来，美国对数字平台反垄断监管的态度发生了较大变化，已由宽松转向审慎。2019年以来，包括美国联邦贸易委员会、司法部、众议院以及多个州的检察长在内的各方已分别开启对Google、Facebook、Amazon和Apple四家主要数字平台的反垄断调查（表10-5）（中国信息通信研究院，2019）。尽管在是否需要拆分数字企业巨头等问题上，保守派与激进派系还存在明显分歧，但强化对数字平台的竞争监管已愈发占据主导地位并成为各方的监管共识。

表10-5 美国数字市场反垄断调查情况

时间	数字企业	反垄断要点	监管机构	焦点分析
2019.6	Google	在线广告市场排除、限制广告商；偏向自家产品干预搜索排序；并购问题；用户信息保护问题等	美国司法部、众议院、州检察长	反垄断调查。设计多个欧盟反垄断调查相似问题，重点调查垄断地位传导问题
2019.6	Facebook	并购Instagram、WhatsApp是否妨碍市场创新和自由竞争；禁止外部社交服务使用"社交图谱"	美国联邦贸易委员会、众议院、州检察长	反垄断调查。如何认定早期并购是否阻碍创新，平台封闭是否具有正当性
2019.6	Amazon	利用平台优势收集第三方数据改善自营商品，打压中小规模经销商等	美国联邦贸易委员会、众议院	反垄断调查。平台须在何种程度上保持中立，如何使用从第三方获取的数据
2019.6	Apple	软件商店搜索排序倾向自家开发软件；不公平对待应用软件收取30%收入作为佣金，第三方独家维修等	美国司法部、众议院	反垄断调查。主要涉及平台中立、算法滥用等问题
2021.12	Meta	收购热门虚拟现实健身应用Supernatural垄断虚拟市场	美国联邦贸易委员会	反垄断调查

二、欧盟数字经济治理实践

面对数字经济的快速发展，欧盟坚持合作共赢的原则，着力打破成员国间的数字市场壁垒，通过构建数字单一市场、加快核心数字技术研发等加速推动区域数字经济发展，利用数据保护、数字税、反垄断等治理手段保障数字经济稳定运行。

（一）打造统一的数字市场

作为全球主要经济体之一，欧盟利用自身体制优势构建了集商品、人员、服务和资本于一体的自由流动的内部单一大市场。但在欧盟内部，由于国家独立个体的存在，成员国之间在数字经济领域仍存在各种壁垒，这造成数字市场的分割，无法发挥整体优势。鉴于此，2015年，欧盟提出"数字化单一市场战略"，意图打造一个统一的数字市场，为数字网络和创新服务创造适当的条件和公平的竞争环境。作为单一数字市场战略的一部分，2016年，欧盟委员会又公布了"工业数字化"战略计划，旨在协调和整合各成员国之间的工业数字化发展进程和规划，通过支持发展公私伙伴关系和数字工业平台，整体提升欧盟在数字技术方面的系统集成和竞争力；通过建立数字创新中心，为欧盟所有企业，尤其是为中小企业和初创企业提供一站式服务，帮助它们借助数字技术从数字化创新中获得充分的利益（朱贵昌，2020）。

（二）构建全方位的法律法规体系

构建全方位的法律法规体系是欧盟在数字经济治理中的重要治理手段和治理基础，特别是针对数据保护和个人信息隐私保护等。在构建单一数字市场进程中，欧盟成员国就先后达成《单一数字市场版权指令》《数字内容指令》《商品销售指令》和《消费者新政》等多项协议，通过立法制定统一的管理规则。在数据保护利用方面，1995年欧洲议会就通过了《资料保护指令》，指出企业对个人数据的处理须遵守透明、目的合理、数据完整准确等标准。2012年，欧盟提出《通用数据保护条例》（General Data Protection Regulation，GDPR），并于2016年获得通过，2018年5月正式实施，该条例成为欧盟内部唯一、统一的数据保护条例。GDPR从个人数据处理的基本原则、数据主体的权利、数据控制者和处理者的义务，以及个人数据跨境转移等方面，建立了完备的个人数据保护制度，成为全球个人数据保护立法的典范。2017年至2018年，欧盟又相继发布《打造欧盟数据经济》《建立一个共同的欧盟数据空间》和《非个人数据自由流动条例》，旨在保护数据和隐私的同时促进数据的开放、共享和自由流动，构建一个共同数据空间。在此基础上，2020年11月，欧盟又公布了一项《数据治理法案》，该法案是欧盟数字经济法律体系框架的重要组成部分，体现出欧盟以个人数据基本人权保护为基础，同时促进数据开放，自由流通的治理目标。

（三）数字平台反垄断治理

与美国类似，数字平台治理也是欧盟数字经济治理的重点内容。2019年以来，针对数字平台的反垄断调查，欧盟已认定包括Google、Facebook在内的大型数字平台具有垄断行为,并对其分别进行了反垄断判罚(表10-6)(中国信息通信研究院,2019)。2020年12月,欧盟接连公布了《数字服务法案》和《数字市场法案》两部重要法案,旨在抑制大型数字平台过度扩张,维护数字市场竞争态势。《数字服务法案》要求对覆盖欧盟10%以上人口的大型在线平台建立专门的监督体系和问责框架,防范其对用户权利、信息流动和消费者参与产生潜在的系统性风险。为了维护市场公平,《数字市场法案》则明令禁止具有市场主导地位的数字企业有限制用户权利和中小型企业发展的行为,并规定严厉的违法处罚措施,包括全球营业收入10%的罚款和对相关业务进行剥离等(刘耀华,2021)。

表10-6 欧盟数字市场反垄断调查情况

时间	数字企业	反垄断要点	监管机构	焦点分析
2019.2	Facebook	强迫用户允许其无限制收集其他接入Facebook应用程序编程接口的数据	德国联邦卡特尔局	停止该行为并整改。判定存在剥削性滥用消费者数据,要求内部数据剥离
2019.3	Google	通过其广告服务AdSense在合同中要求客户拒绝竞争对手的搜索广告	欧盟委员会	罚款14.9亿欧元。认定其在数字市场的拒绝交易和限定交易行为
2019.7	Amazon	利用平台优势获得对手产品敏感性信息,宣传自身产品销售活动	欧盟委员会	开展反垄断调查。聚焦平台双重角色和公平竞争问题;数据获取和使用的合理边界问题

(四)数字税政策

在加强数据保护、数字平台治理的同时,欧盟还尝试将征收数字税作为数字经济治理的重要手段。2017年,欧盟发布《欧盟数字单一市场中的一个公平有效的税收制度》,开始对数字企业的征税问题进行探索。2018年3月,欧委会公布了数字经济公平税收规则提案,共包含两项内容。第一项旨在修改欧盟现行的公司税收规定,以便实现数字化企业和传统实体企业的税赋水平相同,也被视为长期方案。该方案规定满足以下三条标准之一的将被征收数字收入的3%作为数字税:一是该数字平台在某个欧盟成员国的年收入达到700万欧元;二是该数字平台在某一欧盟成员国的一个纳税年度内拥有超过10万名用户;三是在一个纳税年度内,该数字平台与其商业用户之间缔结超过3000份数字服务业务合同。为了弥补漏洞，欧盟的税改提案第二项内容为在税改计划全部完成前的临时征税计划，即立即对全球年收入超过7.5亿欧元，且每年在欧盟的营业额超过5000万欧元的数字企业征收其收入3%的数字税。

欧盟的数字税改计划一方面是为了防止大型数字企业的税基侵蚀和利润转移，确保数字企业和传统实体企业的公平赋税，另一方面则是为了协调成员国的税收政策，构建稳定的税制环境，推进单一数字市场的构建。此外，通过征收数字税遏制外来互联网企业的过快发展也是其意图之一。

但是，欧盟的这一数字税改方案在实施过程中却存在着极大阻力。在欧盟内部，成员国间基于自身利益考量未能在税改协议上达成共识。例如，爱尔兰是欧盟企业税率最低的国家之一，Google、Facebook、Apple等美国科技巨头均将欧盟总部设立于此，爱尔兰在独自得到巨额税收的同时数字企业也可以实现税费降低。因此，爱尔兰、匈牙利和爱沙尼亚等国都明确拒绝支持该数字税计划。但是，法国、奥地利、意大利和西班牙等国则支持该计划，并在计划公布后就开始相继宣布向美国科技巨头征收单边数字税了。在外部，当前符合该征税标准的数字企业大多是美国的科技企业巨头，因此，为表达不满，美国声明将会对征税国家采取对输美商品的报复性关税等反制措施。因此，在内、外部的巨大压力下，欧盟在2019年3月宣布暂时不在全欧盟境内推行该数字税计划。虽然该数字税计划被搁置，但可以预见，为了构建单一数字市场和发展区域内的数字经济，欧盟必然会继续加强在数字税问题上的协调磋商。

三、日本数字经济治理实践

（一）数字经济发展战略顶层设计

日本是世界上较早关注数字经济并进行相应制度设计的国家之一。早在1994年，日本便提出"电子政府"概念。1995年，日本制定《面向21世纪的日本经济结构改革思路》，将通信、信息等高技术产业作为产业结构转型的重点领域。自2000年开始，日本相继出台了《e-Japan》《u-Japan》《i-Japan》《ICT成长战略》和《智能日本ICT战略》等战略计划，带动高新技术产业结构变革。至2016年，日本开始推动"超智慧社会5.0"战略实施，利用人工智能、物联网、大数据等数字技术推动全社会向数字化、智能化转型。此后，日

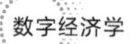

本又先后出台《科学技术创新综合战略2016》《集成创新战略》和《综合创新战略》等战略规划，从智能制造、数字化人才培养等领域推动数字经济发展。凭借一系列的战略规划和顶层设计，日本的数字经济在二十多年的时间里得到了巨大发展。

（二）构建完善的治理监管体系

为了促进数字经济健康发展，日本首先构建了完善的监管体系并注重政府主导的治理体系分工协调。在日本，参与数字经济治理的机构主要包括内阁官房、总务省、经济产业省、法务省、警察厅和法务公正贸易委员会等。其中，内阁官房负责数字信息产业管理的战略规划制定，总务省、经济产业省、法务省和警察厅则主要负责数字经济治理相关的立法和执法工作。为了有效维护网络安全，日本防卫省在2014年还专门成立了针对网络安全的网络防卫队，以应对网络安全威胁。在政府主导的数字经济治理机制中，为了检验治理成效，日本还建立了数字信息产业政策检验机制，接受政府圆桌会议及IT战略评估专家委员会的评估和检验，对各类政策计划完成和实施成效进行评估。

（三）构建完善的法律体系

在构建完善的治理机构基础上，日本出台了一系列法律法规促进网络安全、隐私保护和数字产业健康发展。例如，2011年颁布的《为应对信息处理高级化而对部分刑法内容所作的修正法案》加强了对数字信息安全的监管。2014年通过的《网络安全基本法》则成为日本第一部完善的网络安全法律，有效推动了日本网络安全战略的贯彻实施。2015年，日本出台《反不正当竞争法修改草案》，进一步规范了数字经济市场环境。在个人信息保护立法方面，日本也一直走在亚洲前列。其在2005年就实施了《个人信息保护法案》，并于2015年对该法案进行修订，2017年正式实施的《个人信息保护法案（修订版）》趋近欧盟《数据保护法》，提升对于个人信息的保护程度。为了保护青少年并加强对交友类网站的管理，日本还出台了《异性交友网站规制法》和《青少年网络规制法》，进一步完善了其网络空间和数字经济治理的法律体系。

（四）数字税政策

税收政策也是日本政府数字经济治理的一项重要手段。一方面，为了促进数字经济发展，日本政府对本国从事数字信息产业的企业投资实行税收优惠并放松一定的规制条件。例如，为减轻中小企业压力，日本2004年通过税改，将非上市股份转让利润的税率由26%降至20%，以及允许研究费用从纳税额中扣除等，这些优惠措施都激发了企业开展数字研发的动力。为实现数字经济促进经济社会改革目标，日本政府还对阻碍电子商务发展的商法和专利法等50余部法规作出修改，放宽在通信领域、网上交易和网上金融服务的有关规制（蓝庆新等，2018）。另一方面，日本对跨境数字企业则实施征收数字服务税策略。从2015年10月起，日本将进口服务消费税征收范围扩大至电子图书、音乐和广告，规定在日本国内提供数字服务年营业额超1000万日元的跨境数字企业将缴纳其收入的10%作为服务税。

（五）数据跨境流动治理

此外，为了融入欧美等数据自由流动圈，数据跨境流动也是日本数字经济治理的重要内容。其2015年颁布的《个人信息保护法案（修订版）》就是对标欧盟《通用数据保护条例》和亚太经合组织《跨境隐私保护规则》（Cross-Border Privacy Rules，CBPR）进行修订的，以此建立信任机制，获取自由接收数据的权利。2019年日美签订的贸易协定确立了两国各领域数据无障碍跨境传输的总体思路，并禁止对金融业机构提出数据本地化要求（孙方江，2021）。

四、新加坡数字经济治理实践

新加坡是全球最早实施信息化和数字化建设的国家之一，目前已成为亚太地区第四大互联网数据中心。虽然受市场规模和资源禀赋制约使得新加坡数字经济经济的规模体量较小，但其已拥有发达的数字产业，特别是其数字旅游服务业表现出较大的比较优势（王念，2020）。在数字经济发展过程中，新加坡也积累了较丰富的治理经验。

（一）政府主导地位

在新加坡的数字经济治理实践中，政府扮演了极为重要的角色。秉持着"大数据治国"理念，新加坡提出"智慧国"计划（表10-7）（赵立斌等，2020），即政府通过建设覆盖全国的数据收集、连接和分析基础设施平台，对公民需求进行预测，进而提供有针对性的公共服务。而且，在其政府治理理念中，融入全球化、与世界接轨也一直是其秉持的重要准则。

表10-7 新加坡数字经济发展阶段（赵立斌等，2020）

阶段	时间	目标	标志
一	1980—1985年	国家计算机化发展	建立国家计算机委员会
二	1986—1990年	IT公司快速发展	IT2000愿景
三	1991—2005年	国家信息基础设施建设	"智慧岛2000"计划
四	2006—2014年	提出建设智慧国家	"智慧国2015"计划
五	2015年后	设计智慧国家蓝图	"智慧国2025"计划

（二）数据监管和保护

为保护个人隐私，新加坡构建了完善的个人数据监管体系和个人数据保护制度。2013年，新加坡成立了个人数据保护委员会（Personal Data Protection Commission，PDPC），该委员会负责对个人数据保护机制的监管和政策实施，主要监管对象为私营部门和涉及数据获取、使用、储存、传输和跨境转移的各类组织。在监管中，PDPC会对监管对象进行评估认证，对符合条件的企业授予"数据保护信任标识"，受认证的企业在数据使用和传输上能够享受更加便捷的监管要求。对教育、医疗和金融等数据海量、监管难度大的专业领域，PDPC会同各行业主管部门密切合作，共同管理专业领域的数据流动。例如，对数据滥用和数据垄断等违反公平竞争的企业行为，PDPC不直接负责监管，而是由竞争和反垄断专业主管部门负责监管。此外，信息通信部下属的信息通信和媒体发展局（Infocomm Media Development Authority，IMDA）也是数据跨境流动的监管部门之一。在实际的数据监管过程中，各部门相互协调、密切配合，共保新加坡公民数据安全。

与此同时，为保证监管的规范性，新加坡制定了相应的数据管理法律法规。2012年10月，新加坡通过了专门针对个人数据管理的《个人数据保护法案》（Personal Data Protection ACT，PDPA），并于2014年全面实施。2013年1月，新加坡又颁布PDPA附属法例《个人数据保护条例》（Personal Data Protection Regulation，PDPR）及其实施细则。由此，该法律和其现行法律法规共同构成了新加坡的数据管理体系的基本法律框架（王念，2020）。

(三) 数据信息开放共享及跨境流动

在严格保护个人隐私的前提下，新加坡对数据的开放共享和跨境流动秉持开放的态度。《新加坡电子政务总体规划（2011—2015）》指出，政府是服务提供者，并公开政府数据获取渠道。目前，新加坡百余个机构和部门的数据都已公开，其中大多数数据都是可机读的。例如，新加坡财政部启动其主导的开放数据倡议行动，在政府机关内部确立"数据分享"原则，要求数据应可查、可提供、及时发布、以机读格式共享并尽可能原始（杨巧云等，2021）。

与此同时，新加坡将数据跨境流动视为打造全球贸易新优势的重要途径，将数据跨境流动管理能力视为数字经济时代培育新竞争力的关键抓手，并积极成为全球数据跨境流动规则的重要影响者甚至是规则制定者。但由于缺少权威指导和可直接借鉴的先进经验，新加坡也认识到自身面临的重大挑战和短期内难以形成统一的数据跨境流动制度。因此，在国际规则制定实践中，新加坡不断探索通过双边协议、多边协议、区域试点等方式积极参与区域合作机制建设和寻求区域内数据自由流动（王念，2020）。

（四）数字税收政策

新加坡作为国际自由贸易较发达的经济体之一，税收调控一直是其吸引外国投资、激励企业发展的重要手段。随着数字经济全球贸易的不断发展，新加坡财政部在其2018年2月公布的预算报告中首次提出了对跨境进口数字服务征收商品与服务税（GST）的计划，并宣布GST适用于企业对企业（B2B）和企业对消费者（B2C）的数字信息服务（表10-8）（方铸等，2021）。2019年，新加坡相继出台的《GST电子税指南：通过反向征税机制对进口服务征税》《GST电子税指南：通过海外供应商注册制度对进口服务征税》和《商品及服务税（修订）条例草案》等法案，对数字税收实施过程中可能面临的一些问题进行了解释和规定。2020年1月，新加坡商品与服务税政策正式实施，这也使其成为东南亚地区首个宣布对数字服务征税的国家。

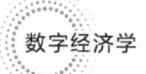

表10-8 新加坡数字经济商品与服务税（GST）政策

生效时间	2020年1月1日	
商业模式	B2C模式	B2B模式
征税规则	海外供应商制度（OVR）	反向征税机制（RCM）
征税范围	企业对消费者提供的数字服务，具体指向非消费税注册主体（包括未注册消费税的个人和企业）提供的服务，如跨境数字下载、媒体订阅、软件项目、应用程序、网页搜索和电子数据管理等	企业对企业提供的数字进口服务，具体指向消费税注册主体（包括公司、合伙企业和独资经营者）提供的服务，如营销服务、会计服务、IT服务等
具体规定	①收入门槛：全球年营业额超过100万新元，并在12个月内向新加坡客户出售价值超过10万新元的数字服务的海外数字服务供应商，需在新加坡注册GST，并向新加坡客户也收取有关商品及服务税；②一定条件下，电子市场的本地或海外运营商也可被视为海外供应商通过这些市场提供数字服务的供应商，此时，电子市场运营商需承担登记并缴纳GST的责任	①已注册GST的企业：从2020年1月1日起，若是部分免税业务无权享有全额进项税抵免的企业，以及GST注册的慈善机构或福利机构收到的非经营性收据，需要其从海外供应商处购买的所有进口服务缴纳商品及服务税；②未注册GST的企业：从2020年1月1日起，在12个月内进口服务的总价值超过100万新元，即使已注册GST，也无权获得全部进项税抵免
适用税率	7%（与境内数字服务GST税率相同）	
计税方式	应纳税额＝销项税额－进项税额	

第三节 中国数字经济治理实践

我国重点实施网络强国战略和国家大数据战略，系统谋划、统筹推进数字中国建设。中央和地方出台了一系列重大方针政策，实施了一系列重大举措，构建了既有顶层设计又有具体措施的政策支持体系，形成了推动数字经济发展的强大合力，使得数字经济成为我国经济发展中创新最活跃、增长速度最快、影响最广泛的领域，数字经济成为有效推动我国经济高质量发展的新动能和新引擎。但数字经济发展越快，越离不开政策规范和引导。习近平总书记在十九届中央政治局第三十四次集体学习时曾强调，"要完善数字经济治理体系，健全法律法规和政策制度，完善体制机制，提高我国数字经济治理体系和治理能力现代化水平"（新华社，2021）。本节将从数字政策、多元共治体系构建、网络信息安全、数据开放共享和市场反垄断几个方面介绍我国数字经济治理的实践。

一、数字经济政策

从1994年正式接入国际互联网开始，中国正式进入互联网时代，也迈入了数字经济发展的萌芽期。从2004年前后开始，中国数字经济发展逐渐驶入快车道，直至当前形成了相对成熟的数字经济产业。我国在发展数字经济过程中，充分发挥制度优势，一系列政策引导起到了重要的促进作用（表10-9）。特别是2015年以后，国家层面出台了一系列针对互联网、人工智能、数字政务等与数字经济相关的指导意见和法律法规，促进数字经济发展并对数字经济市场环境进行规范。在国家政策的引导下，地方各级政府也将发展数字经济作为推动区域经济高质量发展的重要举措，制定本地方的数字经济发展规划并加快落地实施这些政策。

表10-9 我国数字经济相关政策

发展阶段	发布时间	名称	焦点
信息化建设起步阶段	1999.1	《关于加快移动通信产业发展若干意见》	信息产业
	2001.7	《关于促进我国国家空间信息基础设施建设和应用若干意见》	空间信息基础设施
	2002.9	《振兴软件产业行动纲要（2002年至2005年）》	软件产业
电子商务发展与信息化建设深入阶段	2005.1	《国务院办公厅关于加快电子商务发展的若干意见》	电子商务
	2006.4	《国务院关于同意建立全国文化信息资源共享工程部际联席会议制度的批复》	文化信息资源共享
	2007.4	《中华人民共和国政府信息公开条例》	信息公开
数字经济发展新阶段	2015.5	《中国制造2025》	智能制造
	2015.7	《国务院关于积极推进"互联网+"行动的指导意见》	互联网+
	2015.8	《促进大数据发展行动纲要》	大数据
	2016.5	《国务院关于深化制造业与互联网融合发展的指导意见》	制造业
	2016.9	《国务院关于加快推进"互联网+政务服务"工作的指导意见》	政务服务
	2017.7	《新一代人工智能发展规划》	人工智能
	2017.8	《关于鼓励和规范互联网租赁自行车发展的指导意见》	共享单车

发展阶段	发布时间	名称	焦点
数字经济发展新阶段	2018.8	《推动企业上云实施指南（2018—2020年）》	云计算
	2019.5	《数字乡村发展战略纲要》	数字乡村
	2020.3	《中小企业数字化赋能专项行动方案》	企业数字赋能
	2017—2022	每年的政府工作报告	数字经济

二、政府主导下的多元共治体系

随着我国数字经济的快速发展，数字经济治理也得到越来越多的关注，治理水平得到不断提升。当前，我国已逐渐形成政府主导，行业组织、企业、公民个体等广泛参与的多主体网络生态治理体系。2019年12月发布的《网络信息内容生态治理规定》强调治理过程中的"政府、企业、社会、网民等主体"共同参与，并明确了网络信息内容生产者、网络信息内容服务平台、网络行业组织、网络信息内容服务使用者等主体在治理过程中的权利和义务。规定网络信息内容服务平台应"履行信息内容管理主体责任"，"培育积极健康、向上向善的网络文化"并"建立网络信息内容生态治理机制"；鼓励网络行业组织"发挥服务指导和桥梁纽带作用，引导会员单位增强社会责任感"，"建立完善行业自律机制，制定网络信息内容生态治理行业规范和自律公约"，"开展网络信息内容生态治理教育培训和宣传引导工作"；规定网络信息内容服务使用者在履行相应义务的同时，可"积极参与网络信息内容生态治理，通过投诉、举报等方式对网上违法和不良信息进行监督，共同维护良好网络生态"。通过多元主体协同共治，"建立健全信息共享、会商通报、联合执法、案件督办、信息公开等工作机制"。最后，还要"建立政府、企业、社会、网民等主体共同参与的监督评价机制"，并定期评估治理成效。

在地方政府的数字经济治理实践中，政府主导的多主体协同治理模式也被广泛应用。例如，浙江省在《浙江省数字经济发展"十四五"规划》中明确建立"多元共治体系"，创新数字经济监管机制，形成"政府监管、企业自治、行业自律、市场监督'四位一体'的新治理机制"。广东省在《广东省"数字政府"建设总体规划（2018—2020年）》中，提出构建"政府主导、政企合作、社会参与、法治保障"的共建共享"数字政府",坚持政府主导,通过政策引导、规范监管、购买服务、绩效考核等加强对"数字政府"建设的统筹协调和组织推进。充分发挥优秀骨干企业的技术优势、渠道优势和专业运营服务能力"。构建政府为主导、企业为主体、社会组织和公众共同参与的环境治理体系。

三、网络安全与个人信息保护

网络和信息安全牵涉国家安全和社会稳定,也是我国数字经济治理中的重点任务。

首先,在我国的网络安全和信息保护治理中,从中央到地方设置了完整的治理机构。在中央,当前主要有国家保密局、中央网络安全和信息化委员会办公室、中国信息安全测评中心、国家互联网应急中心、工业和信息化部和中国科学院信息工程研究所等单位,并建设有全国互联网安全管理服务平台;在地方,主要有省级网络安全和信息化委员会办公室、公安厅网警总队、省国家保密局、省委机要局、省国家安全厅、省通信管理局、省信息安全测评中心和国家互联网应急中心分中心等,以及其他各级相关信息管理单位。我国通过建立中央和地方各单位的跨部门、跨地区合作联动机制,有效确保信息安全工作协同共治,合力促进数字经济建设健康发展。

其次,我国积极通过完善法律体系保障网络信息安全。我国相继出台了《国家信息网络专项立法规划2014—2020》《全国人大常委会关于加强网络信息保护的决定》《刑法修正案(九)》《中华人民共和国网络安全法》《互联网信息搜索服务管理规定》《互联网直播服务管理规定》和《国家网络空间安全战略》等一系列文件和法律法规,有效保证了我国数字经济治理的安全网络空间环境。与此同时,加强个人信息保护的法律体系也不断完善。《个人金融信息(数据)保护试行办法》《儿童个人信息网络保护规定》《中华人民共和国数据安全法》(自2021年9月1日起施行)和《中华人民共和国个人信息保护法》(自2021年11月1日起施行)等文件和法规从不同领域进一步明晰了数字经济治理中各方对数据信息保护的权利、义务和责任,有效补充完善了我国在数据安全领域的立法体系,提高了我国抵御数据安全风险的能力。

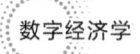

四、数据开放共享

我国的数字经济治理强调加强数字社会、数字政府建设，提升公共服务、社会治理等数字化智能化水平。其中，加强公共数据开放共享，推动政务信息化共建共用是重要的目标要求。为此，我国采取了以下一系列举措。首先，构建国家公共数据资源体系，在确保公共数据安全前提下推进数据跨部门、跨层级、跨地区汇聚融合和深度利用；其次，深化政务信息系统整合，提升跨部门协同治理能力；最后，利用数字技术改善政府运行方式、推进业务流程和服务模式数字化、智能化，通过"互联网+政务服务"，构建全流程一体化在线服务平台。

当前，我国从中央到省市，再到区县，各级政府都开发并推出了数据开放共享、数字移动化服务的政务APP，形成了多方参与、公开透明、数据共享、过程监测、闭环管理的治理生态体系。例如，浙江省在全国一直走在数字经济发展和数字治理的前列，截至2022年，浙江省利用政府政务平台，已开放19053个数据集（含9664个应用程序编程接口），95075项数据项，572266.73万条数据，用户登录后既可以根据财税金融、城建住房、法律服务、交通运输和教育文化等22条数据分类条目查询数据，也可以根据公安、教育、民政、财政和司法等不同部门渠道获取数据信息。数据不但可以查看，还能以XLS、CSV、XML等格式读取下载。为了政务服务的便利化，浙江省还开发了"浙里办"APP等移动客户端，用户通过手机就可以实现在线实时一网通办。

五、数字市场反垄断监管

首先，为营造竞争有序的市场环境和规范市场监管，我国不断完善相关法律法规，实现有法可依。2007年8月，我国便通过了《中华人民共和国反垄断法》，明确"预防和制止垄断行为，保护市场公平竞争"的立法目的。为回应新时期数字经济发展中的规制问题，面对新时期数字经济发展中的规制问题，2020年1月市场监管总局发布的《中华人民共和国反垄断法修订草案(公开征求意见稿)》及2022年6月新修订的《中华人民共和国反垄断法》，分别对规范平台竞争、数据和算法监管等数字经济新业态监管问题做出了回应。在此之前，为推动建立健全适应平台经济发展特点的新型监管机制，2019年8月，国务院办公厅发布了《关于促进平台经济规范健康发展的指导意见》，首次从国家层面对平台经济发展做出要求部署，并明确"依法查处互联网领域滥用市场支配地位限制交易、不正当竞争等违法行为"。2019年，国家市场监督管理总局又相继发布实施《禁止垄断协议暂行规定》《禁止滥用市场支配地位行为暂行规定》和《禁止滥用行政权力排除、限制竞争行为暂行规定》等反垄断法配套规章，对涉及数字经济领域的新问题进行了针对性规定。

在数字平台市场监管实践中，我国坚持"包容审慎"的监管原则，依法监管，并积极调动社会各界参与举证和辩论，共同探索数字经济反垄断监管边界，并不断通过具体案例汲取反垄断经验。例如，在2018年的微信表情包反垄断案例中，最高人民法院创新性地通过需求替代分析界定了相关市场，认为表情包投稿的需求和用意并非为获取社交服务，因而应扩大对相关市场的界定范围；在2019年的"双十一购物节"前夕，发生了备受瞩目的京东和阿里巴巴两家巨头电商平台之间的围绕电商"二选一"的诉讼案，京东起诉天猫借商户"二选一"滥用市场支配地位，该案件审判的不断推进，将为解决互联网行业十多年来围绕"二选一"口水仗争议提供解决思路和方向。因此，随着数字经济的不断发展，相似的案例也会不断出现，这些案件的审理经验也必将助推数字经济领域竞争规则的形成，不断完善我国数字平台监管体系。

> **案例分析与思考**

数字技术创新助力政府智慧治理
——杭州"一码一图一指数"

> **思政元素**

严密精确、创新进取的科创精神和求真务实的浙江精神

科技创新可以为一个国家的长期发展和治理水平提升提供不竭动力。当前,基于互联网、物联网、大数据和人工智能的数字经济已成为浙江省的"一号工程",浙江省也以国务院批复同意设立杭州国家自主创新示范区、中国(杭州)跨境电子商务综合试验区等为契机,大力发展以数字经济为核心的新经济。新产业、新业态、新模式"三新经济"的产值贡献不断增大。同时,基于创新发展的浙江数字经济的优势在新冠疫情期间的疫情防控、居民生活消费、复工复产等方面都体现得淋漓尽致,形成"大数据+网格化"的治理过程全闭环、数据整理全流程模式。在此基础上,在后疫情时代,浙江省加大科创投资力度,不断创新发展方式,为经济发展和数字治理贡献更多浙江力量。

> **案例描述**

浙江省通过"大数据+网格化"形成的治理过程全闭环、数据整理全流程模式是实现智慧治理的有效途径。特别是在新冠疫情期间,浙江省快速上线疫情信息采集系统和疫情防控管理系统,全社会联防联控,政府、医疗体系高效协同、及时响应,形成"一码一图一指数"管理模式,实现精准、严密、智慧的点穴式调控,这成为浙江智慧治理的一个典型缩影。

一码:健康码

2020年2月11日,杭州市率先推出"健康码",实施市民和拟入杭人员的"绿码、红码、黄码"动态管理,并将健康码信息与钉钉企业复工申请平台打通。市民和拟入杭人员可通过支付宝等渠道自行在线申报,填写健康信息、14

天内是否接触过新冠确诊病人或疑似病人等信息,通过审核后将获得一个健康码,领取绿码的人员凭码通行,领取红码和黄码的人员需按规定隔离并进行健康打卡,满足条件后将转为绿码。大量返岗复工人员在支付宝内申领健康码,上线首日访问量即达到1000万。到2月15日,宁波、温州、绍兴、金华、衢州、舟山、台州和丽水的"健康码"服务在"浙里办"APP和支付宝同步上线。2月24日下午,浙江省在疫情防控工作新闻发布会公布,截至当日12时,浙江已累计发放健康码5047万张。

2020年2月18日,央视《新闻联播》播出"浙江:一人一码大数据助力精准防疫"相关报道,向全国介绍浙江经验。2月25日,支付宝宣布,从杭州发源的健康码落地全国超过200城,覆盖公交地铁、社区、写字楼、医保支付、商场超市和机场车站等十大场景。多地正在扩大健康码应用范围,杭州和温州健康码均已上线看病买药功能。

2020年3月16日,在浙江省政府新闻办举行的第三十六场新闻发布会上,时任浙江省防控工作领导小组办公室常务副主任、省政府副秘书长陈广胜表示,浙江省将健康码作为分类精准防控的利器,针对返浙华人华侨、留学生和其他外籍人士实际情况,推出健康码国际版,将实行橙、黄、绿三色分类,截至16日12时,浙江省已累计发放健康码7209.2万张,其中国际版3.1万张。

一图:五色图

"五色图"为浙江省首创的县域疫情风险地图,根据各县(市、区)新冠肺炎累计确诊病例数、本地病例占比、聚集性疫情、连续3天无新增确诊病例等四个评估指标,把全省90个县(市、区)的疫情风险等级评为高、较高、中、较低、低共五个等级,在地图上相应用红、橙、黄、蓝、绿五色表示。第一张五色图于2020年2月9日发布。浙江省卫生健康委相关负责人介绍,采用五色图进行动态评估,既为科学精准有效防控提供了依据,也将为全省复工复产提供有效宏观引导,缓解疏导群众紧张情绪。

此后,在疫情"五色图"的基础上,浙江省还相继推出"复工五色图""社区治理风险评估五色图"以及"科技创新五色图"。

一指数:精密智控指数

"精密智控指数"主要包括"管控指数"和"通畅指数",是评价衡量各地防输入、防集聚和着力通畅物流、人流、商流的风向标。该指数的主要作用有三个方面。第一，通畅物流，浙江省利用大数据加快司机情况排查、企业复工确认，实行分批受理和分批上岗，实现精准管控，推进"动脉通畅、血液流通"。第二，利用"健康码"通畅人流，该管的管牢，该动的动起来。第三，通畅商流，确保快递、外卖和生鲜配送等关键服务正常运行，打通全省电商快递物流"最后一百米"。经过精密智控，2020年3月22日，浙江省连续30天无本地新增病例，未发生境外输入疫情本地传播病例，实现了本地确诊病例"清零"目标。

随着"一图一码一指数"的不断推进和深化，浙江省的疫情防控模式实现了从"封闭式管控"向"精密型智控"的转变。而浙江省的"一图一码一指数"，共同指向是精准施策，共同手段是大数据，这正是得益于近年来浙江省在数字经济、大数据治理等方面打下的坚实基础。

思政点评

智慧城市理念的出现为城市建设提供了新的发展方向，其实质是运用新一代数字技术赋能城市，实现城市的智慧化建设和管理，从而促进城市的可持续发展。互联网平台是智慧城市建设的重要依托，大数据、物联网、区块链等技术则为智慧城市的建设提供了支撑。

新冠疫情作为一面镜子，很好地反映了我国近年来应用互联网以及大数据、人工智能等新技术在智慧城市建设中所取得的阶段性成果。以浙江省为例，依托大数据技术，利用"大数据+网格化"的方法精准判断不同时段的疫情防控手段，因地制宜，分类指导；"一图一码一指数"是浙江省实现由地区到企业再到个人的疫情排查和防控的重要手段，通过大数据技术集中汇入至杭州市的城市大脑，防疫信息能够具体到个人，从排查发现到隔离，保障了防疫工作的效率，真正实现了精准防疫。

当然，我们也应该看到数字技术在治理中暴露出的一些问题，如大数据目前大多是多头管理，在共享机制上还存在欠缺等。当前，5G商用时代已经全面开启，新一代数字技术的发展和应用将会开启万物互联的全新时代。在未来，人与人、物与物、人与物之间的联系将会日益紧密，想要实现更具效率的城市管理，就势必要以技术为基础，对越发丰富且复杂的数据进行处理，对城市管理系统进行优化，从而实现建设真正的智慧城市。

第十章 数字经济治理实践

> **分析思考**
>
> ◇在智慧城市管理中，有哪些参与主体？分别发挥了什么作用？
>
> ◇新冠疫情的暴发，同国外相对混乱的应对表现相比，我国的现代化治理能力和治理手段优势表现都很明显，为什么会有这种差异？

知识强化与课后习题

本章以重要国际组织、主要国家和地区以及我国为例探讨了数字经济治理的相关政策实践，结合本章内容学习，请回答以下问题。

1. 试比较分析数字经济治理中"美国模板"和"欧盟模板"的异同点。
2. 我国的数字经济治理面临哪些问题？
3. 多边组织在全球数字经济治理中扮演着怎样的角色？

参考文献

杜庆昊, 2019. 中国数字经济协同治理研究[D]. 北京: 中共中央党校.

方铸, 王成展, 王敏, 2021. 亚洲国家数字服务课税的实践比较研究——以印度与新加坡为例[J]. 财政科学 (6): 124-134.

蓝庆新, 马蕊, 刘昭洁, 2018. 日本数字经济发展经验借鉴及启示[J]. 东北亚学刊 (6): 56-60.

李艺铭, 苏庭栋, 2019. 数字相互依存的时代[J]. 互联网经济 (12): 12-23.

刘耀华, 2021. 欧盟推进数字经济立法，加快建立单一数字市场[J]. 中国电信业(2): 70-72.

孙方江, 2021. 跨境数据流动：数字经济下的全球博弈与中国选择[J]. 西南金融 (1): 3-13.

王念, 2020. 新加坡数据跨境流动管理的经验与启示[J]. 财经智库, 5(4): 104-113, 143.

新华社, 2021. 习近平主持中央政治局第三十四次集体学习：把握数字经济发展趋势和规律 推动我国数字经济健康发展[EB/OL]. (2021-10-19)[2024-10-010]. https://www.gov.cn/xinwen/2021-10/19/content_5643653.htm.

杨巧云, 梁诗露, 杨丹, 2021. 国外政府数字化转型政策比较研究[J]. 情报杂志, 40(10):

128-138.

岳云嵩, 霍鹏, 2021. WTO电子商务谈判与数字贸易规则博弈[J]. 国际商务研究, 42(1): 73-85.

赵立斌, 张莉莉, 2020. 数字经济概论[M]. 北京: 科学出版社.

中国电信网, 2016. G20数字经济发展与合作倡议[EB/OL]. (2016-09-29)[2022-12-25]. http://www.cac.gov.cn/2016-09/29/c_1119648520.htm.

中国信息通信研究院, 2020. 全球数字治理白皮书2020年）[R/OL]. （2020-12）[2022-12-25]. http://www.caict.ac.cn/kxyj/qwfb/bps/202012/P020201215465405492157.pdf.

中国信息通信研究院. 数字经济治理白皮书（2019年）[R/OL].(2019-12)[2022-12-25]. http://www.caict.ac.cn/kxyj/qwfb/bps/201912/P020191226515354707683.pdf.

朱贵昌, 2020. 欧盟数字化发展面临诸多挑战[J]. 人民论坛(19): 122-125.

第十一章

数字经济治理展望

随着数字技术的不断发展和经济全球化的不断深入，数字经济成为经济增长的重要动力，也影响了经济全球化进程，给既有商业模式、创新范式和生产、生活方式带来了颠覆性的变化，为经济全球化发展提供了前所未有的机遇，同时也带来了一系列巨大挑战。本章将展望未来的数字经济治理转变趋势，并得出我国数字经济治理的启示。

第一节 数字经济治理的趋势

危中有机，虽然数字经济发展给社会治理带来了诸多挑战，但我们也应看到各国为应对这些挑战而做出的积极响应和治理努力。可以预见，在未来，数字经济治理将成为全球各国数字经济发展过程中不容忽视的一部分。而随着数字经济市场的日趋成熟，全球数字经济治理的博弈也将加剧，但最终多方协同共治的格局必将形成。

一、数字经济治理成为全球议题

一直以来，相对自由的互联网发展环境给数字经济增长提供了充分的发展空间，但其带来的风险、冲突、矛盾和不确定性也与日俱增，如对没有价值观的算法不加干预导致低俗信息泛滥、隐私数据泄露严重侵犯个人权益、平台垄断挤压中小企业的成长空间等，特别是相关风险已从经济社会领域传导至政治领域，影响进一步扩大，这引起各国政府的高度重视。2019年，数字经济在经历多年持续高速增长之后，迎来了治理热潮，多国在规则制定、调查执法等方面强化作为。美国一改以往包容姿态，对Google、Facebook、Amazon等数字平台频繁开展反垄断调查；欧盟依据GDPR实施多起处罚；多国加强网络信息内容相关立法等。可以预见，未来各国政府将进一步加大对数字经济引发的负外部性问题的治理力度，持续深入对数字经济发展规律的认识，积极探索新的规制以更好地应对数字经济治理新要求（中国信息通信研究院，2019）。

二、全球数字经济治理博弈加剧

当前正处于数字经济世界规制重塑窗口期。在全球数字贸易领域，以贸易便利化、规则透明和非歧视待遇为核心的第一代规则已经基本成熟，以跨境数据自由流动、数字产品关税和知识产权保护为核心的第二代数字贸易规则正处于积极构筑阶段。可以预见，跨境数据自由流动与数据本地化协调、数字税征收的平台化和属地化之争、信息技术产品和服务的保护等议题，将成为未来一段时间内国家间在数字贸易领域的博弈焦点。在重塑世界数字经济治理规则的关键时期，主要国家都在积极构建并推广本国的制度模板。例如，在全球数字贸易领域，"美国模板"和"欧盟模板"已基本成形，但两者的治理侧重点各有不同。未来，各国的规则博弈将在更多领域上演，竞争也必将更为激烈。我国作为全球第二大数字经济体，也应该增强数字经济关键领域规则制定能力，强化布局、把握机遇，在全球数字经济治理规则创新中贡献中国智慧和中国方案（中国信息通信研究院，2019）。

三、多方协同共治价值将进一步显现

全球性问题需要全球性解决之道。无论是数据治理、算法治理和数字市场竞争监管，还是网络生态治理，均可以看出，数字经济具有高度的不确定性和复杂性，这决定了单靠政府或者企业主体中的某一方力量，难以有效应对诸多挑战。事实上，就数字经济治理的理论内涵而言，从管理到治理的转变，正是强调政府、平台、行业协会和用户等多元主体在治理中发挥作用。各方各自分工，各负其责。未来，打造权责利清晰、激励相容的协同治理格局，形成治理合力，是数字经济治理的重要选择。同时，从全球角度来看，全球数字治理也需要全球各方从国际秩序大局出发，以求同存异的态度妥善处理分歧，务实化解矛盾，有效开展国际合作，共同应对数字全球化新型挑战（中国信息通信研究院，2019）。

第二节　中国数字经济治理的启示

我国的数字经济正在快速发展，数字治理问题必然不可回避。我们应正确认识自身治理过程中面临的现实问题，吸取他国和自身经验，对症下药，以期营造积极健康的数字经济市场环境，实现数字经济的蓬勃、可持续发展。

一、中国数字经济治理面临的问题

（一）传统治理机制遭遇困境

虽然目前我国已经初步探索出了一条互联网治理的新路子，但实际上，我国互联网的治理工作仍然是以政府为主导，其他社会组织和个人所发挥的作用并不明显。随着互联网的发展，以政府为主导的传统治理机制越发不适应当前实际情况。这种治理机制就是传统的科层化治理模式，是用行政手段来对互联网进行管理和干预。这种方式在互联网刚刚产生时颇具效果，但目前互联网的发展和治理已经不仅仅是技术层面上的问题，它背后的社会、政治和经济问题都是人们关注的焦点，此时如果继续单纯沿用科层化治理模式，显然不能够适应纷繁多变的互联网发展。王传宝等（2018）对当前的网络社会基本特征进行了总结，认为当前的网络社会与传统社会存在着巨大的差异，具体表现为：网络社会更为复杂，跨越时空性更强，流动性、动态性、冲击性和对抗性，隐蔽性和权力转移性，技术对等性，极为松散的结构体系，跨国性，文化干预性八个方面的不同特点。

（二）简单粗放管理难以引发认同

目前，学界对政府层面的互联网治理讨论较多，但往往忽视了互联网治理的重要主体——互联网的服务商。当前很多的网络矛盾和纷争实际上都是服务商管理不当造成的，但对公民个人而言，常常会把服务商的失误归结于政府，这在一定程度上造成了治理难题。

对于服务商而言，更多的是在具体实践层面对互联网的"管理"，政府对服务商提出了监管网络的义务和责任，因此，在很多情况下，为了免受政府追责，服务商对网络上的信息经常进行过度审查，具体表现为过度禁止发言、简单屏蔽热词和过度删除帖子，服务商管理过度或不当的行为，不但难以引发社会认同，还容易造成群众对国家互联网治理初衷的进一步曲解，需要优化改进。

此外，防火墙、舆情监控系统和内容过滤系统等，在一定程度上都可以对违法犯罪信息和负面舆论起到一定的控制和过滤作用。但一味地"防""堵""删"并不能解决所有的问题。特别是这种长期的技术控制不仅阻碍了网民声音的正常表达，而且也不利于国际交流和沟通。长此以往，也将阻碍互联网的发展。同时，在进行舆情监控和信息过滤时，需要获取大量的数据，其中公民个人的信息和隐私身份等数据又尤为关键和重要，一旦这些数据外泄，将会造成不可估量的损失，这也为互联网的治理工作埋下了隐患（王传宝等，2018）。

（三）治理法规制度尚需健全完善

数字经济治理同国家治理一样，也必须有基本的原则和遵循，最为明显的体现就是通过立法让数字经济的发展和治理有章可循、有法可依。但是从对当前我国关于数字经济立法的过程和已经颁布的法律法规的研究来看，仍然存在以下一些问题。

首先，基本法少，立法位阶低。全国性的基本立法较少，我国数字经济治理虽然初步实现了"有法可依"，但在许多领域还存在法律"空白"。各地方的实际治理过程中，其法律法规也存在一定差异，这就造成法律法规在落实的过程中力度不够，权威性不足。其次，责权不明，管理混乱。在治理过程中，由于多个部门都具有相应制定规范的职能，因此规章制度碎片化的现象较为严重，条文有重叠之处；在具体的管理实行过程中，各部门面对权力的时候都一哄而上，但在需要解决问题时又相互推诿。就法律内容来看，对公民应该承担的义务规定较多，但对公民享有的权利规定较少，这种权利和义务的不对等也是当前立法乱象之一。最后，单方立法，缺位严重。目前，我国在互联网法律法规的治理过程中，一般都是政府单方面制定法规，相关的企业运营商和网民在法律制定过程中处于缺位状态，网民和企业组织的需求并不能得到最为合理的满足，从而大大降低了法律在执行过程中网民和企业组织的自律程度（王传宝等，2018）。

（四）信息安全面临挑战

在大数据时代，数据信息无处不在，对数据安全造成威胁的因素也无处不在，信息安全问题随时都会发生。丰富的数据资源就像一把双刃剑，给政府、企业和个人带来方便的同时，也带来各种风险和挑战。在国家安全层面，一些关乎国计民生的重要领域如石油、天然气、水电、交通、金融和国防等，各部门均包含海量信息安全数据，一旦信息泄漏，这些部门成为被攻击的目标，或将产生致命影响。个人在电脑或手机上的每一个操作都会留下痕迹，被记录，企业通过对这些庞大复杂的数据信息进行分析，能够精准定位客户，满足客户需求，进行高效的客户关系管理。但若对上述这些信息处置不当或使其泄漏将带来不可预测的风险，对国家来讲有可能带来社会的不安定，甚至会引发严重的政治、经济问题（王小平等，2021）。

二、中国数字经济治理对策建议

（一）构建多方协同共治的新型治理体系

只有多方共治，才能实现各方主体的共赢。这是因为，在互联网发展过程中，各方主体的利益追求和价值方向是有差异的，政府作为国家的治理者，主要目的是维护社会的安定和谐，政府在治理的过程中扮演基础性角色，拥有其他角色不可代替的权威性、公开性、强制性等特点。相对来说服务商的情况较为复杂，服务商作为商业主体，最大限度地获取利益是其追求的目标，但其本身也承担了互联网具体的管理义务，它通过自身的平台和技术手段能够较为方便、快捷地管理广泛存在于网络中的各种问题。公民作为网络上的个体本身也潜藏着较大的影响力，是推动网络发展进步的重要民间力量。因此，我们应该在互联网治理的过程中充分发挥"自上而下+第三方机构"的互联网管制机制，即通过政府权力结合第三部门实施网络管制，这不仅有利于政府、服务商和个体之间的协作制衡，且可以凝聚成较强的管制能力（王传宝等，2018）。

（二）完善数字经济治理法律法规体系

在关于《中共中央关于全面深化改革若干重大问题的决定》的说明中，习近平总书记提出，"坚持积极利用、科学发展、依法管理、确保安全的方针，加大依法管理网络力度，完善互联网管理领导体制"，"形成从技术到内容、从日常安全到打击犯罪的互联网管理合力,确保网络正确运用和安全"(新华网,2013)。随后,在中央网络安全和信息化领导小组第一次会议上,习近平总书记进一步提出,"要抓紧制定立法规划,完善互联网信息内容管理、关键信息基础设施保护等法律法规,依法治理网络空间,维护公民合法权益"(新华网,2014)。

可见,我国已经充分认识到了不断完善互联网法律法规体系的重要性,并将其摆上了重要的立法位置。伴随着《国家网络空间安全战略》等战略规划密集出台,我国网络安全法律法规不断健全,战略目标日益清晰,正形成以制度建设为基础,以创新监管机制和手段为突破口,以责任体系为抓手,安全监管基石不断夯实的新局面,这为建设网络强国、数字中国、智慧社会提供有力支撑(王传宝等,2018)。

(三)积极参与数字经济国际治理

随着数字经济的强势崛起,各国围绕数字经济治理的博弈也越来越激烈。这种博弈不仅仅有传统上的技术和经济博弈,还有治理理念和治理方略的博弈,而后者一般也被解释为"话语权"的博弈。

在全球互联网治理领域,一直存在着我们被西方话语权压制的格局,过去一段时间我们也长期处于"缺席"或"失语"的处境。我国作为数字经济大国,在数字经济治理方面的影响力也应扩大。一方面,我们要积极宣传中国主张,主动在国际治理平台上发声,设法让国际主流媒体积极正面报道,让世界网民认同中国数字经济治理方案,这也是我国提升自身全球数字经济治理话语权的有效途径。另一方面,要积极参与国际规则制定。当前,由美国主导的互联网治理规则实施多年,该规则已难以适应数字经济的快速发展以及由此带来的各领域的变革,受到了广大新兴发展中国家的质疑,呼吁改变现状、建立新的治理机制的声音越来越大。我们应把握机遇,加强参与全球数字经济治理规则制定的积极性、主动性,针对数字经济治理权力配置、边界设定和议事规则等核心问题,积极提出自己的主张。要把"建立多边、民主、透明的全球互联网治理体系"作为制定全球网络空间新规则、构建网络空间新秩序共同遵循的原则,坚持多边协商谈判,遵循从区域到全球、从边缘到中心的渐进式参与方略,谋求在一定领域取得突破(杜庆昊,2019)。

第十一章 数字经济治理展望

> 案例分析与思考

坚持平台经济反垄断治理

> 思政元素

良好的国际视野、实事求是、制度自信、创新精神。

我国已步入数字经济时代,数字技术在全球处于领先地位,并且催生出了许多大型互联网企业和数字平台企业。平台经济本身具有自由、开放、共享等特征,这决定了平台企业跨越国界走向世界市场的必然性。但与此同时,数字平台治理成为数字经济发展中的一大难题,治理手段和力度将深刻影响市场发展。纵观全球,各发达国家都针对平台经济发展出台了相关政策措施,因此,我国政府及平台企业也应当积极参与到国际规则的制定当中去。在此过程中,我们应立足我国国情和制度优势,积极探索建立与我国数字经济持续健康发展相适应的创新的治理方式,力求制定更加灵活有效的政策措施。

> 案例描述

我国已步入数字经济时代,平台经济是其典型代表。所谓平台经济,是指由互联网平台协调组织资源配置的一种经济形态。伴随互联网的快速发展,平台经济迅速扩张,网购和网约车等逐步发展成为日常生活的一部分,使生产生活更加便捷高效。

平台经济具备四大突出的特征。一是平台经济具备规模经济效应。从产业的角度看,传统产业较难形成集中度,一般产业都会形成数家乃至数十家企业参与竞争,而平台经济由于经营不受地域、时间、空间和自然资源等条件限制,存在巨大的规模经济效应。头部平台利用其所积累的海量数据迅速获得先发优势,形成进入壁垒,抑制后发企业进入发展。二是平台经济适用长尾理论。传统产业有二八法则,企业可能为满足那20%的用户而获取80%的利润。但平台经济能打破二八法则,即使20%甚至更少用户需求,因在平台能产生集聚效应与规模效应,使得庞大的长尾利基商品也能带来极大的收益,通过满足少数人需求也能获利。从经济学角度看，平台经济拥有边际成本递减甚至为零，而边际收益递增的优势。三是平台经济能产生网络效应和财富效应。数字经济时代，作为资产的数据能够产生财富效应，谁拥有了数据谁就拥有了资产。成本下降运算速度倍增的摩尔定律，主干网带宽增速是运算性能增速三倍的吉尔德定律，特别是网络价值与网络节点数的平方成正比的麦特卡夫定律，决定了平台经济本身通过自然的技术进步与数据积累就可以实现成本陡降而效益倍增，产生网络效应和财富效应。四是平台经济容易形成赢者通吃和大到不能倒的现象。由于具备规模效应、网络效应、财富效应、指数增长效应，平台经济拥有大量的数据资产，累积巨量用户，易形成垄断。积累海量用户深度融入用户生活后，平台或拥有大而不倒的趋势。

平台经济反垄断是大势所趋。作为数字经济时代的产物，平台企业快速成长与变现，而平台企业越来越多的垄断行为也饱受争议，无论欧美还是中国，各国都在加强立法执法遏制平台经济所产生的新型垄断。数字经济时代，数据等生产要素具有非竞争性，边际成本低至零，使得平台经济具备超越传统规模经济与范围经济的特征，其中头部平台企业因此取得垄断地位。作为新生事物，如何对平台经济反垄断于全球都是一个难题和挑战。

坚持平台经济反垄断和防止资本无序扩张，既是保障企业创新和健康发展的需要，也是构建以国内大循环为主体、国内国际双循环相互促进的新发展格局的应有之义。首先，平台经济反垄断及防止资本无序扩张，是为了促进公平竞争，鼓励创新，保护消费者，支持实体经济发展，促进平台企业规范健康发展。其次，平台企业集中了公众数据资产，具有准公共性质，应承担更多社会责任，自觉反垄断，提升规范发展的自觉意识与公共管理意识。平台企业既具备企业性质，也是市场组织者与管理者，在一定程度上是在给社会提供准公共产品，具备了准公众公司性质，应该具备天然规则意识，具有反垄断的自觉和自律意识，要分清自营和平台职责，在两者间建立起"防火墙"，而不能滥用市场垄断地位。最后，强化反垄断不仅有助于促进平台经济和平台企业发展，也有助于推动我国参与和掌握国际数字经济、数字技术和数字贸易规则制定权，进而提升国家治理体系和治理能力现代化水平。中国具备全球最大和最具潜力的消费市场优势，中国的平台经济有着广阔的发展前景，平台企业应肩负起满足人民对美好生活向往的职责与担当。

平台经济本身具有自由、开放、共享等特点，这决定了平台企业跨越国界走向世界市场的必然性，我国平台企业应当积极参与到国际规则的制定当中去。做好反垄断，也正是为了帮助中国的平台企业更好走向世界，为参与国际竞争，掌握国际规则制定奠定坚实基础。（刘英，2021）

思政点评

随着数字经济的快速发展，平台企业越来越多，为应对发展过程中的平台垄断和创新阻滞风险，平台垄断治理问题也越来越受到重视。从应对策略来看，首先，应探索出一条政府、行业协会、用户等多方主体参与的协同共治新机制，提升治理效率；其次，应进一步推动市场化改革，打造公平竞争的市场环境，营造创新氛围，建立数据共享机制和流量分配机制，提高反垄断监管能力；再者，通过技术创新和制度创新，提升政府数字治理能力，有效防范规制俘获；最后，加强反垄断法律法规体系构建，增强防范与制裁垄断行为的及时性和有效性，减少平台垄断风险。

分析思考

◇数字经济时代为什么更容易出现平台垄断？
◇为应对平台垄断，有哪些治理举措？

知识强化与课后习题

本章基于数字经济发展过程中面临的治理挑战进行战略思考，展望未来的数字经济治理转变趋势，并提出了我国的数字经济治理启示。结合本章内容，请回答以下问题。

1. 当前的数字经济治理面临着哪些挑战？
2. 我国的数字经济治理中面临着哪些问题？
3. 简述平台垄断产生的原因、造成的影响和解决对策。
4. 试对未来全球数字经济治理格局进行展望。

参考文献

杜庆昊, 2019. 数字经济协同治理机制探究[J]. 理论探索(5): 114-120.

刘英, 2021. 坚持平台经济反垄断[N]. 中国纪检监察报, 2021-03-11(7).

王传宝, 滕瀚, 2018. 互联网治理挑战及对策探析[J]. 社会治理 (3): 48-55.

王小平, 申倩, 汪烈, 2021.互联网+"背景下政府治理创新面临的挑战及对策研究[J]. 产业与科技论坛, 20(16): 7-8.

新华网, 2013. 习近平：关于《中共中央关于全面深化改革若干重大问题的决定》的说明[EB/OL]. (2013-11-15)[2024-10-01]. http://finance.people.com.cn/n/2013/1115/c1004-23559840.html.

新华网, 2014. 中央网络安全和信息化领导小组第一次会议召开 习近平发表重要讲话. (2014-02-27) [2024-10-01]. https://www.cac.gov.cn/2014-02/27/c_1116669857.htm.

中国网信网, 2016. G20 数字经济发展与合作倡议[EB/OL]. (2016-09-29)[2022-12-25]. http://www.cac.gov.cn/2016-09/29/c_1119648520.htm.

中国信息通信研究院, 2018．G20国家数字经济发展研究报告（2018年）[R/OL]. (2018-12)[2022-12-25]. http: //www.caict.ac.cn/kxyj/qwfb/bps/201812/P020181219311367546218.pdf.

中国信息通信研究院, 2020. 全球数字治理白皮书2020年）[R/OL]. （2020-12）[2022-12-25]. http: //www.caict.ac.cn/kxyj/qwfb/bps/202012/P020201215465405492157.pdf.

中国信息通信研究院, 2019. 数字经济治理白皮书（2019年）[R/OL].(2019-12)[2022-12-25]. http: //www.caict.ac.cn/kxyj/qwfb/bps/201912/P020191226515354707683.pdf.